U0733260

汉语小句复合体
话头话身结构的认知和计算研究

卢达威　著

北京语言大学出版社

BEIJING LANGUAGE AND CULTURE
UNIVERSITY PRESS

© 2024 北京语言大学出版社，社图号 23264

图书在版编目（CIP）数据

汉语小句复合体话头话身结构的认知和计算研究 /
卢达威著 . -- 北京 ：北京语言大学出版社，2024.5（2025.3重印）
ISBN 978-7-5619-6479-8

I. ①汉… Ⅱ. ①卢… Ⅲ. ①汉语－语体－研究
IV. ① H15

中国国家版本馆 CIP 数据核字 (2024) 第 000392 号

汉语小句复合体话头话身结构的认知和计算研究
HANYU XIAOJU FUHETI HUATOU HUASHEN JIEGOU DE RENZHI
HE JISUAN YANJIU

排版制作：北京创艺涵文化发展有限公司
责任印制：邝 天

出版发行：北京语言大学出版社
社 址：北京市海淀区学院路 15 号，100083
网 址：www.blcup.com
电子信箱：service@blcup.com
电 话：编 辑 部 8610-82303647/3592/3395
国内发行 8610-82303650/3591/3648
海外发行 8610-82303365/3080/3668
北语书店 8610-82303653
网购咨询 8610-82303908
印 刷：天津鑫丰华印务有限公司

版 次：2024 年 5 月第 1 版
印 次：2025 年 3 月第 2 次印刷
开 本：710 毫米 ×1000 毫米 1/16 印 张：15.5
字 数：289 千字
定 价：79.00 元

PRINTED IN CHINA
凡有印装质量问题，本社负责调换。售后 QQ 号 1367565611，电话 010-82303590

序

卢达威的专著《汉语小句复合体话头话身结构的认知和计算研究》以小句复合体为考察的语法层面，以话头话身结构为研究对象，从认知和计算的视角开展研究，很有新意。

汉语的小句和句子至今没有具有可操作性的定义，学者们对由此产生的单句和复句的划界问题一直争论不休。小句复合体理论把句子界定为小句的复合，为此需要界定小句的概念，并说明小句是如何复合成小句复合体的。

小句可以从不同的视角来界定。从句法视角，可以界定小句为主谓结构；从语义视角，可以界定小句为谓词论元的命题结构；从语用视角，可以界定小句为话头话身结构（类似于话题—说明结构，但更加宽泛）。对于汉语来说，主谓结构和谓词论元的命题结构都没有形式标记支撑，难以操作；话头话身结构有前后顺序的位置约束，中间有停顿并可以加语气助词，话头和话身有对象—陈述的意义关系，因此这种结构对于母语者来说是可以下意识地识别的，其界定是具有可操作性的。此外，主谓结构或谓词论元的命题结构即使用来展示小句的内部构成，也难以看出小句复合体同小句之间的普遍性的结构关系；话头话身结构用来展示小句的内部构成，就可以看出小句复合体是小句通过话头话身的成分共享机制和紧密逻辑语义关系黏合起来的，并且这种成分共享机制遵循几种既定的语法模式，这些模式在形式上十分简单漂亮，说明话头话身结构对于分析小句和小句复合体是适用的。

话头话身构成的小句称为 NT 小句。NT 小句是标点句在上下文语境中遵循既定模式扩充话头和话身至最大程度而得的结果。这本专著的主要内容就是讨论标点句补充共享的话头话身成分成为 NT 小句的机制。

这本专著将实现这种机制的体系称为认知机。认知机的工作分为分析和生成两部分。书中讲解并实现了认知机的生成系统，包括存储部件、运算模块和递推控制机制。特别值得关注的是，作者指出了认知机需要满足的原则：（1）以标点句为输入，以 NT 小句为输出；（2）输入基本不回溯；（3）输出与输入基本实时同步；（4）输出与输入词语顺序一致；（5）仅使用有限且小量的存储空间。人类大脑理解一般的话语（逻辑关系和知识背景不是过于复杂的情况下）显然是遵守这些原则的，NT 小句识别作为话语理解的一部分理当遵守这些原则。认知机满足这些原则，说明它被看作大脑认知机制的模型是有候选资格的。

这本专著从话头话身结构认知机的构造原理出发，推测出话头话身结构的一系列认知性质，并通过对话头话身结构语料库的统计验证了这些推测。这些推测包括：话头话身结构规模无理论上界、NT 小句的短伸性、分支模式中标点句的自由折返性、后置模式和汇流模式对搁置区使用量的有限性、新支模式节栈深度和超级小句复合体嵌套层次的有限性，以及节栈和引语折返的不自由性等。这些性质对于语言认知研究有重要意义。

对于认知机的分析系统，这本专著首先从多方面阐述了话头话身结构分析工作的复杂性。越是困难的工作，越需要把可能遇到的困难充分暴露出来，这是科学的态度。

鉴于全面实现分析系统十分困难，这本专著将分析系统方面的具体工作集中于话头话身结构中的新支话头分析。书中分析并统计了新支话头的句法位置类型和语义角色类型，特别是指出动词具有把宾语引作新支话头的功能，并探索了实质语义对于新支话头形成的影响。这些工作在语言学本体的研究工作中是有创新性的。书中提出了可用于新支话头自动判别的一系列特征，并使用机器学习和规则相结合的方法进行新支句的自动判别，在受限范围内取得了初步成效。

这本专著对话头话身结构所做的探索，对于认知分析有重要启发。自然语言文本中的种种话语结构是写者根据自己对语言的认知并考虑到受众的接受能力和接受习惯而组织的，并且确实被受众自然地接受了。写者将他的思想用文本记录下来，受众从文本中获知他的思想。因此，文本是写者语言认知的落脚点，又是受众语言认知的出发点，其中蕴含着大量的语言认知规律。人类文明史中正式发表的文本涉及千万写者，有亿万受众，由此可见，文本的创作和阅读是最大规模、最客观的语言认知实验，能可靠地反映人脑的认知机制。通过文本分析来推断人脑的语言认知规律，应该是认知科学发展的重要途径。这本专著的作者卢达威在书中提出"自然语言文本是认知科学研究中很有潜力的数据资源"，我深表赞同，希望更多的语言学本体工作者、计算语言学工作者在自然语言文本的认知研究方面取得更多的突破。

卢达威是我指导的博士研究生，这本专著是在他的博士论文基础上修订而成的。随着小句复合体的理论体系不断发展，语料库内容、语料标注方式有所调整，书中实例的标注方式已按照我们团队的研究成果进行了修订。

卢达威有计算机科学技术和语言学的双重学术背景，这本书研究话头话身结构的认知计算，体现了他专业双栖的优势和潜力。文理融合、学科交叉是科学发展的必然趋势。我很高兴为这本书作序，祝愿卢达威在这一大势中取得更好的成绩。

宋　柔

二〇二二年七月于北京语言大学缘荔书屋

前　言

　　话头话身关系是一种广义的话题—说明关系。篇章层面，标点句之间通过成分共享，构成话头话身结构；标点句遵循确定的模式，依据上下文语境补全话头和话身成分后，成为话头话身自足句，即 NT 小句；NT 小句之间通过话头话身成分共享关系和紧密的逻辑语义关系，构成小句复合体（宋柔，1992，2008，2013，2018，2022）。小句复合体理论是基于数十万字的多语体标注语料归纳总结而成的汉语篇章组织规律，是贯彻整个文本的、全覆盖性的汉语篇章结构的形式模型。

　　本书基于小句复合体理论，从话头话身结构这种汉语篇章结构的形式模型出发，挖掘话头话身结构背后的认知因素，构建认知模型，进而构建计算模型，以期将人的认知落实到计算模型中，进一步为语言信息处理服务。

　　本书的工作主要包括以下四个方面：

　　（1）研究了话头话身结构的认知模型和计算模型，构建了计算模型中的 NT 小句生成模块；

　　（2）研究了话头话身结构的认知性质；

　　（3）论证了语篇话头话身结构分析任务的复杂性；

　　（4）分析了新支话头的类型和识别特征，用机器学习和规则相结合的方法进行了动词宾语新支话头判别的实验。

　　本书的成果和结论如下：

（1）基于认知原则建立了话头话身结构的认知模型和计算模型。认知模型模拟了人理解标点句并补充标点句话头话身信息，进而生成 NT 小句的整个认知过程。认知模型的设计满足以下认知原则：①以标点句为输入，以 NT 小句为输出；②输入基本不回溯；③输出与输入基本实时同步；④输出与输入词语顺序一致；⑤仅使用有限且小量的存储空间。在认知模型的基础上，我们设计了话头话身结构的计算模型，称为话头话身结构认知机（以下简称"认知机"）。认知机通过一系列状态标记，将语言中本属于递归结构的模式嵌套和套叠，转化为递推计算，是一个满足认知原则的 NT 小句生成系统。

（2）从认知机的构造原理出发，推测出话头话身结构的一系列认知性质，并通过对话头话身结构语料库的统计验证了这些推测。这些推测包括：话头话身结构规模无理论上界、NT 小句的短伸性和语义路径的非递归性、分支模式嵌套的自由折返性等。

（3）话头话身结构分析方面，从多方面阐述了话头话身结构分析任务的复杂性，包括话头话身状态判定的复杂性、话头的类型和句法位置的复杂性、分析任务所需知识的复杂性等。

（4）开展了对话头话身结构中新支话头的分析，统计和分析了新支话头的句法位置类型和语义角色类型，进而提出了动词的一种语用功能，即把宾语引作新支话头的功能，并探索了实质语义对于新支话头的形成的影响。

（5）提出了用于新支话头自动判别的一系列特征，包括多种字面特征和一系列细粒度的语义特征，并运用机器学习和规则相结合的方法进行了新支话头的自动判别，取得了初步成效。

本书的意义在于：

（1）从认知的视角来研究篇章语法结构，一方面揭示了话头话身结构的一系列认知性质，另一方面说明自然语言文本是认知科学研究中很有潜力的数据资源。

（2）对话头话身结构的计算模型和计算方法进行了有益的探索，为话头话身结构的计算和应用工作打下了一定的基础。

话头话身结构是汉语篇章分析和生成的基础性结构，相关研究在语言学、认知科学、自然语言处理领域具有重要意义。由于汉语的特点，这一工作所能依靠的语法形式特征很少，主要涉及语义和语用范畴的特征，研究难度较大。本书工作只是一个开端，后续还有很长的路要走。

目 录

目录

第 1 章
绪 论

1.1 研究缘起

汉语有许多独特之处，其中之一是话题显著。Li & Thompson（1976）认为汉语是典型的话题显著型语言。大规模的语料调查发现，话题—说明结构不单是句子层面的概念，在篇章层面，话题—说明结构能够通过成分共享等方式贯彻整个文本。宋柔（1992，2008，2013）归纳了篇章中的话题—说明结构的成分共享模式，称之为广义话题结构流水模型（现称"话头话身结构"）。而后，宋柔（2018，2022）引入了话头话身结构之间紧密的逻辑语义关系，将话头话身结构理论进一步发展为小句复合体理论。本书正是基于小句复合体理论对话头话身结构所做的认知和计算研究。

1.1.1 话头话身结构的全覆盖性

话头话身结构有许多特性，其中之一就是全覆盖性。尚英（2014）基于汉语话头话身结构理论对百科释文、小说、政府工作报告等 37 万余字的多语体语料进行了全覆盖性实证研究，发现话头话身结构能覆盖 98% 以上的语料。这些语料都是以完整释文、整章小说或整篇报告的形式呈现，较好地反映了汉语篇章的整体面貌。例如：

例（1）

c1：鲞｛是鲤形目鲤科鲌亚科鲞属的 1 种。

c2：　……

c3：　　下咽齿〔3 行，

c4：　　　　圆锥形，

c5:　　　　　　　末端尖钩状；］

c6:　　　侧线［完全，

c7:　　　　　　在胸鳍基部的后上方急剧下弯，

c8:　　　　　　　　　　　　　成一明显角度，

c9:　　　　　　行于体侧下半部，

c10:　　　　　　至臀鳍上方又向上弯至尾柄侧中部；］

c11:　　　背鳍［约位于体的中部，

c12:　　　　　　具硬刺；］

c13:　　　　　……｝［节选自《中国大百科全书》（第一版）］

　　例（1）是《中国大百科全书》（第一版）中关于"鲨"的一段话。按照传统的句子观，难以说清楚这段话中有多少个句子，难以用句子层面的主谓结构来分析。我们把这段话按照逗号、分号、句号等标点符号切分并换行，每行称为一个标点句（暂不考虑省略号）。可以看出，例（1）中每个标点句都描述了"鲨"的某一特性。将每个标点句缩进到其所描述的对象的右方，露出标点句所描述的对象，这样的标注方法称为换行缩进图式。被描述的部分称为"话头"，对话头的描述称为"话身"。"话头—话身"的语用实质是"话题—说明"关系。一个话头可能有多个话身，话头及其所有话身组成的结构称为"话头话身结构"。

　　通过换行缩进图式的标注，可以直观地看出，整个例子是一个以"鲨"为话头的话头话身结构，我们用"{}"标示话身部分。其中，c3～c5又构成了以"下咽齿"为话头的话头话身结构，我们用"［］"标示第二层话头话身结构；c6～c10构成了以"侧线"为话头的话头话身结构；c11～c12构成了以"背鳍"为话头的话头话身结构。c3～c12嵌套于关于"鲨"的话头话身结构内。从标点句的主谓结构角度看，只有c1主谓结构完整。c3看似主谓完整，实际上需要补充话头"鲨"，组成主谓谓语句"鲨下咽齿3行"，这才是完整的主谓结构；c6、c11与c3类似，都缺话头。c4、c5、c7、c9、c10、c12缺两层话头：第一层话头是"鲨"，第二层话头是"鲨"的某个部位（"下咽齿""侧线""背鳍"等）。把话头各自补全后，才可以对它们进行主谓结构分析。

　　大规模语料调查发现，这种话头话身结构是贯彻整个文本的，即对任意一个篇章，总能够无遗漏地将其切分为一系列由标点句组成的话头话身结构。这种全覆盖性说明话头话身结构不是篇章中的偶然现象，而是汉语篇章的组织形式，是篇章研究的基本单位，因此对话头话身结构的研究应当引起足够的重视。

1.1.2 话头话身结构的认知需求

小句复合体话头话身结构为汉语的话头话身关系（naming-telling relationship）提供了一个静态的形式模型，但对于话头话身结构的认知和形成机制，还需要进一步探索。如例（2）：

例（2）

（a）她生了个儿子，脸上有条皱纹。
（b）她生了个儿子，脸上有了条皱纹。

例（2）中，（a）句和（b）句的前半句相同，（b）句的后半句多一个"了"。按照一般的理解，（a）句的后半句"脸上有条皱纹"在语义上指向"儿子"，按照换行缩进图式表示如下：

例（3a）

她生了个儿子，

| 脸上有条皱纹。

而（b）句的后半句"脸上有了条皱纹"在语义上指向"她"，按照换行缩进图式表示如下：

例（3b）

她生了个儿子，

  脸上有了条皱纹。

话头话身结构是汉语篇章的内在结构。汉语中没有显性的形式标记，目前对话头话身结构的标注主要依靠人的语感。然而，为什么人能够感知到每个标点句的话头？显然，标点句之间蕴含一定的认知关系。这种认知关系使得汉语母语者能够基本实时且无回溯地判断每个标点句的话头。这种认知关系的约束直接影响到汉语的句法结构。因此，本书以小句复合体理论为基础，研究汉语标点句话头话身结构的认知规律并进行计算方面的实验。

1.1.3 话头话身结构的计算需求

当前，一部分语言学研究工作仅围绕挑选出的特定例子构建理论，这样无法保证理论在一定规模的普遍的语料中的一致性和完备性，这也成为这些语言学研究成果无法被用于语言计算的重要原因。

要将语言学知识应用于语言计算和语言工程，首先要保证所用知识具有实证性（满足可操作性和全覆盖性的要求），这是语言知识形式化的基础。然后要进一步挖掘认知规律，并将语言知识算法化。话头话身结构就是一种将语篇形式化的方法，是语言在篇章层面的形式化模型。为了满足计算需求，我们要进一步研究认知规律，建立认知模型，再将认知模型和认知规律算法化，建立计算模型，并在语料库中检验这些规律的有效性（如图 1-1 所示）。

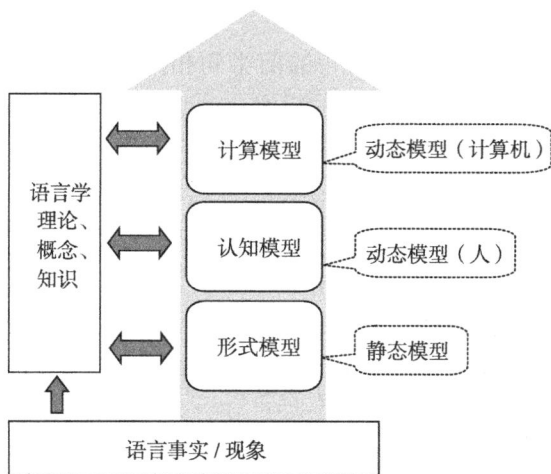

图 1-1　形式模型、认知模型、计算模型与语言学理论及语言事实的关系

1.2　研究目标和思路

本书将以小句复合体话头话身结构这一篇章层面的形式模型为基础，以话头话身结构标注语料库为依据，探讨话头话身结构分析的认知特征和方法，构建动态的认知模型，进而建立局部的计算模型（如图 1-1 所示），最终目标是让计算机自动识别汉语篇章中标点句间的话头话身关系。

认知模型模拟了人脑在理解语言时，从读入标点句的线性流到理解标点句之间的话头话身关系的过程中所用到的特征和方法，是人处理话头话身关系的动态模型。把这些特征和方法从计算机的角度算法化，形成一定的数据结构和控制体系，就构成了计算模型。计算模型是认知模型在计算机上的某种抽象实现，是计算机处理话头话身关系的动态模型。计算模型既以形式模型和认知模型为基础，又可以检验形式模型和认知模型的合理性。

构建形式模型、认知模型和计算模型的过程中，涉及诸多语言学的理论、概念、知识；反过来，形式模型、认知模型、计算模型又能检验这些理论、概念、知识，使之满足实证性的需求。

本书中的实证性包括可操作性和全覆盖性两个方面：可操作性指研究过程中所运用的概念有明确的界定，总结出来的规律客观可行；全覆盖性指对话头话身结构语料库中不同题材、不同语体的语料做到全覆盖的描写和检验。

1.3 研究意义

本书主要有以下三个方面的意义：

（1）语言认知方面。文本语料库既是人类使用语言对思想进行编码认知的结果，又是人类对语言进行解码认知的出发点。本书基于文本语料库，依据话头话身结构形式模型，通过对语料库的统计分析，研究话头话身关系的认知规律，为进一步研究汉语语篇的认知模式打下基础。

（2）方法论方面。在众多的信息类型中，语言信息是重要类型之一。文本又是语言实例化的书面形式，是由有限的符号按照认知规律排列组合而成的符号串。在信息技术越来越发达的今天，符号化的文本大量汇聚，成为语言学研究和应用的基本的、客观的对象。所有语言学理论，包括概念、方法、规律，以及语言知识体系，都应该在大规模真实文本的基础上进行检验和修正，达到可操作和全覆盖这两大实证性要求。本书是对这种研究价值取向的一次有益实践。

（3）应用方面。本书的成果能够应用于语言信息处理等应用语言学科，潜在的应用目标包括文本信息提取、知识图谱创建、机器翻译等多种自然语言处理任务。

本书在以下三个方面有所创新：

（1）建立了汉语篇章话头话身结构的认知模型和计算模型。

（2）系统地分析、说明了话头话身结构及话头话身关系的复杂性，对如何确定新支话头进行了探索性研究，并用计算机对这些规律进行了检验。

（3）使用大规模文本语料库作为认知模型的实证依据，对话头话身结构的认知规律进行研究，同时又将这些规律运用到语料库中，以机器学习和规则等方法对研究成果进行检验，保证了语言研究成果在语言计算和语言工程中的可用性，在研究方法上有一定的创新性。

1.4　已有研究综述

1.4.1　有关话题的研究

"话头"和"话题"都是语用层面的概念,"话头—话身"关系的实质也是一种"话题—说明"关系,只是"话头"的范围更广。经典的话题一般是名词性成分,而话头还可能是谓词性成分,故"话头"原称"广义话题"。

学界关于话题的研究成果很多,但是关于话题的内涵仍存在较大分歧,这种分歧主要表现在两个方面:一是主语和话题是等同的还是独立并存的两个语法单位,二是话题应该在篇章中确认还是在单句中确认。

持主语即话题观点的有赵元任、朱德熙、沈开木、沈家煊、李临定等。

赵元任(1979)认为,主语和谓语齐全的是整句,否则是零句。整句的主语是话题,作为问话;谓语是说明,作为答话。一个整句是由两个零句组成的复杂句。

朱德熙(1982)则把主语谓语、施事受事、话题说明看作句法、语义、语用三个平面的概念,认为"说话人选来做主语的是他最感兴趣的话题,谓语则是对于选定了的话题的陈述。通常说主语是话题,就是从表达的角度说的。至于说主语是施事、受事或与事,那是从语义的角度说的"。

沈开木(1996)认为主语是话题"离境的实义切分"。他定义的话题比较广泛,指"一句话的题目或话头"。这不仅包括叙述的对象,还包括某种范围,如"从干部到群众"是人群范围,也可以做话题。从句法角度看,话题的类型有:主语、句首状语、倒装的谓语、"有/没有"连同所带的"兼语",以及偏正复句中被安排在前面的分句。话题、述题中可以包含小话题、小述题,形成多层话题、多层述题。另外,为了使主语话题化,他还建议取消单句和复句的区分(沈开木,1989)。沈开木先生所谓的话题与话头话身结构中的话头是比较接近的。

沈家煊(2012)发展了赵元任的零句说,认为"零句都有指称性",而有些零句"兼有陈述性",即零句都可以做话题,有些还可以做说明。

李临定(2013)主张不区分主语和话题这两个概念。他认为"主语(话题)本身就缺乏形式特征",也"不必过多地为它花费精力","位于句首的一些成分是'话题',是主语,同时又可能是其他成分,这是这些成分的'二重性'"。

从上述几位学者对话题的认定可以看出,他们都认同主语即话题,但赵元任、朱德熙、沈家煊、李临定都是在单句层面确认话题,而沈开木则跨越了单句，认为话题是在篇章层面确认的。

与上述学者不同的是，有些学者持话题和主语并存的观点，并且认为话题应该从单句层面确认，如 Charles N. Li、Sandra A. Thompson、徐烈炯、刘丹青等。

Li & Thompson（1976）按照话题凸显和主语凸显把语言分为：话题凸显主语不凸显语言（如汉语）、主语凸显话题不凸显语言（如英语等印欧语系的语言）、话题和主语均凸显语言（如日语、韩语），以及话题和主语均不凸显语言（如他加禄语）。Li & Thompson（1981）反驳了赵元任主语即话题的观点，并再次指出主语和话题的区别是，主语是要和谓语动词的语义直接相关的，而话题则不需要。他们把句子分为四类：主语和话题同时存在并且不相同的句子、主语和话题同时存在并且相同的句子、有主语没话题的句子、有话题没主语的句子。如"这棵树叶子很大"就是典型的主语和话题并存的句子，"这棵树"是话题，"叶子"是主语。

徐烈炯、刘丹青（1998，2003）拓展了 Charles N. Li 和 Sandra A. Thompson 的观点，认为汉语中话题的语法化程度高，应把话题看作句法上的概念，话题在句法上有自己的结构位置，与主语、谓语、宾语一样属于基本句法单位，汉语普通话的类型为：TSVO（T 代表话题）。

另一部分学者也认为话题（亦称"主题"）和主语是不同的语法单位，但与上述学者不同，他们认为主语是句层面的概念，而话题是篇章层面的概念，持这类观点的包括陈平、徐赳赳、曹逢甫、屈承熹等。

陈平（1987）、陈平和徐赳赳（1996）区分了句层面的主语、话题和篇章层面的主题、评述等概念。在篇章层面讨论零形回指问题时，陈平（1987）所用的术语是话语结构及主题和评述。在句层面讨论句法话题（话题化句法话题、左置话题结构和汉语式句法话题）和语用话题（事例话题、框架话题和范围话题）时，陈平、徐赳赳（1996）使用了话题和主语的概念。

曹逢甫（2004）对 Charles N. Li 和 Sandra A. Thompson 的观点有所继承和发展，他仔细辨析了主语、主题，并提出了主题链的概念。关于主语的界定，他提出了五个方法：一是主语总不带介词，二是主语是动词左边的第一个有生名词组，三是主语与动词构成某种选择关系，四是主语倾向于特指，五是主语在同指名词组代名词化或删除过程中有重要作用。在他的研究中，他没有使用话题这个说法，而使用了主题这个概念，并认为主题有六个特征：一是主题总占据主题链中第一个子句的句首位置；二是可以用四个停顿助词（"啊/呀""呢""么""吧"）之一将主题与子句的剩余部分分开；三是主题总是有定的或通指的；四是主题是超句概念，它可以而且经常把语义管辖范围扩展到多个子句；五是在主题链中，主题控制所有同指名词组的代名词化或删除过程；六是除非主题也是主语，否则，它在反身化、同等名词组删除和祈使化过程中不起作用。从曹先生的界定可以看出，他明确指出了主题的篇章属性，并说明了主语和主题的不同。

屈承熹（2006）也对主语和话题进行了比较，认为主语是句法层面的概念，话题是篇章层面的概念。他还进一步强调了话题的篇章性，认为"在一个孤立的句子中来讨论话题无多大意义"。他把最典型的话题称为原型话题，认为原型话题有三方面特征：基本特征、次要特征和非基本属性。基本特征是：话题为名词性词语，用于连接小句。次要特征是：话题是特指或有指的，位于句首或动词前。非基本属性是：话题与谓语动词没有语义上的选择关系。

徐赳赳（2010）对各家关于话题和主语的说法进行了梳理，认为"不管是句法话题或者是语用话题，一旦进入篇章，我们便可从篇章的角度来审视话题"。表1-1列出了不同学者对话题的认识。

表 1-1　各学者对话题概念的看法

看法	单句层面确认话题	篇章层面确认话题
主语即话题	赵元任（1979）、朱德熙（1982）、沈家煊（2012）、李临定（2013）	沈开木（1996）
主语和话题不同	Li & Thompson（1976，1981）、陈平和徐赳赳（1996）、徐烈炯和刘丹青（1998，2003）	陈平（1987）、曹逢甫（2004）、屈承熹（2006）、徐赳赳（2010）

注：陈平（1987）和曹逢甫（2004）中，将"话题"称为"主题"。

各位学者的研究都在揭示汉语话题的特征，但他们对于话题的界定不完全一致，甚至有些观点相互对立。这些讨论一直没有形成共识，我们认为其中一个主要的原因是，这些理论和定义都没有在语料库中进行实证性的检验。在信息化时代之前，由于技术手段所限，语言学的研究多基于语言学家的自省以及日常的卡片记录开展。随着信息化时代的到来，语料的获取越来越便捷，语言学理论应该充分重视实证性，必须在大规模真实文本上无遗漏地进行检验，才能一步步往前推进。上述理论正是缺少大规模实证数据的支持。

1.4.2　有关句子的研究

句子是语言的动态单位（吕叔湘，1979），是语言交际时的最小使用单位（叶蜚声、徐通锵，2010）。虽然许多学者都对汉语"句子"的内涵做了界定，却一直没有公认的统一标准，也缺乏具有可操作性的定义。

赵元任（1979）认为，"句子是最大的语法分析上重要的语言单位。一个句子是两头被停顿限定的一截话语"。朱德熙（1982）认为，"句子是前后都有停顿并且带着一定的句调表示相对完整的意义的语言形式。如果一个语言形式的前头或者后头没有停顿，那就不是一个句子"。王力（1984）认为，"凡完整而独立的语言单位，叫作句子"。陆俭明（2003）认为，"句子是语言中前后有较大停顿、伴有一定句调、表示相对完整意义的音义结合体，是最大的语法单位"。邵敬敏（2007）认为，"前后都有停顿，带有一定的语调，表示相对完整的意义，人们用来进行交际的基本语言单位就叫句子"。

他们对句子的定义大体相近，认为句子主要有三个方面的要求：一是意义完整，二是前后有停顿，三是带有句调。首先看"意义完整"。王力（1984）认为一个句子分为主语、谓语两部分，但又指出"主语并非中国语法所需求，故凡主语显然可知的时候，以不用为常"。王力先生指出的"显然可知"的情况包括：此句主语与上句相同，主语是"我"或"你"，且在语境中有暗示；主语是一件事，而这件事说话双方能够意会；等等。然而，当不用主语的时候，意义是否完整呢？王力指出了汉语句子成分经常不全的语言事实，但对何为意义完整，却没有具有可操作性的说明。再看"前后有停顿"。陆俭明（2003）认为" 一句话完了，有一个较大的停顿，书面上用句号（。）、问号（？）或感叹号（！）来表示"。因为"较大的停顿"并不好判别，所以陆俭明先生引入了书面标点符号。如果按标点符号判断，相当于承认文本成了判断句子停顿的事实上的标准。最后来看"带有句调"，教材中提到"句调是指整句话的音高升降的变化"（黄伯荣、廖序东，2007a）。那么，究竟是先有句子再有句调，还是句调独立于句子而存在呢？只有答案是后者，句调才能作为句子的判断标准，而实际情况是二者关系并不清楚。除了表疑问、惊讶等的升调标记较为明显，可以作为判断句子的标准外，其他类型的句调都不能有效地标示句子边界。

邢福义（2001）从文本语料调查出发，在谈到单句和复句的划分时说，"本章对'句'的认定，遵从'点号标句'的从众性原则。标句的点号，最具代表性的是句号，其次是问号和感叹号"。同时，该书中也列举了若干种"纠结"，并统计了语料中典型单句、典型复句和"纠结"的句子的数量。他从文本语料出发，实事求是地将这些问题一一摆出来，这种研究方法值得我们借鉴。尽管有诸多问题，"点号标句"在可操作性上还是向前迈进了一大步。因为既然其他形式特征不能有效地标示句子，那么干脆从文本语料入手，以文本既有的特征为标准，先把问题和"纠结"摆出来，再逐步解决，将问题逐个研究清楚。

然而，以"点号标句"为原则来划分句子并不是太理想。因为根据大规模的语料进行调查可以发现，汉语的实际文本常常难以用标点符号以线性的方式切分为独立完整的句子，符合语言学家要求的理想的"句子"并不多见，如例（3）。

例（3）

本科鱼类通称灯笼鱼。

　　　　有30余属230多种，

　　　　从北极至南极所有大洋均有分布，

　　　　通常生活在温暖海域的表层及次深层；

　　　　中国约有15属60多种。［节选自《中国大百科全书》（第一版）］

例（3）中有2个句号、2个逗号、1个分号。第1个句号前的部分意义完整，可以算是理想的句子。但句号并没有打断围绕"本科鱼类"的描述，后面继续谈论它，句号后的3个标点句均以此为话头。分号后的标点句主谓齐全，其话头还是"本科鱼类"。若为第一句之后的小句补全话头"本科鱼类"，则每个小句都是一个理想的句子，如例（3a）。

例（3a）

本科鱼类通称灯笼鱼。

本科鱼类有30余属230多种，

本科鱼类从北极至南极所有大洋均有分布，

本科鱼类通常生活在温暖海域的表层及次深层；

本科鱼类中国约有15属60多种。

那么例（3）应该算作几个句子？每个句子的边界在哪里呢？

由于用传统的方法来定义句子遇到了困难，有些学者就拓宽研究思路，对"句"这一概念的范围加以调整。

邢福义（1996）提出"小句中枢说"，认为小句是最小的具有表述性和独立性的语法单位，是语法研究的基本单位。他的语法体系中，"语素—词—短语"是构件语法单位，"小句—复句—句群"是表述语法单位。这实际上避免了给"句子"下定义。但即便如此，对于小句，何谓"表述性"和"独立性"，何谓"最小"，也都不容易在操作中加以判断。例如，邢福义先生认为"他不表态，我深感不安"中的"他不表态"和"我深感不安"是两个小句，而"他不表态，正是我深感不安的主要原因"中的"他不表态"和"我深感不安"则不是小句。可是如果遇到"他不表态，我深感不安，也是小张深感不安的主要原因"，则有可能陷入它是包含三个小句的句子还是不包含小句的句子的两难的境地。

曹逢甫（2004）在比较了国内外对于"句子"的众多定义后提出，"汉语的句子可以大体上定义为一个主题链，它是由一个或多个评论子句共享一个位于主题链首位的主题而形成的一段话语"，"当主题链只有一个子句的时候，这个子句就是一个简单句"。

屈承熹（2006）定义了"汉语句"。他认为，"'汉语句'由一个或一个以上小句组成，其间用显性标记的形式手段相连接"。这些形式手段包括：话题链、连词、副词、动词形式、表述模式、小句的句序和篇章的结尾等。与之配合的显性标记则分别是：零形回指、连词、副词、动词词缀、动词类型、无标记小句的句序和句末动词等。其中的一个重要概念是话题链。话题链的定义是"一组以零回指形式的话题连接起来的小句"，而小句包含至少一个谓语。

曹逢甫和屈承熹对"句子"的定义都超越了单个主谓结构，他们从篇章的角度定义了汉语的句子，扩大了"句子"的范围。这样定义固然能够解决"点号标句"所产生的"纠结"问题，但是又将遇到另一个问题，即句子内部可能非常不匀质，如例（4）。

例（4）

鸿渐上床，
　　好一会没有什么，
　　正放心要睡去，
　　忽然发痒，
　　　　　不能忽略的痒，
　　一处痒，
　　两处痒，
　　满身痒，
　　心窝里奇痒。
　　　　　蒙马脱尔（Monmartre）的"跳蚤市场"和耶路撒冷圣庙的"世界蚤虱大会"全像在这欧亚大旅社里举行。

咬得体无完肤，

抓得指无余力。

每一处新鲜明确的痒，

     手指迅雷闪电似的捺住，

      然后谨慎小心地拈起，

才知道并没捉到那咬人的小东西，

   白费了许多力，

手指间只是一小粒皮肤屑。

好容易捺死一个臭虫，

宛如报了仇那样的舒畅，

心安理得，

可以入睡，

谁知道杀一并未儆百，

   周身还是痒。

到后来，

  疲乏不堪，

  自我意识愈缩愈小，

  身体只好推出自己之外，

    学我佛如来舍身喂虎的榜样，

    尽那些蚤虱去受用。

       外国人说听觉敏锐的人能听见跳蚤的

  咳嗽；

那一晚上，

  这副尖耳朵该听得出跳蚤们吃饱了噫气。

早晨清醒，

居然自己没给蚤虱吃个精光，

收拾残骸剩肉还够成个人，

可是并没有成佛。

只听辛楣在床上狠声道：

   "好呀！

   又是一个！

   你吃得我舒服呀？"（节选自《围城》）

这段话共 41 个标点句，仔细分析，每个标点句的话头都围绕"鸿渐"。如果按照曹逢甫和屈承熹的定义，这 41 个标点句能连成一个主题链 / 话题链，应该只能算作一个句子。如此一来，一个句子的内部逻辑结构就有可能变得非常复杂，当划分句子成分时，我们就无法在同一层次上对不同复杂程度的句子进行分类和比较。因为他们没有在具有一定规模的语料库上做实证研究，所以不知道他们对"句子"在规模、异质性等方面的情况的接受度如何。

1.4.3　有关语言的认知研究

认知科学发展迅猛，是 21 世纪最具发展前途的科学。语言的认知研究是认知科学的重要分支。从 20 世纪中叶认知革命的兴起开始，语言科学领域已经累积了大量从认知的角度来探究语言理解问题的研究成果。这些研究成果主要涵盖以下几个方面。

一是从记忆的机制和过程来研究语言理解的认知机制，如 MacDonald et al.（1992）、Just & Carpenter（1992）、Baddeley（2000）、Traxler et al.（2005）等，他们研究了工作记忆对语句理解的影响。

二是从长时记忆的角度研究篇章的语言理解机制，如 Bransford et al.（1972）、Kintsch（1988）、McKoon（1992）等。

三是从信息加工的角度研究语言理解，如 Cairns & Cairns（1976）、Lindsay & Norman（1977）、Forster（1979）、Marslen-Wilson & Tyler（1980）等。他们把语言理解过程看作表层结构到深层结构的信息加工过程，指出该过程包括语音、词汇、句法、语义等层面的加工。在此基础上，他们进一步考察了这些不同层次的信息是何时及如何被加工的，以及这些信息是如何交互从而影响语言理解的。

四是从认知复杂性的角度，提出了可计算的概念学习的布尔复杂度，如 Feldman（2000）。

随着科学技术的发展，实验的手段和技术越来越丰富和先进，如近年来流行的神经电生理学技术（如 ERP，即 event-related potential，事件相关电位）和脑成像技术（如 fMRI，即 functional magnetic resonance imaging，功能磁共振成像）等，同时，与之相适的实验范式和数据分析方法也在不断发展，这些都为研究得出科学可信的结论提供了保障。然而，这些研究还存在一定的局限性，表现在如下几个方面：一是认知实验的被试数量有限，不易涵盖所有人的特征；二是实验语料有限，难以覆盖所有的语言现象；三是认知假设的适用性不易量化，难以计算出其普遍适用度。

以上研究都是从实验的角度出发，对语言理解和生成机制进行研究。研究者们基于一定的假设，通过认知实验的手段获得支持或否定这一假设的证据，从而得出结论。

除此之外，语言认知研究的一种范式是以认知科学和体验哲学为理论背景的认知语言学研究，相关研究者通过认知理论解释具体的语言现象，代表研究有 Lakoff（1987）、Langacker（1987）、Fillmore（1989）、Talmy（2000）等。

汉语的认知研究中也存在以上两种范式。基于认知实验的汉语研究，目前以字、词一级的认知实验居多，而句子和篇章层面的认知实验总体偏少。尤其是有关篇章的认知实验，由于篇章涉及的变量多，缺乏有效的模型对其进行描述，也缺少实验研究的手段，目前还难以对篇章展开全面深入的认知实验研究。

相比之下，汉语认知语言学研究则成果丰硕，戴浩一（1988）、沈家煊（1995）、张敏（1998）、束定芳（2000）、陆丙甫（2010）等都运用认知理论成功解释了不同的汉语语言现象。但他们的研究多数停留在句一级，篇章层面的认知研究也不多见。由于汉语篇章缺少简单、有可操作性的形式化表达，篇章认知研究的发展受到了制约。

1.4.4　汉语篇章分析现状

徐凡、朱巧明、周国栋（2013）对当前汉语篇章分析技术做了较为详细的综述。该文把篇章分析技术分为三个层次：底层是篇章理论研究，国外的研究有修辞结构理论（rhetorical structure theory，以下简称 RST）（Mann & Thompson，1988）、中心理论（centering theory）（Grosz et al.，1995）等，国内的研究有句群研究（吴为章、田小琳，2000）、复句研究（邢福义，2001）等，这些研究都是从语言本体出发对篇章进行建模；中层是基于篇章理论的分析器，如 RST-DT（Rhetorical Structure Theory Discourse Treebank）（Carlson et al.，2003）和宾州篇章树库（Penn Discourse Treebank，以下简称 PDTB）（Prasad et al.，2008）等；上层是使用篇章分析技术解决或辅助解决自然语言处理中的应用问题，如机器翻译、信息检索、情感分析等。

国外影响力较大的篇章标注语料库 PDTB 和 RST-DT 都很有特色。PDTB 建立在宾州树库（Penn Treebank，以下简称 PTB）之上，因此形成了从句法、语义到篇章关系的全面标注（Miltsakaki et al.，2004），现在已发布了 PDTB 2.0 版[①]（Prasad et al.，2008），为语言的研究和计算提供了丰富而全面的标注信息。RST-DT 的建库目的是建设一个大规模的篇章标注语料库，其规模必须能满足语言分析、模型训练等语言工程任务的需求。这就要求底层的理论有足够的实证性（practicality）和可重复性（repeatability）。Carlson et al.（2003）在建设前考察了众多理论，最后选择了 RST。因为已有研究显示，RST 能够应用于语言生成系统（Hovy，1993）、文本摘要系统（Marcu，2000）、论文评分系统（Burstein et al.，2001）等，且能够增加机器翻译的自然度（Marcu et al.，2000），并已取得不错的效果。可见，这两个库在建设之初，其底层理论的实证性已有较好保证。

近年来，国内也开始重视篇章研究。哈尔滨工业大学的篇章树库 HIT-CDTB[②] 参考了 RST 和 PDTB，并设计了自己的句间语义标注体系（张牧宇、秦兵、刘挺，2014）。苏州大学也参考 RST 等理论自建了篇章树库 CDTB，并研究了显式篇章关系（丁彬、孔芳、李生等，2014）、隐式篇章关系（孙静、李艳翠、周国栋等，2014）等问题。涂眉、周玉、宗成庆（2014）基于清华汉语树库的逻辑关系标注，研究了篇章结构的自动分析方法。袁毓林（2007）也提到北京大学中文网库的篇章结构关系标注问题。

比较国内外汉语篇章分析研究的情况可以发现，国外篇章分析研究的理论基础都是较为坚实的，因为英语的句子可操作性较强，RST 在英语中的实证性也有较好的保证，PDTD 底层的 PTB 则历经多年的发展，对语言工程领域已有广泛的影响。

但是，对英语篇章行之有效的 PTB 和 RST，并不见得能适用于汉语。英语的篇章研究和篇章信息处理中，句子是基本的处理单位。而汉语中句子的界限不明确，正如第 1.4.2 节所分析的，关于句子，汉语学界至今仍没有既能准确反映其内涵又具有可操作性的定义。于是，在研究单位都尚未有效界定的情况下，基于其的各种计算和应用无疑是"筑在浮沙上的高楼大厦"。再以"点号标句"为例阐述这个问题，"点号标句"是在没有办法准确定义句子的情况下，语言工程中通行的切分句子的做法。我们通过例（5）进行说明。

例（5）

西藏银行部门积极调整信贷结构，以确保农牧业生产等重点产业的投

---

① PDTB 3.0 版已于 2019 年发布。

② HIT-CDTB：http://ir.hit.edu.cn/hit-cdtb/Corpus%20Introduction.html#corpusIntroduction。

入，加大对工业、能源、交通、通信等建设的正常资金供应量。去年新增贷款十四点四一亿元，比上年增加八亿多元。农牧业生产贷款（包括扶贫贷款）比上年新增四点三八亿元，乡镇企业贷款增幅为百分之六十一点八三。

例（5）是宾州中文树库（Chinese Treebank，以下简称CTB）中的语料，共有3个句号，CTB将其看作3个句子。

① 西藏银行部门积极调整信贷结构，以确保农牧业生产等重点产业的投入，加大对工业、能源、交通、通信等建设的正常资金供应量。

② 去年新增贷款十四点四一亿元，比上年增加八亿多元。

③ 农牧业生产贷款（包括扶贫贷款）比上年新增四点三八亿元，乡镇企业贷款增幅为百分之六十一点八三。

仔细理解这段话可以发现，按照"点号标句"原则切分出的句子的意义不一定完整。除①句信息完整外，②句和③句均缺话头。CTB把②句的主语标为空语类，但没有指出具体指代内容，③句则被认为结构完整，没有空语类。实际上，②句和③句都缺成分，只是所缺成分不一样。②句缺的是主体"西藏银行部门"，该成分就出现在①句句首，树库标注并没有指出；③句不但缺主体"西藏银行部门"，还缺时间成分"去年"。"去年"出现在②句句首，树库标注认为③句不缺该成分。宋柔（2022）的研究显示，汉语篇章是以小句复合体组织起来的，实质是话头话身结构序列。本例按照话头话身结构进行换行缩进排列后如例（5a）。缩进的部分体现了缺省的话头（方框部分）。话头话身结构我们将在第1.5节着重介绍。

例（5a）

西藏银行部门 积极调整信贷结构，
　　　　　　以 确保农牧业生产等重点产业的投入，
　　　　　　　加大对工业、能源、交通、通信等建设的正常资金供应量。
　　　　　　去年 新增贷款 十四点四一亿元，
　　　　　　　　　　　　比上年增加八亿多元。
　　　　　　　农牧业生产贷款（包括扶贫贷款）比上年新增四点三八亿元，
　　　　　　　乡镇企业贷款增幅为百分之六十一点八三。

注：下画线和竖线是为了方便展示话头话身关系，标注时不需要。

可见，汉语中仅以"点号标句"的方式切分篇章，把切分所得的句子作为考察汉语句子间关系的单位来研究篇章分析问题，根基是不牢固的。可想而知，在根基不牢固的语篇分析之上所做的其他应用研究，其效果的理论上限取决于"点号标句"和小句复合体的重合度。

汉语无论是词汇、语法还是篇章构成，与英语都存在较大差异，把英语中行之有效的理论搬过来稍加修改，并不能完全适用于汉语。要形成切合汉语实际的标注体系，必须对汉语篇章的构成方式进行充分的实证研究，从汉语母语者的角度重新思考汉语篇章的组织形式。在此基础上，再进行大规模的语料标注。这才是妥当的方法。

1.5　理论基础：汉语小句复合体理论和话头话身结构

宋柔、葛诗利、尚英等（2017）和宋柔（2018，2022）认为，汉语小句复合体大致对应于汉语的句子，是篇章信息处理的基本单元。话头话身结构是小句复合体的基础，尚英（2014）发现，话头话身结构在大规模语料中的覆盖度达 98%。可见，话头话身结构是具有本质意义的汉语篇章结构单位，是汉语篇章组织的内在的普遍模式。话头话身结构的研究对于揭示汉语本质特点具有重要意义。以下对小句复合体理论和话头话身结构的相关概念进行简要介绍。

1.5.1　标点句

标点句指以逗号、分号、句号、叹号、问号、提示直接引语的冒号、部分破折号和省略号（关于破折号和省略号的细节将另文说明）分隔的语句。标点句是小句复合体中小句的基本构成材料。虽然标点句经常因话头或话身的缺失而不能独立表达完整的语义，但是从语言形式模型、认知模型和计算模型来看，标点句有其重要意义。从形式来看，标点句前后有停顿，本身带语调，其结构受到一定约束。从认知来看，标点的基本功能之一——停顿，既给予听话人认知加工的时间，也给予说话人组织表达的时间，是引出话头、延续话头、转换话头的基本表达手段。从计算来看，目前汉语篇章处理的对象主要是文本，为了有更坚实的基础，篇章处理时有必要选择一种文本中客观存在的、无须人为主观认定的语言形式作为处理单位。由于汉语的形式标记系统不发达，标点符号成了文本中最突出的形式标记。如例（1）～（4）中的每一行都是一个标点句［例（1）中含省略号的两行除外］。

标点符号是文本中客观存在的自然标记，能够对文本进行无歧义地机械切分，避免了根据语义、语用等层面的标准界定汉语句子或小句时的模糊情况，对确保小句复合体理论的可操作性、全覆盖性有重要意义。

1.5.2　话头和话身

小句复合体中，话头与其话身之间的语用关系称为话头话身关系。话头和话题关系非常密切，但也有区别。传统的话题一般是名词性的成分，在语用上是指称性较强的成分，与"说明"相对。而小句复合体理论中，"话头"指字面上出现的某个词语，该词语是话语的出发点，其下文（少数情况为上文）是这个词语所引发的说明，说明话头的部分称为"话身"。话头是从成分共享的角度进行定义的，侧重于其被后续标点句（话身）所说明这一性质。从话身角度看，则是话身共享了上下文中的某一成分，使其成为话头。在实际语料标注中可以发现，从语法属性的角度看，不仅名词性成分能够被共享，成为话头，谓词性成分、副词性成分，甚至介词、连词等都可以被共享［见例（6）］，成为话头。故话头原称"广义话题"，后为了避免与传统话题混淆而引起争议，改称"话头"。话头所对应的说明，称为"话身"。

例（6）　话头的类型

①实体话头

他们有的三五成群，//"他们"是实体话头

　　　有的拉家带小，

　　　也有的独自行乞。

②环境话头

1976年10月，//"1976年10月"是环境话头

　　　　江青反革命集团被粉碎，

　　　　"文化大革命"结束。

③谓性话头

邓小平同志最近指出，//"指出"是谓性话头

　　　　要教育全国人民做到有理想、有道德、有文化、有纪律。

④状性话头

他曾经跟他女人商量过，//"曾经"是状性话头

　　　要她开个详细地址把户口和娃娃都迁来。

例（6）展示了话头话身结构标注中所发现的 4 种类型的话头。从语用形式上看，话头话身关系强调的是成分共享；从语用意义上看，话头话身关系也是一种广义的"话题—说明"关系。

1.5.3 自足话头话身结构、紧密逻辑语义结构和小句复合体

话头话身结构是能够嵌套的。某一话头话身结构可能整体共享其他成分，被嵌套在其他的话头话身结构中。如果一个标点句序列组成的话头话身结构的话头或话身尾部不在上下文中，结构中又没有词语可以被看作上下文中某标点句的话头或话身尾部，该话头话身结构就称为自足话头话身结构（self-sufficient naming-telling structure）。如果一个自足话头话身结构中没有一个子序列能成为自足话头话身结构，它就是最小自足话头话身结构（minimum self-sufficient naming-telling structure），简称 MSN 结构。（宋柔，2022）最小自足话头话身结构是构成小句复合体的基本结构。

以此为基础，小句复合体的定义为：小句复合体是语篇中 MSN 结构组成的序列，且是语篇的上下文语境中最大的紧密逻辑语义结构。

所谓紧密逻辑语义结构，指顶层逻辑关系所涉及的各方论元彼此不可分开，即其中至少有一方不能独立于其他方而存在，或各论元分开表达的语义同合在一起表达的语义有差别。不符合这种特征的逻辑语义结构是疏松逻辑语义结构。除了表示逻辑学或语言学中常见的显性的并列、转折、因果等逻辑语义关系的结构，话头话身结构本身也是一种基础的紧密逻辑语义结构。它描述的是事物与属性、事物与状态、事物与事物、事物与行为、环境与事件、意念与事件等之间的关系。（宋柔，2022）

划分语篇的小句复合体序列时，要先划分出 MSN 结构，再考察各个 MSN 结构之间是否存在紧密逻辑语义关系。若存在，则将存在紧密逻辑语义关系的若干个 MSN 结构组合起来，构成小句复合体；若无，则每个 MSN 结构本身就是一个小句复合体。可见，话头话身结构是界定并划分小句复合体的基础。因此，本书的重点在于话头话身结构和相关的最小自足话头话身结构，甚至有时候提到小句复合体，也主要指话头话身结构，紧密逻辑语义结构暂不作为研究重点。

1.5.4 话头话身自足句（NT 小句）

我们通过大规模语料标注发现，汉语标点句句首经常缺失某些话头成分，这些成分大部分可以在上下文的标点句中找到，少数句末还缺少话身

成分，需要通过下文补全。标点句缺失的话头和话身成分补全后，称为话头话身自足句（naming-telling clause），以下简称 NT 小句或话头自足句，如例（7）右栏。研究发现，标点句补全话头话身后所形成的 NT 小句绝大多数都有"相对完整的意义"，是语法通顺、语义关系清楚的句子，这称为 NT 小句的合规性。

例（7）

话头话身结构分支模式	NT 小句

四个乘客中一个身材瘦长、神色剽悍的老者微微皱眉，
 	
      纵马奔向山坳，
 	
  其余三人跟着过去。
 	
转过山边，
 	
只见前面里许外五骑马奔驰正急，
 	
     铁蹄溅雪，
     银鬃乘风，
 	
眼见已追赶不上。
	四个乘客中一个身材瘦长、神色剽悍的老者微微皱眉，
	四个乘客中一个身材瘦长、神色剽悍的老者纵马奔向山坳，
	四个乘客中其余三人跟着过去。
	四个乘客转过山边，
	四个乘客只见前面里许外五骑马奔驰正急，
	四个乘客只见前面里许外五骑马铁蹄溅雪，
	四个乘客只见前面里许外五骑马银鬃乘风，
	四个乘客眼见已追赶不上。

注：例中横线和竖线组成的"流水线"只是为了直观展示小句复合体中的话头话身关系，反映其形如流水的特点，并不是话头话身结构标记的一部分，下同。

目前，语言学在句子层面的研究的主要对象是理想化的"单句"，但客观情况是，自然语言文本中多数标点句的话头或话身是不完整的。如此一来，一方面，语言学的研究与实际语料之间不能完全直接对应，导致语言学理论也不能直接用于实际语料。另一方面，标点句看似复杂而不完整，小句复合体研究却表明，标点句之间是存在严格的组织结构的，其内在结构就是话头话身结构。而在话头话身结构下，标点句能够补全缺失的话头（少数还要补全话身），成为 NT 小句。大部分 NT 小句都是合规的小句，少数不合规的 NT 小句在进行有限的、机械的合规变换操作后，也能成为合规的小句。这些补全成分后的合规的 NT 小句正是理想的"单句"［如例（7）右栏］。可见，以 NT 小句为基础，就能将现有语言学理论和实际语料结合起来，进而运用已有的理论和工具对文本进行分析。因此，为文本中的每个标点句生成 NT 小句的工作具有重要的理论意义。

例（7）展示了一个篇章从标点句到 NT 小句的生成过程。首先，对篇章中的标点句序列按照换行缩进图式进行标注，直观地展示话头话身结构中话头和话身的成分共享关系。其次，根据不同的成分共享模式，将标点句的话头（或话身）补全，每个标点句生成一个对应的 NT 小句。

1.5.5　话头话身的成分共享模式

话头话身结构是通过标点句之间的成分共享组织到一起的。话头话身的成分共享模式主要有四种：分支模式、新支模式、后置模式和汇流模式。前三种模式属于话头共享，汇流模式属于话身尾部共享。下面分别介绍这四种成分共享模式，并介绍这四种模式下 NT 小句的定义。

1.5.5.1　分支模式

分支模式是汉语语篇中出现最多的成分共享模式。语料标注时，对于符合分支模式的标点句，可使用换行缩进图式来展示话头成分的共享情况。可以将标点句生成 NT 小句的过程，想象为包含一系列退栈和进栈的机械操作的过程，所以从生成 NT 小句的角度，分支模式也称为"堆栈模式"。例（7）就是分支模式，左栏为原始语料中的标点句，每行缩进的部分表示句首缺省的话头，右栏为各标点句对应的 NT 小句。左栏第 1 句顶格表示该标点句不缺少话头，它的 NT 小句就是它自身。左栏第 2 句缩进到"老者"后，表示该句的 NT 小句应补上话头串"四个乘客中一个身材瘦长、神色剽悍的老者"，如右栏所示。左栏第 3 句缩进 5 个字符，该句缺省的话头串是该句空格上方非空格的部分，即"四个乘客中"，生成 NT 小句"四个乘客中其余三人跟着过去"。其后依此类推。

1.5.5.2　新支模式

有些标点句只共享前一标点句的 NT 小句中非句首的某些部分作为话头，若将该部分左边直至句首的全部词语都从左边加进这个标点句，所得结果不成句。因此，需要加一道"节"来指示所共享的话头成分的位置，这种共享模式称为"新支模式"［如例（8）］。语料标注时，这道"节"用"｜"标记，带"｜"的标点句称为"新支句"，"｜"右边空格上面的非空格部分是新支话头。将新支话头和该标点句连起来就是该标点句的 NT 小句，不包括"｜"左上方及左边的部分。

例（8）

话头话身结构新支模式	NT 小句

三人看见李顾留的纸条，
           说住在火车站旁
           一家旅馆内，
便搬去了。
	三人看见李顾留的纸条，
	李顾留的纸条说住在火车站旁一家旅馆内，
	三人便搬去了。

例（8）中，第 2 个标点句以"李顾留的纸条"为话头，生成 NT 小句时不共享话头左边的部分。第 3 个标点句不在新支模式内，需要继续共享第 1 个标点句中的"三人"作为话头。

1.5.5.3 后置模式

形如例（9），前两个标点句都以"晚生"为话头。但是话头没有出现在这些标点句及其上文中，而是出现在下文中标点句的句首。这样的话头话身共享模式称为"后置模式"。语料标注时，前两个标点句前用"↓"加以标记。生成 NT 小句时，前两个标点句的话头是该句空格所对应的"↓"下方非空格的部分，即"晚生"。

例（9）

话头话身结构后置模式	NT 小句
↓在府上叨扰多日， ↓已感盛情， 晚生明日便要北归了。	晚生在府上叨扰多日， 晚生已感盛情， 晚生明日便要北归了。

1.5.5.4 汇流模式

有的标点句缺少话身或者话身部分不完整，补全话头后仍然不成句，需要结合后续的标点句把话身部分补充完整。这样的话头话身共享模式称为"汇流模式"［如例（10）］。语料标注时，标点句话身不完整的部分用"『』"标记括起来，称为"汇流语段"。"』"后到句末的部分需要补充到汇流语段内的各标点句句末，称为"聚合部分"（如果"』"已经在句末，则聚合部分是下一个标点句）。

例（10）

话头话身结构汇流模式	NT 小句
巴尔干各族人民『反对土耳其统治， 　　　争取民族独立』的斗争日益高涨。	巴尔干各族人民反对土耳其统治的斗争日益高涨。 巴尔干各族人民争取民族独立的斗争日益高涨。

例（10）中，第 1 个标点句的话身部分不完整，缺失的话身是第 2 个标点句中"』"到句末的部分，即"的斗争日益高涨"，把该话身部分补充到第 1 个标点句句末即可形成 NT 小句。

1.5.5.5　单层汇流

汇流模式有一种特殊形式，即汇流语段中只有一个标点句，且聚合部分的标点句整句作为这个标点句的话身［如例（11）］，这种共享模式称为"单层汇流"。语料标注时，单层汇流的聚合部分的标点句接在前一个标点句标点符号的下方，前一个标点句句末用"→"进行标记。

例（11）

话头话身结构单层汇流模式	NT 小句
这部明史卷帙浩繁， 　　雕工印工→， 　　　　费用甚巨。	这部明史卷帙浩繁， 这部明史雕工印工费用甚巨。 这部明史雕工印工费用甚巨。

例（11）中，第 2 个标点句"雕工印工"整体作为第 3 个标点句"费用甚巨"的话头，第 3 个标点句是第 2 个标点句的话身。这两个标点句的 NT 小句相同。

1.5.5.6　成分共享模式的嵌套

语言具有递归性，成分共享模式也符合这一规律。虽然实际语料中，结构形式是复杂的，但基本都能够描述为各成分共享模式自身或者相互间的多层嵌套。例（7）是分支模式的自身嵌套，例（8）～（11）分别是分支模式中嵌套了新支模式、后置模式、汇流模式、单层汇流模式的实例。再如：

例（12）

话头话身结构	NT 小句
↓ 由于得到『君主国世袭领地， 　　　（尤其是）匈牙利』的有力支持， 奥 实力大增， 　在北线连挫巴伐利亚军，	奥由于得到君主国世袭领地的有力支持， 奥由于得到匈牙利的有力支持， 奥实力大增， 奥在北线连挫巴伐利亚军，

例（12）中，前三个标点句构成后置模式，第 3、第 4 两个标点句构成分支模式，而后置模式中又嵌套了第 1、第 2 个标点句构成的汇流模式。第 1 个标点句生成 NT 小句时，要先从第 2 个标点句尾部取得"的有力支持"作为话身，再从第 3 个标点句取得"奥"作为话头。第 2 个标点句生成 NT 小句时，要先从第 1 个标点句取得"由于得到"，再从第 3 个标点句取得外层话头"奥"。

例（13）

话头话身结构	NT 小句
于是 →， 　　　↓ 怀着一种隐秘的想望， 　有一天我 终于爬上了那个山顶。	于是有一天我怀着一种隐秘的想望， 于是有一天我怀着一种隐秘的想望， 于是有一天我终于爬上了那个山顶。

例（13）是单层汇流模式和后置模式的嵌套，第 2 个标点句和第 3 个标点句构成后置模式，整个后置模式与第 1 个标点句构成单层汇流。第 2 个标点句生成 NT 小句时，先从第 3 个标点句取得话头"有一天"和"我"，再跟第 1 个标点句构成单层汇流。

例（14）

话头话身结构	NT 小句
我看你就别走了， 　　　↓ 风风雨雨的， 　要饭 遭罪哩。	我看你就别走了， 我看要饭风风雨雨的， 我看要饭遭罪哩。

例（14）和例（13）看似接近，实质不同。例（14）是分支模式和后置模式的嵌套，第 2 个标点句补充话头时，先从第 3 个标点句取得直接话头"要饭"，再从第 1 个标点句取得外层话头串"我看"。

话头话身结构虽然只有有限的几种成分共享模式，形式简单，但各种模式的相互嵌套保证了话头话身结构的多样性，也大大增加了 NT 小句生成的复杂度和模式识别的困难程度。

1.5.6　超级小句复合体的导引模式

语料中还有一种较为特殊的情况，就是引语。引语可能是言辞，也可能是想法，还可能是对事实的理解和叙说。引语中可能含有一个或多个小句复合体，且它们不共享引语外的成分。因此，宋柔（2022）将引语和它的导语所构成的结构称为"超级小句复合体"。其中，导语是将引语引导出来的话语，通常包括引语的发出者、引语发出的背景和导引动词；引语是由至少一个完整标点句构成的直接引语或者间接引语，整体充当导语的宾语。如例（15）和例（16）。

例（15）

超级小句复合体（直接引语）	NT 小句
辛楣也笑道： 　　"孙小姐这房间住得么？ 　　李梅亭更住 　　不得——" 正说着， 听得李顾那面嚷起来，	辛楣也笑道： "孙小姐这房间住得么？ "孙小姐这房间李梅亭更住不得——" 辛楣正说着， 辛楣听得李顾那面嚷起来，

例（16）

超级小句复合体（间接引语）	NT 小句
鸿渐恍然明白， 　　【人家未必看出自己的懦怯无用， 　　跟在孙小姐后面可以有两种解释，】 忙抢说： 　　"……	鸿渐恍然明白， 【人家未必看出自己的懦怯无用， 跟在孙小姐后面可以有两种解释，】 鸿渐忙抢说： "……

例（15）和例（16）都是超级小句复合体。例（15）的导语是"辛楣也笑道"，引语是双引号括起来的直接引语；例（16）的导语是"鸿渐恍然明白"，引语是心理活动部分，属于间接引语。由于没有天然的引号作为标记，语料标注时，使用"【　】"将引语部分标示出来，"忙抢说"则是后续直接引语的导语。

可以看出，引语中的标点句序列自成体系，构成一个或多个小句复合体，其内部的各个标点句作为一个整体与导语构成话头话身关系，不单独与导语构成话头话身关系。因此，超级小句复合体的导引模式和话头话身的成分共享模式有差别。

但从另一个角度看，导语本身又能跨越引语，被引语后的标点句所共享 ［如例（16）中的"忙抢说"共享了上文导引模式的部分导语"鸿渐"］。如果将引语部分整体看作导引动词的宾语，那么例（15）和例（16）中的导引模式都可以看作导语所在分支模式的一部分。这样，导引模式就融入了小句复合体的语法体系，实现了小句复合体语法体系对引语的覆盖。

第 2 章
汉语篇章话头话身结构的认知模型

篇章理解既是语言信息处理的最终目标，也是文本语言认知的根本任务。其中有诸多困难，包括话头话身关系识别、逻辑关系识别、指代关系识别、宏观主题理解等认知任务。为解决好篇章理解问题，各类任务不应混在一起，而应分别建立模型，逐一处理。对汉语而言，从标点句看，标点句话头话身信息不完整属于常态。话头话身信息的认知是篇章认知理解的基础任务（如图 2-1 所示）。

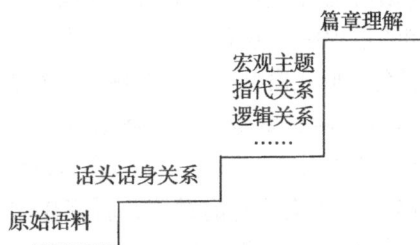

图 2-1　汉语篇章理解任务分解

从语言工程角度看，要实现篇章理解和计算，就需要建立计算模型。对于形式标记系统发达的语言来说，建立计算模型相对方便，这些语言中的标记对语言的结构化起到很大作用。但这样也有弊端，即可能会掩盖人的认知作用。自然语言不同于人造语言，其蕴含的语法规律看起来不一定很一致，有些甚至没有理据性，不完全能根据语言中的标记推导出来。有些看起来不一致或没有理据性的语法规律或许跟认知有关。要提高模型的效果，最终需要落实到认知研究上来。

汉语缺少形式标记，只能一开始就从认知入手，探寻语言背后的认知规律，再根据这些认知规律进行建模，构建认知模型；进而把认知模型算法化、程序化，构建计算模型。

本章与第 3 章、第 4 章相互关联。本章先根据认知事实，对话头话身关系的认知过程进行模拟，列出认知模型的设计原则，然后根据这些原则，构建话头话身结构认知模型。第 3 章把认知的原则落实到计算中，构建计算模型。第 4 章把计算模型运用于语料库进行统计分析，用语料库检验认知模型的推论。

2.1　认知模型的设计目标

本书主要围绕话头话身关系的认知问题展开，本章着重探讨标点句到 NT 小句的生成的认知过程，称为"话头话身结构认知模型"。这是模拟人理解每个标点句话头话身关系的动态过程的模型，它以话头话身结构形式模型为基础。这里的"话头话身结构形式模型"就是话头话身结构的形式化表示方法，操作上可以直观地理解为话头话身结构的换行缩进图式。形式模型展现了人脑对话头话身关系的认知结果，是一种静态结构；而认知模型反映的是人脑认知话头话身关系的过程，是一种动态机制。

第 1.5 节的理论介绍就是对话头话身结构形式模型的介绍。它指的是由标点句生成相应 NT 小句的过程中，分支模式、新支模式、后置模式、汇流模式和导引模式等的相互嵌套。形式模型中，每个标点句都能生成相应的NT小句。本章对认知模型进行研究，就是要研究人如何通过对话头话身的认知，把不同成分共享模式的标点句补全成 NT 小句。认知模型设计和研究的目标，就是研究人在理解标点句时补全话头话身的过程，研究在这个过程中人们采用了什么机制，调用了哪些记忆存储资源，以及这些资源起什么作用，如何起作用，等等。

2.2　认知模型的设计原则

设计认知模型时，我们针对人脑对汉语篇章的认知过程，提出了若干假设。这些假设是人在理解篇章的过程中所体现出的特征，是认知模型设计时需要遵循的设计思想和原则：

1. 以标点句为单位的输入。对于人而言，说或听的篇章的输入是具有一定时长的被停顿所隔开的片段。这样的停顿，从认知的角度看，既给予听话人认知加工的时间，也给予说话人组织表达的时间，反映在汉语文本中就是标点符号，其隔开的片段就是标点句。因此，认知模型应以标点句为系统输入的基本单位。

2. 以 NT 小句为单位的输出。人对篇章的完全理解涉及话头话身关系、逻辑关系、指代关系、宏观主题理解等。理解篇章后，存储在大脑中的组织形式和内容目前我们不得而知，但若篇章片段的话头话身信息不完整，在分析指代关系、组成逻辑关系树或提取宏观主题等时都将遇到困难。因此，我们认为，话头话身信息的认知是篇章理解的基础。根据话头话身结构的形式模型，标点句的话头话身信息补全后，其认知结果是 NT 小句，故认知模型也应以 NT 小句为系统的输出。事实上，信息补充完整后的篇章片段在大脑中不一定是个整句，可能只是某些概念单位。但是从信息结构角度讲，这种概念单位和 NT 小句之间应该存在紧密的对应关系。

在标点句的处理过程中，认知模型在设计上还应满足以下四个特性：

1. 基本无回溯。人认知篇章的过程，如果排除对逻辑关系等高层语义的理解，那么基本上应该是无回溯的，如听小说、广播时，一般不会重复听前面的话语。即使是在能够做到重复输入的对话过程中，我们也极少会要求对方重复说话内容，除非听不清发音或无法消解歧义。因此，认知模型必须做到对标点句的输入只按篇章组织顺序读取一次，而且绝大多数情况下无须累积输入的内容。

2. 基本实时同步处理。人对篇章的简单层面的理解几乎伴随输入同步完成。也就是说，说话人逐句说，听话人逐句理解，当说话人的话说完后，听话人也基本理解完毕。因此，对认知模型的处理性能有较高的要求。若把同步看作一个时间概念，则输入和输出的时间差应该在很小的范围内，且新信息的输入不应干扰旧信息的理解。

3. 词序和句序不变。汉语形式标记不丰富，特别是口头表达中（包括对话、朗诵、广播等），除了停顿和语调之外基本没有别的形式标记。因此，汉语特别注重词序，词序通常反映的是一种意义结构。有些计算语言学的模型（如基于词袋模型的各种自然语言处理模型）对词序是不敏感的，但在认知模型的处理过程中，不仅要保证篇章片段序列的顺序不变，还要保证篇章片段内部词序不变。

4. 使用有限存储空间。人的长时记忆的空间相当大，但短时记忆空间以组块而言存在 7 ± 2 的数量限制（Miller，1956），工作记忆空间非常有限。这决定了认知模型所需空间的大小，它必须是一个不随篇章长度变化的常数定值,且必须严格限制该定值的大小。

　　以上原则和特性是关于认知模型的理论假设,是认知模型应该满足的基本要求。

　　我们设想,人认知篇章片段话头话身信息的过程可以分为两步。第一步是标点句分析。当遇到停顿,即听完一个篇章片段时,首先判断:(1)该片段是否缺话头;(2)如果缺话头,所缺话头在前面还是在后面,如果在前面是哪一个成分;(3)该片段是否缺话身。第二步是 NT 小句生成,补全标点句缺失的话头和 / 或话身。标点句分析系统根据语法、语义、语用等语言学知识,以及常识、百科知识、远上下文知识等判断标点句的话头话身信息。NT小句生成系统根据分析结果,补全标点句的话头话身信息,生成NT小句。模型对每个标点句的处理是分步骤进行的,但对整个篇章的处理是一体的,即模型在实时地完成每一个标点句的分析及其对应 NT 小句的生成后,再处理下一个标点句。

2.3　话头话身结构认知模型的 NT 小句生成系统

　　话头话身结构的认知模型和计算模型都包括了标点句分析系统(以下简称"分析系统")和 NT 小句生成系统(以下简称"生成系统")两部分。这两部分是配合的、互动的。分析系统涉及的研究工作较多,本章暂不详细讨论,本书的后半部分将研究其中的一小块——新支话头的分析。另外,对于分析系统与生成系统的互动过程,由于还没有深入研究,本研究也暂不涉及,留待日后进一步深入研究。本章主要关注认知模型的生成系统,暂以人工标注的语料代替分析系统的分析结果,作为生成系统的输入,着重研究在完成标点句话头话身关系分析后,生成 NT 小句时所需的各种资源。

　　我们参考计算机体系架构,将认知模型分为存储、运算、控制和知识资源等四个模块。存储模块是分析和生成所需要的记忆空间,运算模块负责分析每个标点句的话头话身关系并生成相应的 NT 小句,控制模块负责各种运算的统筹协调和资源调度,知识资源模块存储语法、语义、常识、百科等知识,用以支持运算中的条件判断。

　　根据上节所述的认知原则,话头话身结构认知模型(如图 2-2 所示)的具体构造如下:

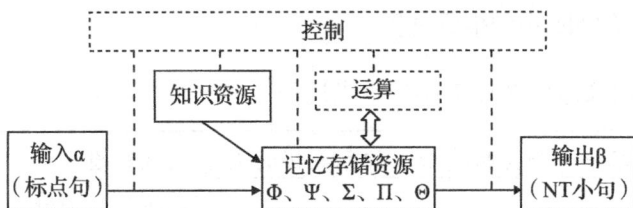

图 2-2　话头话身结构认知模型示意图

存储模块方面，认知模型需要记忆存储的资源包括分支模式的 NT 小句堆栈区 Φ、标点句输入区 Ψ、后置模式与汇流模式的搁置区 Σ、新支模式的节栈区 Π、超级小句复合体的导语堆栈区 Θ。

运算模块方面，认知模型处理的主要是话头正向共享、话头逆向共享、话身汇流、话头套叠和超级小句复合体导引模式等语言现象。

控制模块方面，认知模型采用递推的方式运行，每一步读入一个标点句，多数情况下每步输出一个 NT 小句。但对于话头后置的标点句而言，需要待后续标点句中出现所需话头后才能输出 NT 小句；对于汇流语段内的标点句而言，需要待聚合部分出现后才能输出 NT 小句。这个过程中，需要控制模块对存储、知识、输入输出、运算等各方面进行调度和控制。

知识资源模块方面，该模块中主要存储语法、语义、常识、百科等知识，以及分析系统中标点句话头话身的分析结果（生成系统暂不涉及）。

另外，图 2-2 中的"输入 α"存储待认知的文本，"输出 β"存放认知结果，即生成的 NT 小句。实线方框部分是各类存储资源和知识资源，虚线方框部分是动态运算模块和控制模块。

基于上述设计原则和框架，以下阐述话头话身结构认知模型的生成系统对不同成分共享模式的实现方法。

2.3.1　分支模式

认知模型生成分支模式的 NT 小句时，需要两个单位的存储资源：一是当前正在处理的标点句，存放在 Ψ；二是上一个标点句的 NT 小句，存放在 Φ。用上一个标点句的 NT 小句的相应部分补充本标点句缩进的部分就形成了新的 NT 小句。其他未处理的文本仍存放在 α 中，生成的 NT 小句输出到 β 中。分支模式是最基础的成分共享模式。分支模式下的标点句仅需换行缩进排列，无须使用其他辅助标记［如第 1 章例（7）］。例（1）展示了第 1

章中例（7）的 NT 小句生成过程。

例（1）：第 1 章例（7）NT 小句生成过程

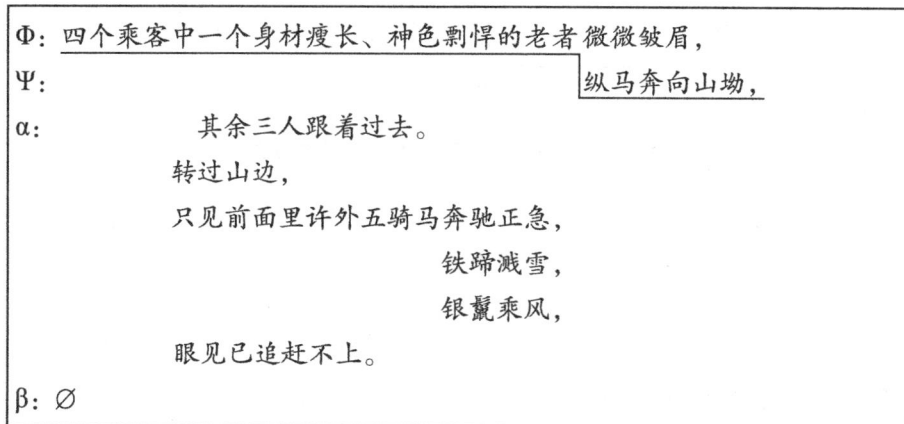

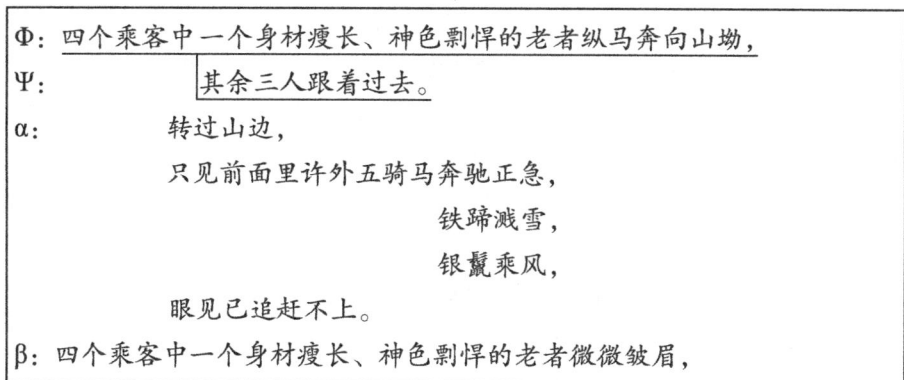

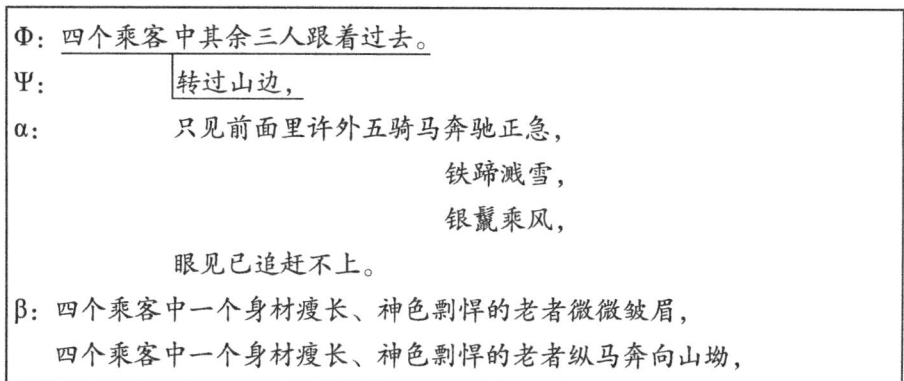

Φ：四个乘客中一个身材瘦长、神色剽悍的老者微微皱眉，
Ψ：　　　　　　　　　　　　　　　　　　纵马奔向山坳，
α：　　　　　　其余三人跟着过去。
　　　　　　转过山边，
　　　　　　只见前面里许外五骑马奔驰正急，
　　　　　　　　　　　　铁蹄溅雪，
　　　　　　　　　　　　银鬃乘风，
　　　　　　眼见已追赶不上。
β：∅

⬇

Φ：四个乘客中一个身材瘦长、神色剽悍的老者纵马奔向山坳，
Ψ：　　　　其余三人跟着过去。
α：　　　　　　转过山边，
　　　　　　只见前面里许外五骑马奔驰正急，
　　　　　　　　　　　　铁蹄溅雪，
　　　　　　　　　　　　银鬃乘风，
　　　　　　眼见已追赶不上。
β：四个乘客中一个身材瘦长、神色剽悍的老者微微皱眉，

⬇

Φ：四个乘客中其余三人跟着过去。
Ψ：　　　转过山边，
α：　　　　　只见前面里许外五骑马奔驰正急，
　　　　　　　　　　铁蹄溅雪，
　　　　　　　　　　银鬃乘风，
　　　　　　眼见已追赶不上。
β：四个乘客中一个身材瘦长、神色剽悍的老者微微皱眉，
　　四个乘客中一个身材瘦长、神色剽悍的老者纵马奔向山坳，

⬇

Φ：<u>四个乘客转过山边，</u>

Ψ：　　　　　<u>只见前面里许外五骑马奔驰正急，</u>

α：　　　　　　　　　铁蹄溅雪，

　　　　　　　　　银鬃乘风，

　　　　　眼见已追赶不上。

β：四个乘客中一个身材瘦长、神色剽悍的老者微微皱眉，

　　四个乘客中一个身材瘦长、神色剽悍的老者纵马奔向山坳，

　　四个乘客中其余三人跟着过去。

Φ：<u>四个乘客只见前面里许外五骑马奔驰正急，</u>

Ψ：　　　　　　　　　<u>铁蹄溅雪，</u>

α：　　　　　　　银鬃乘风，

　　　　　眼见已追赶不上。

β：四个乘客中一个身材瘦长、神色剽悍的老者微微皱眉，

　　四个乘客中一个身材瘦长、神色剽悍的老者纵马奔向山坳，

　　四个乘客中其余三人跟着过去。

　　四个乘客转过山边，

Φ：<u>四个乘客只见前面里许外五骑马铁蹄溅雪，</u>

Ψ：　　　　　　　银鬃乘风，

α：　　　　眼见已追赶不上。

β：四个乘客中一个身材瘦长、神色剽悍的老者微微皱眉，

　　四个乘客中一个身材瘦长、神色剽悍的老者纵马奔向山坳，

　　四个乘客中其余三人跟着过去。

　　四个乘客转过山边，

　　四个乘客只见前面里许外五骑马奔驰正急，

Φ：四个乘客只见前面里许外五骑马银鬃乘风，

Ψ：　　　　　眼见已追赶不上。

α：∅

β：四个乘客中一个身材瘦长、神色剽悍的老者微微皱眉，

　四个乘客中一个身材瘦长、神色剽悍的老者纵马奔向山坳，

　四个乘客中其余三人跟着过去。

　四个乘客转过山边，

　四个乘客只见前面里许外五骑马奔驰正急，

　四个乘客只见前面里许外五骑马铁蹄溅雪，

Φ：四个乘客眼见已追赶不上。

Ψ：∅

α：∅

β：四个乘客中一个身材瘦长、神色剽悍的老者微微皱眉，

　四个乘客中一个身材瘦长、神色剽悍的老者纵马奔向山坳，

　四个乘客中其余三人跟着过去。

　四个乘客转过山边，

　四个乘客只见前面里许外五骑马奔驰正急，

　四个乘客只见前面里许外五骑马铁蹄溅雪，

　四个乘客只见前面里许外五骑马银鬃乘风，

Φ：∅

Ψ：∅

α：∅

β：四个乘客中一个身材瘦长、神色剽悍的老者微微皱眉，

　四个乘客中一个身材瘦长、神色剽悍的老者纵马奔向山坳，

　四个乘客中其余三人跟着过去。

　四个乘客转过山边，

　四个乘客只见前面里许外五骑马奔驰正急，

　四个乘客只见前面里许外五骑马铁蹄溅雪，

　四个乘客只见前面里许外五骑马银鬃乘风，

　四个乘客眼见已追赶不上。

例（1）展示了第 1 章中例（7）的 NT 小句生成过程。例如第 1 步处理 Ψ 中的"纵马奔向山坳"时，根据文本的缩进，退掉 Φ 中的"微微皱眉"，并在"老者"后接上"纵马奔向山坳"，生成新的 NT 小句"四个乘客中一个身材瘦长、神色剽悍的老者纵马奔向山坳"。同时，原 Φ 中的 NT 小句输出到 β，并从 α 读入"其余三人跟着过去"，放在 Ψ，作为下一步处理的标点句。

从上述 NT 小句生成的方式看，Φ 就像一个堆栈，左边是栈底，右边是栈顶。生成 NT 小句时，退掉 Φ 原句中相当于栈顶的话身部分，再接上后一个标点句，因此分支模式原来也称为"堆栈模式"。基于大规模语料的考察证明，原堆栈 Φ 中清除掉的内容不会再被后续标点句使用。因此，每次将新生成的 NT 小句放在 Φ 中，通过进栈、退栈操作，就能实现认知模型生成系统的递推处理。

分支模式仅使用了两个 NT 小句大小的存储空间，其递推机制符合无回溯原则，通过对标点句进行整句存储保证了词序不变。由于进栈、退栈操作简单，在认知模型生成系统中，输入和输出是基本同步的，满足第 2.2 节的设计要求。

2.3.2　新支模式

例（2）

话头话身结构新支模式	NT 小句
顾炎武在城中买了一份邸报， 	上面详列明史一案中获罪诸人的姓名。 却见上谕中有一句说：	顾炎武在城中买了一份邸报，这份邸报上面详列明史一案中获罪诸人的姓名。[①] 顾炎武却见上谕中有一句说：

例（2）中的第 2 个标点句补充话头串时和一般分支模式不同，缺失的话头并不是缩进部分对应的全部内容，只是"一份邸报"，称为"新支模式"，话头部分加了一道"节"，用"|"表示，"|"左边的部分在生成 NT 小句时并不输出，认知模型生成系统用一个专门的缓存区临时保存，称为"节栈区"，用"Π"表示。节栈是一个先进后出的堆栈结构，其中可以有多

---

① 该 NT 小句原为："一份邸报上面详列明史一案中获罪诸人的姓名。"但因为新支话头"一份邸报"原为宾语，是不定指的，而主语一般为定指的成分，故认知模型应自动将"一份"改成"这份"。下同。

个元素，节栈中的元素称为"栈节"。在文本标注中，栈节结尾处用"｜"标记，称为"栈节标记"。生成第 3 个 NT 小句时需要从 Π 中取出暂存的话头。实际上，分支模式也可以看作一种特殊的新支模式，Π 为空的新支模式就是分支模式。例（2）的 NT 小句生成过程如例（3）。

例（3）：例（2）NT 小句生成过程

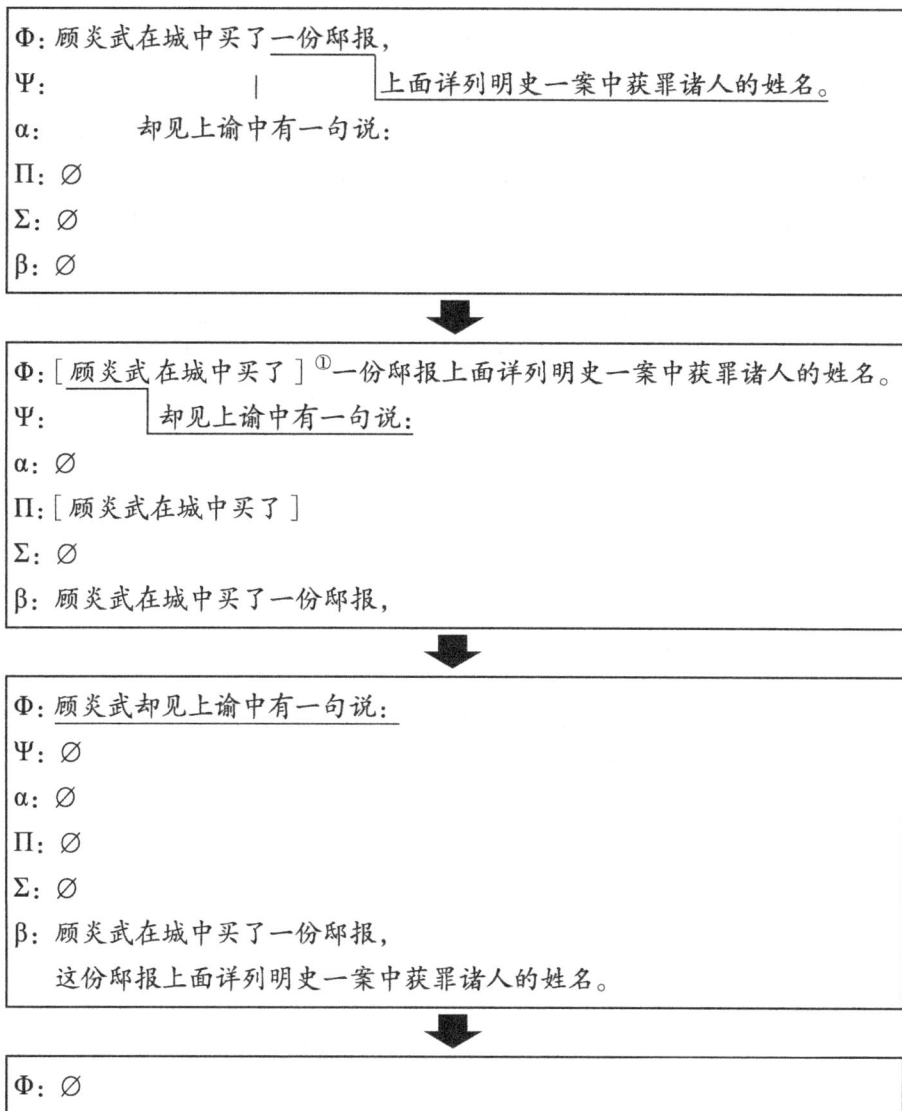

Φ：顾炎武在城中买了一份邸报，
Ψ：　　　　　　　　｜　　　　　　　上面详列明史一案中获罪诸人的姓名。
α：　　　　却见上谕中有一句说：
Π：∅
Σ：∅
β：∅

⬇

Φ：［顾炎武在城中买了］①一份邸报上面详列明史一案中获罪诸人的姓名。
Ψ：　　　　　却见上谕中有一句说：
α：∅
Π：［顾炎武在城中买了］
Σ：∅
β：顾炎武在城中买了一份邸报，

⬇

Φ：顾炎武却见上谕中有一句说：
Ψ：∅
α：∅
Π：∅
Σ：∅
β：顾炎武在城中买了一份邸报，
　　这份邸报上面详列明史一案中获罪诸人的姓名。

⬇

Φ：∅

---

① 实际 NT 小句生成系统中只需要记录节栈的位置即可，这里为了直观展示出节栈的完整内容，故将 Π 中的内容保留在 Φ 中，下同。

Ψ：∅

α：∅

Π：∅

Σ：∅

β：顾炎武在城中买了一份邸报，

　　这份邸报上面详列明史一案中获罪诸人的姓名。

　　顾炎武却见上谕中有一句说：

例（2）中，"上面详列明史一案中获罪诸人的姓名"说的是"一份邸报"，故例（3）的第 2 步中使用了 Π，暂时存放栈节标记前的内容"顾炎武在城中买了"。在第 3 步的时候，需要使用栈节中的话头"顾炎武"，所以从 Π 中恢复了暂存的内容，并清空了 Π。例中没有话身汇流或话头后置的情况，故 Σ 一直为空。

理论上说，因为 Π 中可能有多个栈节，而每个栈节的长度可以接近一个 NT 小句，所以 Π 对空间的占用没有理论上限。但是，在实际语言使用中，如果层数太多，记忆和恢复都会很困难，所以我们推测，Π 中的栈节数不会太多。这一推测也将在第 4 章中通过大规模语料进行验证。

新支模式的处理方式实际上就是在分支模式的基础上增加了节栈的进栈和出栈操作，并不影响整体的递推格局，故能够满足本章第 2.2 节提出的认知要求。

2.3.3　后置模式

例（4）

话头话身结构后置模式	NT 小句
↓到了镇上， ↓投了村店， ↓开发了车夫， 四个人脱下鞋子来，	四个人到了镇上， 四个人投了村店， 四个人开发了车夫， 四个人脱下鞋子来，

例（4）中，前 3 个标点句缺失的话头并不在上一个 NT 小句中，而在第 4 个标点句中，这种成分共享现象称为"后置模式"。话头后置的标点句用"↓"标记。因为我们规定认知模型生成系统生成 NT 小句时，每次仅读入一个标点句，不能回读，且仅有上一句的 NT 小句被保留在 Φ，故前 3 个标点句需要被暂时搁置起来，等待下文中出现其后置话头。因此，认知模型生成系统需要有一个缓冲区搁置这些未完成的 NT 小句，这个缓冲区用于存放半成品 NT 小句的队列，我们称为"搁置区"，记作 Σ。当系统读入第 4 个标点句后，发现第 4 个标点句含有前 3 个标点句的话头"四个人"，此时再

将 Σ 中前 3 个标点句所缺的话头补充完整，然后输出 Σ 中所有的 NT 小句，并清空 Σ。例（5）展示了例（4）的 NT 小句生成过程。Φ、Ψ、α 和 β 的作用与分支模式一致。

例（5）：例（4）NT 小句生成过程

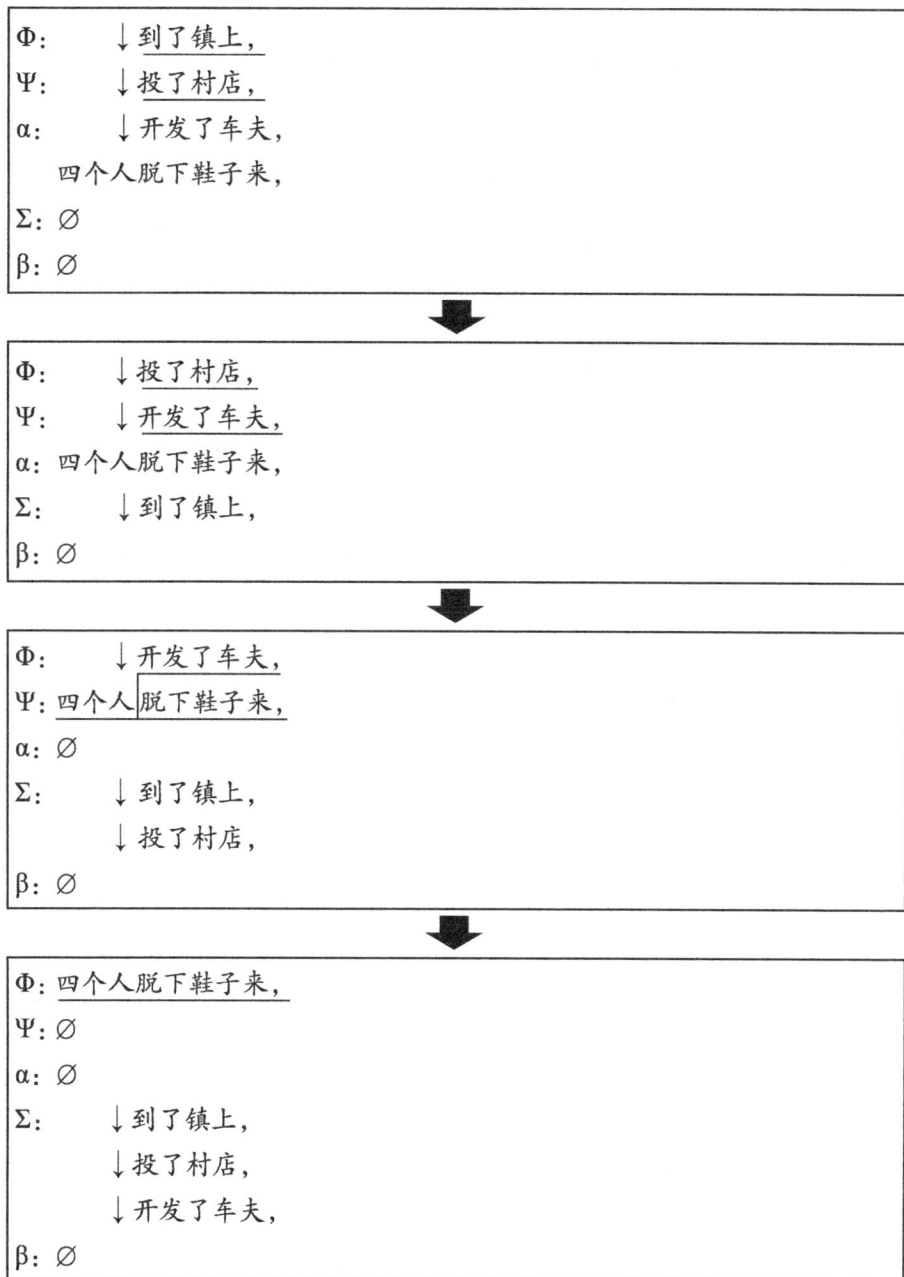

Φ:	↓到了镇上，
Ψ:	↓投了村店，
α:	↓开发了车夫，
	四个人脱下鞋子来，
Σ:	∅
β:	∅

⬇

Φ:	↓投了村店，
Ψ:	↓开发了车夫，
α:	四个人脱下鞋子来，
Σ:	↓到了镇上，
β:	∅

⬇

Φ:	↓开发了车夫，
Ψ:	四个人|脱下鞋子来，
α:	∅
Σ:	↓到了镇上，
	↓投了村店，
β:	∅

⬇

Φ:	四个人脱下鞋子来，
Ψ:	∅
α:	∅
Σ:	↓到了镇上，
	↓投了村店，
	↓开发了车夫，
β:	∅

Φ: ∅

Ψ: ∅

α: ∅

Σ:　　↓到了镇上，

　　　↓投了村店，

　　　↓开发了车夫，

　　四个人脱下鞋子来，

β: ∅

Φ: ∅

Ψ: ∅

α: ∅

Σ: 四个人到了镇上，

　　四个人投了村店，

　　四个人开发了车夫，

　　四个人脱下鞋子来，

β: ∅

Φ: ∅

Ψ: ∅

α: ∅

Σ: ∅

β: 四个人到了镇上，

　　四个人投了村店，

　　四个人开发了车夫，

　　四个人脱下鞋子来，

　　　后置模式在 Φ、Ψ 的基础上增加了 Σ，这是为了保证读入 Ψ 中的标点句时不回溯，而把未处理完成的标点句暂时放在 Σ 中。Σ 是一个队列，先进先出，后进后出，能保证词序和句序不变。从人的语感看，我们在未完成理解的时候，确实要把这些句子记下来，但是能够记住的句子应不会太多，因此我们推测 Σ 的存储量是很有限的，这一推测将在第 4 章中通过基于大规模语料的统计分析加以验证。也正因为 Σ 是有限的且占用空间不会太大，所以认知模型在处理后置模式时能够保证基本同步。

2.3.4 汇流模式

例（6）

话头话身结构汇流模式
我们深切怀念『为中国革命、建设、改革， 　　　为中国共产党建立、巩固、发展』作出重大贡献的老一辈无产阶级革命家，
NT 小句
我们深切怀念为中国革命、建设、改革作出重大贡献的老一辈无产阶级革命家， 我们深切怀念为中国共产党建立、巩固、发展作出重大贡献的老一辈无产阶级革命家，

例（6）中的第 1 个标点句不是缺话头，而是话身部分不完整，不完整的部分用"『』"标记括起来，称为"汇流语段"，汇流语段内部标点句的尾部存在话身缺失。认知模型处理这类情况时，首先依照分支模式的处理方式把这些标点句的话头补充完整，生成半成品的 NT 小句。然后将这些话身不完整的半成品 NT 小句暂存在 Σ 中，后续标点句若含有半成品 NT 小句的话身，再把 Σ 中相应句子的话身补充完整，然后输出。同时，将已输出的句子从 Σ 中移除。例（6）的 NT 小句生成过程如例（7）所示。

例（7）：例（6）NT 小句生成过程

Φ：我们深切怀念『为中国革命、建设、改革， Ψ：　　　　　为中国共产党建立、巩固、发展』作出重大贡献 　　　的老一辈无产阶级革命家 α：$\varnothing$ Σ：$\varnothing$ β：$\varnothing$

$$\Downarrow$$

Φ：我们深切怀念『为中国共产党建立、巩固、发展』作出重大贡献的老 　　一辈无产阶级革命家 Ψ：$\varnothing$ α：$\varnothing$ Σ：我们深切怀念『为中国革命、建设、改革， β：$\varnothing$

Φ: ∅

Ψ: ∅

α: ∅

Σ: 我们深切怀念『为中国革命、建设、改革，

　　我们深切怀念『为中国共产党建立、巩固、发展』作出重大贡献的老一辈无产阶级革命家

β: ∅

Φ: ∅

Ψ: ∅

α: ∅

Σ: 我们深切怀念『为中国革命、建设、改革作出重大贡献的老一辈无产阶级革命家，

　　我们深切怀念『为中国共产党建立、巩固、发展』作出重大贡献的老一辈无产阶级革命家，

β: ∅

Φ: ∅

Ψ: ∅

α: ∅

Σ: ∅

β: 我们深切怀念为中国革命、建设、改革作出重大贡献的老一辈无产阶级革命家，

　　我们深切怀念为中国共产党建立、巩固、发展作出重大贡献的老一辈无产阶级革命家，

汇流模式的处理中也使用了 Σ，与后置模式不同的是，汇流模式存放在 Σ 中的半成品 NT 小句缺的是话身而非话头。因为模式之间存在嵌套，故可能出现既缺话头也缺话身的标点句，为保证 NT 小句输出顺序不变，以及保证认知模型的简单性，汇流模式和后置模式共享 Σ。汇流模式中，存储空间的使用量和使用方法与后置模式类似，能够满足本章第 2.2 节提出的认知原则。

2.3.5 超级小句复合体的导引模式

超级小句复合体包括导语和引语。引语又分为直接引语和间接引语。直接引语之内的标点句生成 NT 小句时不需要共享直接引语外的成分，直接引语内可能有多个小句复合体，直接引语以引号为标记。而有些标点句由"心想""认为"等引出，虽未使用引号，但功能上相当于引语，称为"间接引语"，语料中用"【 】"标注间接引语的起始和结束位置。认知模型处理超级小句复合体时，导语部分暂存于 Θ 中。待引语部分处理结束后，Θ 中的内容有可能被当作话头恢复出来。在具体用法上，Θ 与 Π 相似。

例（8）

超级小句复合体导引模式	NT 小句
魏队长又说： "天塌下来找魏天贵替你撑着，　　顶大不当这个髌队长。 　　　　　| 这条狗嘛， 　　你就宰了算了， 　　……"	魏队长又说： "天塌下来找魏天贵替你撑着， 魏天贵顶大不当这个髌队长。 "这条狗嘛， "这条狗你就宰了算了， "……"

例（8）涉及 Θ，也涉及 Π。从第 2 个标点句开始进入引语部分，外层导语暂存在 Θ 中。例（8）的 NT 小句生成过程如例（9）所示。

例（9）：例（8）NT 小句生成过程

Φ：魏队长又说： Ψ：　　　　"天塌下来找魏天贵替你撑着， α：　　　　　　　　　|　　　　顶大不当这个髌队长。 　　　这条狗嘛， 　　　　　你就宰了算了， Θ：∅ Π：∅ Σ：∅ β：∅

⬇

Φ：［魏队长又说］"天塌下来找魏天贵替你撑着， Ψ：　　　　　　　|　　　　顶大不当这个髌队长。

α:　　　　　　这条狗嘛，
　　　　　　　　　你就宰了算了，
Θ:［魏队长又说］
Π: ∅
Σ: ∅
β: 魏队长又说：

$$\Downarrow$$

Φ:［魏队长又说］［"天塌下来找］魏天贵顶大不当这个髌队长。
Ψ:　　　　　　这条狗嘛，
α:　　　　　　　你就宰了算了，
Θ:［魏队长又说］
Π:［"天塌下来找］
Σ: ∅
β: 魏队长又说：

$$\Downarrow$$

Φ:［魏队长又说］"这条狗嘛，
Ψ:　　　　　　　你就宰了算了，
α: ∅
Θ:［魏队长又说］
Π: ∅
Σ: ∅
β: 魏队长又说：
　"天塌下来找魏天贵替你撑着，
　魏天贵顶大不当这个髌队长。

$$\Downarrow$$

Φ:［魏队长又说］"这条狗你就宰了算了，
Ψ: ∅
α: ∅
Θ:［魏队长又说］
Π: ∅
Σ: ∅

β：魏队长又说：

"天塌下来找魏天贵替你撑着，

魏天贵顶大不当这个髅队长。

"这条狗嘛，

⬇

Φ：∅

Ψ：∅

α：∅

Θ：∅

Π：∅

Σ：∅

β：魏队长又说：

"天塌下来找魏天贵替你撑着，

魏天贵顶大不当这个髅队长。

"这条狗嘛，

"这条狗你就宰了算了，

例（9）的第 1 步中出现了直接引语，所以使用了 Θ，往后的内容都是引语的内容，所以 Θ 中的内容一直被保留。第 2 步在引语内出现了新支模式，故还要使用 Π，保存暂不使用的话头。第 3 步新支模式结束，退掉原 Π 中的内容。直到最后一步引语结束，再退掉 Θ 中的内容。

超级小句复合体的导引模式在认知模型中的实现方式与新支模式相似，之所以使用不同的堆栈区存储，是因为从形式模型看，二者的结构是不一样的。超级小句复合体的整个直接引语或间接引语部分可以作为一个句法成分（一般是宾语）嵌套在原 NT 小句中。而新支模式对应的部分与新支话头所在的话头话身结构之间是套叠关系，并不能嵌套在原 NT 小句中。因此，超级小句复合体的导引模式和新支模式使用了不同的存储空间。

与 Π 相似，超级小句复合体的导引模式也可以看作分支模式的扩展，Θ中理论上允许有多个栈节，每个栈节的长度接近一个 NT 小句。但从认知上看，Θ 的节栈层次非常有限，因为引语的层次不可能太深。如果这种直接或间接的引语嵌套太深，如 "我听小王的爸爸说小李的叔叔说小张的舅舅说小红明天要来"，则很难听一遍就理解里面人物的关系，第 4 章中还会检验这一推测。总体来说，超级小句复合体导引模式的设计能够满足本章第 2.2 节提出的认知原则。

2.4　关于话头话身结构认知模型的分析系统的讨论

上节讨论各个成分共享模式的 NT 小句的生成时，我们暂时使用了已经标注好的语料替代标点句的分析工作。但是在分析话头话身关系时，这样的认知模型是否能够满足基本无回溯、基本实时同步、词序和句序不变、使用有限存储空间的要求呢？回答这个问题的关键是模型能否满足"基本无回溯"的认知要求，基本无回溯是基本实时同步和使用有限存储空间的保证。以下对各模式进行讨论。

对于分支模式，一般只需看上句和本句就能判断当前标点句的话头话身关系，所以能够满足基本无回溯的要求。新支模式和超级小句复合体导引模式的分析中只设置了 Π 和 Θ 两种额外存储区，且按照堆栈结构存放和操作，也无须回溯到更远的上文。后置模式和汇流模式的分析中设置了 Σ，多数情况下，通过上句和本句就可以决定当前标点句是否需要搁置，做到分析阶段基本不回溯。当然，这也不是绝对的，有时候可能需要回溯至上文并修改已经输出的结果。例如第 1 章中的例（9），原文是《鹿鼎记》第一章中查伊璜说的话，为了方便说明再摘抄一遍，并配上前后文，记为例（10）。

例（10）

查伊璜道：

"　　↓在府上叨扰多日，

　　↓已感盛情，

　　晚生明日便要北归了。"

吴六奇道：

"先生说哪里话来？

先生南来不易，

……"

查伊璜说的话有 3 个标点句，构成了后置模式。计算机在自动分析时，读入第 1 个标点句"在府上叨扰多日"，只能判断该标点句缺话头，需要搁置。但是后文中是否会出现后置话头，计算机不可能预先知道。例中后置话头"晚生"指的是"我"，这里只是谦虚和客套，在对话中第一人称代词经常不出现。实际上，在读到第 3 个标点句之前都无法判断该标点句是省略主语还是话头后置，因为"晚生"完全可以不出现，如例（10）可改为例（11）。

例（11）

查伊璜道：

> "在府上叨扰多日，
> 已感盛情，
> 明日便要北归了。"

吴六奇道：

> "先生说哪里话来？
> 先生南来不易，
> ……"

　　此时，必须等到"吴六奇道"这一句表明发生了话头转换，进入了另一个话头话身结构，才能确认例（11）中的第2至第4个标点句是话头省略，而不是话头后置。

　　目前来说，本章和下一章的标点句分析都是由人来完成的，真正机器自动分析时，可能会出现少量回溯和不完全同步的情况。不过这种情况很少，而且涉及距离很短。一般发生话头转换后，就能判断前面的输出是否正确了。

　　将来，一个完善的计算模型应当有一个规模不大的缓冲区，允许分析出错后进行调整，而不是直接输出。这个缓冲区相当于现在的输出区 β。β 积攒了若干句而没有发现错误就可以正式输出。β 的容量一则取决于人的认知能力，二则取决于文本类型。就评书、小说、影视剧本等文本来说，β 的容量可以较小；就专业论文、工作报告等逻辑复杂的文本来说，β 需求的容量较大。

2.5　本章小结

　　本章分析了认知模型的设计原则，并讨论了认知模型的生成系统对各类话头话身结构成分共享模式的实现。在分析系统中，我们暂以人工标注的语料代替分析结果；在生成系统中，我们用恰当的存储结构模拟人的记忆存储，满足既定认知原则和特性，即以标点句为输入、以 NT 小句为输出、基本无回溯、基本实时同步、词序和句序不变、使用有限存储空间等。这些为计算模型的建立提供了理论支持。

认知模型是构造计算模型不可逾越的基础。认知模型主要模拟人脑对话头话身关系的认知过程，并假设认知模型所涉及的存储空间在人脑中有对应空间。认知模型的设计本身是独立于具体的话头话身结构的标记的，这些标记是分析系统的一部分，是为后续的计算模型服务的。计算模型将根据话头话身结构的标记，通过设置不同过程变量和状态变量等控制机制，在生成 NT 小句的同时，保证满足认知模型的认知原则。当然，这些控制机制只是为计算机服务的，我们并不认为人会以完全相同的控制机制进行 NT 小句的生成。下一章中，我们将讨论计算模型。

第 3 章
汉语篇章话头话身结构的计算模型

3.1　计算模型概述

构建计算模型既是语言工程应用的目标，也是检验形式模型和认知模型的手段。计算模型的理论基础是形式模型和认知模型。同时，形式模型和认知模型要能为语言工程所用，也必须得到计算模型的检验。

根据话头话身结构形式模型（话头话身结构的换行缩进图式）和话头话身结构认知模型的设计，本章将构造话头话身结构计算模型，称为话头话身结构认知机（以下简称"认知机"，naming-telling structure cognitive machine，NCM）。认知机从机器角度模拟人理解汉语篇章中话头话身结构的过程。

按照认知模型的构造，认知机也分为分析系统和生成系统。分析系统负责对标点句序列进行话头话身结构标注，包括标点句缩进及添加与成分共享模式相关的标记；生成系统负责生成标点句序列对应的 NT 小句序列。本章内容是认知机生成系统部分的具体实现。第 2 章给出了每个模型生成 NT 小句时所用到的认知资源，特别是记忆存储资源，本章将着重讲解认知机的控制部分，讨论其设计和实现方法。在实际文本中，不同成分共享模式往往相互嵌套，本章的重点是探讨如何设计认知机的控制部分，使得在不同模式相互嵌套的情况下，认知机的处理仍然满足第 2 章提出的认知原则。

3.2　递推方法构造话头话身结构认知机

由于话头话身结构中不同的成分共享模式能够相互嵌套，存在递归性，最直接的办法是按照不同成分共享模式独立设计 NT 小句生成程序，并设计一个递归程序处理模式嵌套问题。本书的附录 A 列出了不同成分共享模式依据其定义独立生成 NT 小句的形式化表达。但是本研究设计认知机的目的不仅是希望其正确地生成 NT 小句，而且希望其生成过程能够与人的认知过程相契合，作为对人的认知过程的模拟，为认知科学提供一种可能的、可计算的模型。因此，认知机的设计需要遵循认知模型的设计要求，即基本无回溯、基本实时同步处理、词序和句序不变、使用有限存储空间等。

我们寻求用一种递推的方法构造认知机来替代递归的实现方法，以保证在有限存储空间内无长距离回溯地同步处理。理论上，只要有无限大的空间，所有递归实现方法都能转换成非递归的循环方法，但在空间资源有限等条件的限制下，就需要按照问题的特点有针对性地设计算法。最直接且最有针对性的方法是按照有限状态机的思想，列举所有可能的标记排列作为状态集，并穷尽式地罗列状态转移规则。然而，在我们标注的 37 万余字的汉语语料中，已发现的标记组合有 200 多种，每种标记组合又因在句中出现的位置不同而存在多种情况，再考虑到语料库中未出现但理论上有可能的情况，这种方法需要处理的规则数量庞大，容易出错，且难以保证穷尽地列出所有的标记排列及其状态转移函数。因此，还需另外设计算法来构造认知机。

3.3　认知机架构

汉语篇章中，虽然存在成分共享模式的嵌套，但是分支模式、新支模式只需从上文中获取信息，且话头话身关系互不穿越，故能够依标句点之顺序递推生成 NT 小句。后置模式和汇流模式中，为生成 NT 小句，要从下文中获取信息。为了不回溯上文，认知模型设置了一个搁置区，暂时搁置未完成的 NT 小句，之后再回填信息。

利用有限状态机的状态变换思想，我们用四个独立的部件来表示认知机的当前状态。认知机每进行一次递推，各部件都根据认知机当前状态和上一个状态更新内容。所有部件更新完成后，认知机就进行了一次递推。认知机的具体架构如图 3-1 所示。

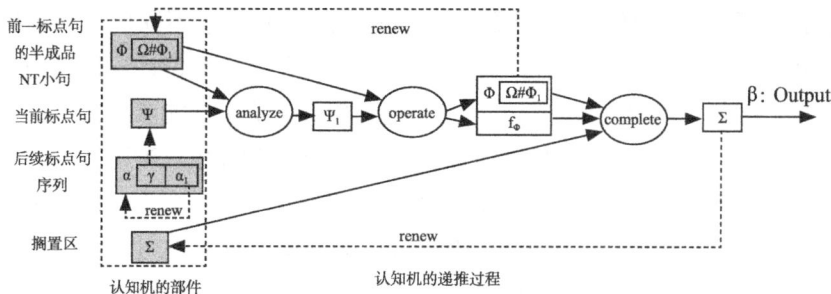

注：图中灰色方框代表认知机的固有存储部件，白色方框代表运算过程中临时存储的结果，椭圆代表函数，实线箭头代表函数的输入和输出，虚线箭头代表通过临时存储的结果更新认知机的部件内容。认知机生成 NT 小句的计算过程从更新 Ψ 开始（将后续标点句序列 α 中的首句 γ 读入 Ψ）。

图 3-1　认知机架构

图 3-1 左侧部分是认知机的四个存储部件：Φ、Ψ、α、Σ。

α 用于存储待处理的标点句序列，也就是整个待处理的文本。α 中的首句记为 γ，α 中的其他部分记为 α_1。

Ψ 用于存储当前要处理的标点句。

Φ 用于存储上一个标点句的半成品 NT 小句，即标点句仅补全了从上文获得的句首缺失的话头，但没有补全应从下文获得的后置话头或缺失的话身（汇流模式的聚合部分），也没有切割句首多余部分。句首多余部分有两个来源：①新支模式中栈节标记左边的部分，存储在 Π 中；②超级小句复合体的导语部分，存储在 Θ 中。这个部分不是该标点句 NT 小句的成分，但可能包含后续标点句的话头，故分别存储在 Π 和 Θ 中，并按照其位置先后统一索引，这个索引称为"话头栈"，记作 Ω。节栈和超级小句复合体都可以嵌套，所以 Ω 可能有多个层次。Φ 中不属于 Ω 的部分记作 Φ_1，即 Ω 和 Φ_1 两部分相连接组成 Φ，用 # 做连接符号，记作 $\Omega\#\Phi_1$。

Σ 用于存储带有标记的半成品 NT 小句的队列，称为"搁置区"。后置模式和汇流模式中的标点句因上文信息不足，需要等待后续标点句中出现所需信息（后置模式中的话头部分和汇流模式中的话身部分）后才能完整生成 NT 小句，这些半成品 NT 小句暂时搁置在 Σ 中。

图 3-1 右侧是三个函数，即标点句分析函数 analyze、堆栈操作函数 operate、NT 小句补全函数 complete，代表认知机递推的三个步骤，依次执行后，可以更新认知机的各个部件，完成一次递推。下面详述递推过程。

3.4　认知机递推过程

认知机的递推过程如图 3-1 右侧部分所示。认知机的初始状态要求 α 中有 2 个及以上的标点句。如果 α 为空，则退出处理过程。如果 α 中只有 1 个标点句，则输出这个标点句作为它的 NT 小句，并退出处理过程。以下假设 α 中有 2 个及以上的标点句。

启动时，先执行启动函数 $start(α_0) → Φ$[①]。该函数对 α 中的第 1 个标点句 $α_0$ 进行成分共享模式分析，并将分析结果保存在部件 Φ 中；然后将 α 中的第 2 个标点句放在 Ψ 中，标点句序列的其余部分留在部件 α 中，第 1 个标点句如果有话头后置或话身汇流的情况，则应同时搁置到 Σ 中，否则 Σ 为空。图 3-1 为了清晰简明地展示认知机的架构及其递推过程，没有展示初始的启动函数。

认知机的每一步递推都会更新 Φ、Ψ、α 和 Σ 这四个部件：①由 Φ 和 Ψ 生成新的 Φ；②α 中的 γ 成为新的 Ψ；③α 中的 $α_1$ 成为新的 α；④新的 Φ 中除去 Ω 的部分进入 Σ，对 Σ 中原有内容进行检查和加工，更新 Σ；⑤Σ 中话头话身信息完整者离开 Σ 并作为 NT 小句输出。

认知机的停止条件是 Φ、Ψ 和 Σ 已经处理完毕且 α 为空。

具体而言，认知机的每一次递推过程可以分成 3 步。

（1）分析待处理的标点句 Ψ。标点句分析函数 analyze 根据 Φ 和 Ψ 的句法、语义、语用特征分析 Ψ 的成分共享模式，Ψ 添加相应成分共享模式标记后，记为 $Ψ_1$。

（2）生成新的 Φ。堆栈操作函数 operate 按照分支模式或新支模式的操作方式，由 Φ 和 $Ψ_1$ 生成新的半成品 NT 小句 Φ，以及 Φ 的搁置状态标记 $f_Φ$，$f_Φ$ 记录 Φ 的后置模式或汇流模式的搁置情况。

（3）更新 Σ 并输出。NT 小句补全函数 complete 根据 $f_Φ$ 的记录处理汇流和后置情况，补全 Σ 中半成品 NT 小句的话头和话身，更新 $f_Φ$，并适时输出。

以下详述这 3 个步骤对应函数的功能。

---

① $start(α_0) → Φ$ 中，"→"表示赋值，"→"的左边是函数名及输入的参数，"→"的右边是函数要更新的认知机部件。

3.5　认知机递推过程的具体实现

3.5.1　分析函数 analyze(Ψ, Φ)→Ψ_1

标点句分析函数 analyze 的功能是对本标点句 Ψ 和上一半成品 NT 小句 Φ 进行句法语义分析，从而判断 Ψ 的缩进位置，并在必要的情况下添加新支、后置、汇流等话头话身结构标记，以记录本标点句所共享的话头成分。分析后的 Ψ 记为 Ψ_1。如：

例（1）

Φ：经济体制进行了初步改革，
$\boxed{\Psi}$：取得了明显的成效和有益的经验。

analyze(Ψ, Φ) ⬇

Φ：经济体制进行了初步改革，
$\boxed{\Psi_1}$：　　　　　　　｜　　　　取得了明显的成效和有益的经验。

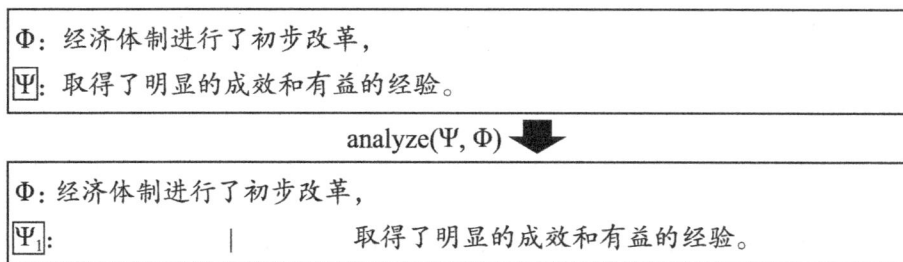

例（1）中，Ψ 是文本分析前的内容，经过分析，发现"取得了明显的成效和有益的经验"缺少话头。Φ 中的"初步改革"可以作为其话头，故缩进到"初步改革"之后。因为"初步改革取得了明显的成效和有益的经验"不能与前面的"经济体制进行了"连起来，故形成了新支句，在"初步改革"左侧对应的下方添加栈节标记"｜"，形成了分析后的标点句 Ψ_1。

小句复合体理论的一大理论贡献在于发现了话头话身结构中，话头具有不可穿越性。体现在认知机中的操作含义就是：标点句 Ψ 所缺失的话头，若在上文中，则必然在 Φ 中，不需要追溯到更远的前文；若缺失的话头不在 Φ 中，则必然在下文中或被省略。从实际语料来看确实如此，绝大多数情况下，参照 Φ 即可完成标点句的分析工作。

analyze 函数就是认知机的分析系统，这是一个智能问题，涉及语法、语义、语用等语言学知识，以及百科知识和常识。目前还没实现自动化分析，本研究用已标注的语料代替分析的结果，第 5 章中我们将详细讨论分析标点句话头话身关系所需完成的任务及其难点。但是，通过模拟人的认知过程，我们还是可以根据现有的认识，给出一个宏观的算法流程，算法如下：

步骤 1　判断 Ψ 是否缺话头：

　　步骤 1.1　若 Ψ 不缺话头，则判断其为一个新的话头话身结构的开始。

　　　　　　若 Ψ 不在超级小句复合体引语内，则将 Ψ 与文本左边界对齐；若 Ψ 在引语内，则将 Ψ 与其所在语段的左边界对齐。

步骤 1.2　若 Ψ 缺话头，要看其所缺话头是否在 Φ 中，若在，则缩进至话头的右侧，如果是新支话头，则需要加上栈节标记。若 Φ 中不存在其话头，则标为话头后置。

步骤 2　判断 Ψ 是否缺话身部分：

步骤 2.1　若 Ψ 不缺话身，则进入步骤 3。

步骤 2.2　若 Ψ 缺话身，则进一步分析：如缺整个话身则打上单层汇流标记"→"；如果有部分话身但不完整，则打上汇流标记，汇流标记包括汇流起始标记"〖"和结束标记"〗"，并且可能不止一层，其中结束标记要参照 Φ 中的起始标记来决定。

步骤 3　判断 Ψ 是否为超级小句复合体引语的起始或结束：

若 Ψ 为直接引语，则根据标点符号（引号）判断其是否为起始或结束；若 Ψ 为心理活动等间接引语，则需根据 Ψ 和 Φ 的语义综合判断。

3.5.2　操作函数 operate$(\Phi, \Psi_1) \rightarrow \{\Omega, \Phi_1, f_\Phi\}$

操作函数 operate 的功能是对带有话头话身结构标注的 Ψ_1 和上一标点句的半成品 NT 小句 Φ 进行堆栈或节栈操作，以更新部件 Φ，并输出搁置状态标记 f_Φ。新的部件 Φ 的内容包括话头栈 Ω 和 Ψ_1 的半成品 NT 小句 Φ_1。搁置状态标记 f_Φ 用于记录半成品 NT 小句 Φ_1 的话头或话身的缺失情况。

operate 的工作可以分解为两部分：

1. operate$(\Phi, \Psi_1) \rightarrow \{\Omega, \Phi_1\}$

该部分负责生成 Ψ_1 对应的半成品 NT 小句，即生成新的 Φ。Φ 包括 Ω 和 Φ_1 两部分，Ω 存放栈节和导语等不属于 NT 小句的部分，Φ_1 是除去 Ω 的其余部分。Φ 和 Ψ_1 生成新的 Φ 的操作有 3 种：堆栈操作、节栈操作和超级小句复合体导引操作，其语义图示如图 3-2：

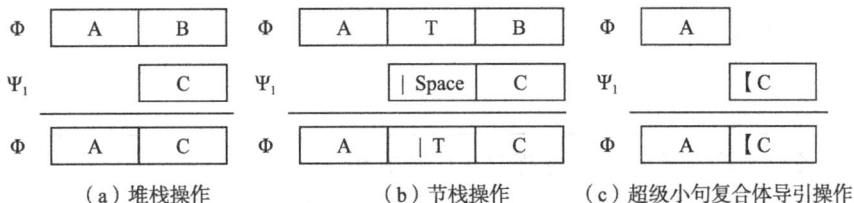

（a）堆栈操作	（b）节栈操作	（c）超级小句复合体导引操作

图 3-2　由 Φ 和 Ψ_1 生成新的 Φ

堆栈操作是将原 Φ 中非话头的部分（B）退栈，同时将缺失话头的 Ψ_1 接到原 Φ 的话头（A）后，A#C（# 表示相连，下同）形成新的 Φ。

节栈操作是将原 Φ 中非话头的部分（B）退栈，将缺失话头的 Ψ_1 接到原 Φ 的话头（T）后，同时将栈节标记"｜"插到原 Φ 的话头（T）前，A#｜#T#C 形成新的 Φ，其中 T#C 是新的 NT 小句。

导引操作中将 Ψ_1 这一引语及引语符号（【）接到原 Φ 的导语（A）后，A#【#C 形成新的 Φ，其中 C 是新的 NT 小句。

这 3 种操作方式都能确保 NT 小句保持标点句中的词序。

区分这 3 种操作的依据是 Ψ_1 的左端是否存在栈节标记"｜"或超级小句复合体引语左标记即左引号（包括左双引号、左单引号和左方括号"【"）。

这些标记有可能相互嵌套，从新的 Φ 中分离 Ω 和 Ψ_1 遵循以下算法：

（1）从右到左扫描 Φ，寻找引语左标记和栈节标记。

（2）如果遇到引语左标记或栈节标记，该标记连同其右边部分即为 Φ_1（图 3-2 中的"【C"段或"｜TC"段），左边部分即为 Ω（图 3-2 中的 A 段）。Ω 是 Π 和 Θ 的索引，若为新支模式，则 A 段暂存在 Π 中，若为超级小句复合体导引模式，则 A 段暂存在 Θ 中。

（3）如果直到 Φ 左端都未发现引语左标记和栈节标记，则整个 Φ 为 Φ_1，Ω 为空。

例（2）

Φ：那小孩点头道：	//Ω=∅
Ψ_1：　　　　　"我明白了。	
Φ：［那小孩点头道］"我明白了。	//Ω=［那小孩点头道］

例（2）执行 operate 函数的超级小句复合体导引操作，初始时 Ω 为空。执行操作后，更新 Φ，Φ 由 Ω 和 Φ_1 组成。例（2）中的导语暂存在 Θ 中，内容是"那小孩点头道"，并在 Ω 中增加索引，Ω 层次加 1。Φ_1 是例（2）中的"我明白了。"。

例（3）

Φ：［吴六奇将军说道］"六奇得蒙查先生不弃，	
	//Ω=［吴六奇将军说道］
Ψ_1：　　　　　｜　当我是个朋友，	

Φ：［吴六奇将军说道］［"六奇得蒙］查先生当我是个朋友，

//Ω=［吴六奇将军说道］［"六奇得蒙］

例（3）的起始状态中，Ω 不为空，索引了 Θ 中的内容"吴六奇将军说道"，此时 Ω 的层次为 1。Ψ_1 是一个新支句，因此执行 operate 函数的新支模式操作，并更新 Φ。执行后，Φ 中Ω 的层次增加 1，索引了 Π 中的内容"'六奇得蒙"，Φ 中的 Φ_1 是"查先生当我是个朋友，"。

2. operate$(\Phi, \Psi_1) \rightarrow f_\Phi$

f_Φ 是新的 Φ 后置和汇流的搁置状态标记。该标记是一个三元组结构：{mark, n, str}。其中，mark 是状态类型的记号，n 用于记录汇流模式嵌套的层数或后置话头的字数，str 表示待补充的字符串。n 和 str 都可能为空。{mark, n, str} 有以下组合（见表 3-1）：

表 3-1　搁置状态标记 f_Φ 的元素结构

Φ 的搁置状态	mark	n	str	操作
话头被后置	wh	后置话头的字数	nil（表示该项为空）	需要搁置
汇流语段	wt	汇流的层数	nil	需要搁置
单层汇流	ws	nil	nil	需要搁置
部分话头后置（单层汇流或分支模式中嵌套话头后置）	wm	后置话头的字数	nil	需要搁置
含有前文的后置话头	ch	nil	后置话头的字符串	与 wh 匹配，补全话头
含有汇流聚合部分	ct	汇流的层数	聚合部分的字符串①	与 wt 匹配，补全话身
单层汇流的接续部分	cs	nil	接续部分的字符串	与 ws 匹配，补全话身
含有前文后置话头的一部分	cm	nil	部分后置话头的字符串	补充部分后置话头
单层汇流转为部分话头后置	tm	后置话头的字数	nil	mark 状态转换
NT 小句话头话身补全完毕	end	nil	nil	等待输出

f_Φ 记录和处理与 Σ 相关的汇流（包括汇流语段和单层汇流）和后置模式的当前状态。

operate 函数生成 f_Φ 的工作过程算法如下：

（1）堆栈或节栈操作前分别扫描 Φ 和 Ψ_1，处理与后置和单层汇流相关的标记，生成相应 f_Φ：

---

① 如果聚合部分处于单层汇流模式，则聚合部分的字符串为空，用 nil 表示。

①若发现Ψ_1含有后置标记，则在f_Φ中记录wh信息，表示存在话头后置，在完成堆栈操作以后，新的Φ要搁置到Σ中等待补全话头；

②若发现Ψ_1含有后置标记且Φ有单层汇流标记，则在f_Φ中记录wm信息，表示存在部分话头后置，在完成堆栈操作以后，新的Φ要搁置到Σ中等待补全话头；

③若发现Ψ_1含有被后置的话头或部分话头，则在f_Φ中记录ch或cm信息，并记录话头字符串，在完成堆栈操作以后，Σ中新的Φ将补全缺失的后置话头或部分后置话头；

④若发现Ψ_1与Φ形成单层汇流，则在f_Φ中记录cs信息，表示Ψ_1是单层汇流的话身；

⑤否则f_Φ不做记录。

（2）堆栈或节栈操作后扫描Φ和Ψ_1所形成的新的Φ，处理与汇流相关的标记，生成相应f_Φ：

①若发现汇流语段左标记或单层汇流标记，则在f_Φ中记录wt或ws信息，表示新的Φ要搁置到Σ中等待补全话头或话身；

②若发现汇流语段右标记或单层汇流的话身部分，则在f_Φ中记录ct或cs信息，并记录汇流聚合部分的字符串或单层汇流话身的字符串；

③否则f_Φ不做记录。

算法细节过于琐碎，此处不详述。我们以实例说明f_Φ的计算结果。如：

例（4）

各行各业都要通过注重资源节约和综合利用减少资源的占用和消耗。

↓认真实行两个转变，

↓把经济增长潜力充分发挥出来，

我国经济和社会发展就能够取得更好的成绩。

第1步：

Φ：各行各业都要通过注重资源节约和综合利用减少资源的占用和消耗。
Ψ_1：　↓认真实行两个转变，
f_Φ：{wh, 2, nil}

第2步：

Φ：各↓认真实行两个转变，
Ψ_1：　↓把经济增长潜力充分发挥出来，

f_Φ: {wh, 2, nil}

第 3 步：

Φ：各↓把经济增长潜力充分发挥出来，
Ψ_1：我国经济和社会发展就能够取得更好的成绩。
f_Φ: {ch, nil, 我国 }

例（4）展示了每次迭代中堆栈操作前，f_Φ 对与后置相关的标记的记录。第 1 步中，上一 NT 小句 Φ 不含后置标记，而本句 Ψ_1 是后置话头句。f_Φ 对此先做记录，记为 {wh, 2, nil}，待堆栈操作完成后，该句需要暂存到 Σ 等待补全话头，话头为 2 个字。第 2 步中，Φ 和 Ψ_1 都有后置话头标记，Ψ_1 也需要被搁置。因为在 operate 中，后置模式也执行堆栈操作，故 Φ 中可能存在上一个 NT 小句残缺的部分。第 3 步中，Ψ_1 中出现了被后置的话头，f_Φ 记为 {ch, nil, 我国 }，"我国"是后置的话头，认知机后续将根据 f_Φ 的记录补全 Σ 中半成品 NT 小句所缺失的话头。

例（5）

天亮时，

　　『狗的背上，

　　　　尾巴尖上，

　　甚至狗的胡须上』都结上了一层白霜。

第 1 步：

Φ：天亮时→，
f_Φ: {ws, nil, nil}

第 2 步：

Φ：天亮时『狗的背上，
f_Φ: {cs, nil, 『狗的背上 } {wt, 1, nil}

第 3 步：

Φ：天亮时『狗的尾巴尖上，
f_Φ: {wt, 1, nil}

第 4 步：

Φ：天亮时『甚至狗的胡须上』都结上了一层白霜。
f_Φ：{ct, 1, 都结上了一层白霜 }

例（5）中的 Φ 是堆栈操作后 Φ 和 Ψ_1 所形成的新的 Φ，f_Φ 对与汇流相关的标记进行了记录。第 1 步中是单层汇流，认知机对文本进行预处理时已自动赋予了单层汇流标记"→"，遇到该标记时，f_Φ 记为 {ws, nil, nil}，表示该句需要暂存到 Σ 等待缺失的话身。单层汇流的层数都为 1，单层汇流的话身总会在下一句及时补上，不会出现嵌套，故不需要记录汇流层次。第 2 步中，第一个 f_Φ 是堆栈操作前分别扫描 Φ 和 Ψ_1 记录的，"『狗的背上』"是 Σ 中带有 ws 标记的半成品 NT 小句所缺的话身。在扫描 Φ 后，再往 f_Φ 添加了 {wt, 1, nil} 记录，表示 Φ 是汇流语段的一部分，话身不完整，需要暂存到 Σ 等待补全话身，此时的汇流层次为 1。第 3 步中的 Φ 也是汇流语段的一部分，经过堆栈操作补全话头后，需要暂存到 Σ 等待补全话身，汇流层次也为 1，与上一个标点句同属一个汇流层次。第 4 步中的 Φ 带有汇流语段右标记，{ct, 1, 都结上了一层白霜 } 表示"都结上了一层白霜"是 Σ 中汇流层次为 1 的半成品 NT 小句的话身，认知机后续将根据 f_Φ 的记录补全 Σ 中相关半成品 NT 小句的话身。

3.5.3　补全函数 complete(Φ_1, f_Φ, Σ)→Σ

NT 小句的补全及输出函数 complete 的输入参数是 operate 输出的 Φ_1 和 f_Φ，以及原 Σ 中的内容，输出的是更新后的 Σ。具体分为三个子任务。

1. 判断 Φ_1 是直接输出还是需要搁置到 Σ。只有当 f_Φ 和 Σ 均为空时，Φ_1 直接输出，其余情况均要先搁置到 Σ。

2. 扫描 f_Φ，修改 Σ 内的半成品 NT 小句。当前对 f_Φ 中不同标记的处理方法如下：

补全类：

{ch, nil, str}：用 str 补全 Σ 中带 {wh, n, nil} 标记的半成品 NT 小句的话头，完成后去除该句的 {wh, n, nil} 标记。

{ct, n, str}：用 str 补全 Σ 中带 {wt, n, nil} 标记的半成品 NT 小句的话身部分，完成后去除该句的 {wt, n, nil} 标记。若 f_Φ 中还有 {ws, nil, nil} 标记，即该汇流聚合部分又嵌套单层汇流，则在该被修改的半成品 NT 小句上添加 {ws, nil, nil} 标记。

{cs, nil, str}：用 str 补全 Σ 中带 {ws, nil, nil} 标记的半成品 NT 小句的话身，

完成后去除 {ws, nil, nil} 标记。若 f_{Φ} 中还有 {ws, nil, nil} 标记，即该单层汇流的话身部分又嵌套单层汇流，则在该被修改的半成品NT小句上添加这一标记。

{cm, nil, str}：用 str 补全 Σ 中带 {wm, n, nil} 标记的半成品 NT 小句的部分后置话头，完成后去除 {wm, n, nil} 标记。

{tm, n, nil}：n 是后置话头的字数，以该句大于等于 n 的部分作为话身，补全 Σ 中带 {ws, nil, nil} 标记的半成品 NT 小句，并把 {ws, nil, nil} 标记改为 {wm, n, nil} 标记。同时，Φ_1 自身的标记 {tm, n, nil} 也改为 {wm, n, nil}。

Σ 中的半成品 NT 小句在处理完后，若已无任何标记，则添加标记 {end, nil, nil}。

搁置类：

{wh, n, nil}：Φ_1 因缺少后置话头而连同该标记搁置到 Σ 尾部。

{wt, n, nil}：Φ_1 因缺少汇流聚合部分而连同该标记搁置到 Σ 尾部。

{ws, nil, nil}：Φ_1 因缺少单层汇流的话身部分而连同该标记搁置到 Σ 尾部。

{wm, n, nil}：Φ_1 因缺失部分后置话头而连同该标记搁置到 Σ 尾部。

若当前 Φ 的搁置状态标记 f_{Φ} 为空，则把 Φ_1 搁置到 Σ 尾部并标记为 {end, nil, nil}。

具体操作的例子见后文例（6）。

3. 输出 Σ 中已补全的 NT 小句并更新 Σ。

Σ 中标记为 {end, nil, nil} 的是已补全的 NT 小句。如果 Σ 中第一个句子就带有 {end, nil, nil} 标记，则输出该句以及其后连续的标记为 {end, nil, nil} 的 NT 小句，遇到第一个非 {end, nil, nil} 标记的半成品 NT 小句则停止输出。输出的 NT 小句从 Σ 中删除。Σ 的其余部分（可能为空）作为更新的 Σ 提供给下一轮递推使用。

这样的工作方式保证了 NT 小句的输出顺序与对应的标点句顺序相同。而且，由于我们预计 Σ 的大小是十分有限的，这保证了输出和输入基本同步。

以上运行机制可以用递推函数 iterate(w, x, y, z) 表示：

$$
\begin{aligned}
&iterate(\gamma \& \alpha_1, \Psi, \Phi, \Sigma) \\
&= let(\Psi_1, analyze(\Psi, \Phi)) \\
&\quad let(\{\Omega, \Phi_1, f_{\Phi}\}, operate(\Phi, \Psi_1)) \\
&\qquad iterate(\alpha_1, \gamma, \Omega \# \Phi_1, complete(\Phi_1, f_{\Phi}, \Sigma))
\end{aligned}
$$

iterate(w, x, y, z) 是认知机的递推函数，递推函数的四个参数分别对应认知机的四个部件：第一个参数 w 表示未处理的文本（$\gamma \& \alpha_1$），其中，γ 表示未处理文本的首行，用于下一轮的迭代，α_1 表示除 γ 的部分；第二个参数 x 表示当前待处理的标点句（Ψ）；第三个参数 y 表示上一个标点句的半成品

NT 小句（Φ）；第四个参数 z 表示半成品 NT 小句搁置区（Σ）。

let(x, y) 是赋值函数，其作用是将第二个参数 y 的值赋给第一个参数 x。如此，let(Ψ_1, analyze(Ψ, Φ)) 就相当于认知机的分析函数 analyze(Ψ, Φ) → Ψ_1 的另一种表示方法，表示将 analyze(Ψ, Φ) 的运算结果赋值给 Ψ_1。同理，let({Ω, Φ_1, f_Φ}, operate(Φ, Ψ_1)) 相当于操作函数 operate(Φ, Ψ_1) → {Ω, Φ_1, f_Φ} 的另一种表示方法。Ψ_1 是 analyze 函数产生的中间结果，用作后续 operate 函数的参数；Ω、Φ_1、f_Φ 是 operate 函数产生的中间结果，Ω 和 Φ_1 主要用于更新部件 Φ，而 Φ_1 和 f_Φ 用于更新部件 Σ。

整个递推过程主要是更新四个部件：

更新未处理的文本 α：原未处理文本 γ&α_1 更新为 α_1。

更新当前待处理的标点句 Ψ：将原未处理文本 γ&α_1 的首句 γ 读入 Ψ。

更新上一个标点句的半成品 NT 小句 Φ：Φ 更新为堆栈或节栈操作后的 Ω#Φ_1。

更新半成品 NT 小句搁置区 Σ：Σ 通过补全函数 complete (Φ_1, f_Φ, Σ) 进行状态更新。

NT 小句的输出是 iterate 递推函数的副产品。其输出可能因汇流和后置的原因搁置在 Σ 而滞后若干步，但总体来说，由于 Σ 容量有限，输出不会滞后太多。

在认知机的结构中，analyze 函数的分析、判断涉及语法、语义、语用乃至认知等多个方面，目前尚未实现，我们暂时采取人工标注语料代替 analyze 的分析结果。其余函数已经实现，并已在我们开发的话头话身结构语料库上成功运行。

3.6 认知机运行实例

下面我们以第 1 章中的例（13）为例，通过认知机各部件的更新，展示认知机的运行过程，例句重写如下：

例（6）

于是→，

　　　　↓怀着一种隐秘的想望，
有一天我终于爬上了那个山顶。

我们以标注好话头话身结构的语料代替 analyze 函数的分析结果作为输

入，例中每个步骤更新一个部件，更新的部件用小方格标记，其中，更新部件后每句的标点后面形如 {mark, n, str} 的符号串是 f_Φ 标记序列，例中着重展示 complete 函数对 Σ 的更新。

认知机运行过程如例（7），因为该句没有节栈和超级小句复合体，故隐去 Ω。

例（7）　例（6）的 NT 小句生成过程（当前更新的部件用小方格"□"标记）

第 1 步：

$\boxed{\Phi}$：于是→，{ws, nil, nil}// 初始状态，Φ 已生成 f_Φ 标记，开始第 1 轮递推
$\boxed{\Psi_1}$：　　　　↓怀着一种隐秘的想望，
$\boxed{\alpha}$：　　有一天我终于爬上了那个山顶。
Σ：∅
β：∅

第 2 步：

Φ：于是→，
Ψ_1：　　　　↓怀着一种隐秘的想望，
α：　　有一天我终于爬上了那个山顶。
$\boxed{\Sigma}$：于是→，{ws, nil, nil}//complete 将 Φ 搁置到 Σ
β：∅

第 3 步：

$\boxed{\Phi}$：于是→　　↓怀着一种隐秘的想望，{tm, 6, nil}// 第 2 轮递推，operate 用堆栈操作生成新的 Φ，并生成 f_Φ 标记
$\boxed{\Psi_1}$：　　有一天我终于爬上了那个山顶。
$\boxed{\alpha}$：∅
Σ：于是→，{ws, nil, nil}
β：∅

第 4 步：

Φ：于是→　　↓怀着一种隐秘的想望，
Ψ_1：　　有一天我终于爬上了那个山顶。
α：∅

∑: 于是→, {ws, nil, nil}

于是→　　↓怀着一种隐秘的想望，{tm, 6, nil}//complete 将 Φ 搁置
到 ∑

β: ∅

第 5 步：

Φ: 于是→　　↓怀着一种隐秘的想望，

Ψ₁:　　有一天我终于爬上了那个山顶。

α: ∅

∑: 于是→　　↓怀着一种隐秘的想望，{wm, 6, nil}//complete 将原 f_Φ 标记
中的 ws 改为 wm，补充了该句的部分话身，但还缺部分话头

于是→　　↓怀着一种隐秘的想望，{wm, 6, nil}//complete 将原 f_Φ 标记
中的 tm 改为 wm

β: ∅

第 6 步：

Φ: 于是有一天我终于爬上了那个山顶。{cm, nil, 有一天我 }// 第 3 轮递推，
operate 用堆栈操作生成新的 Φ 和 f_Φ 标记

Ψ₁: ∅

α: ∅

∑: 于是→　　↓怀着一种隐秘的想望，{wm, 6, nil}

于是→　　↓怀着一种隐秘的想望，{wm, 6, nil}

β: ∅

第 7 步：

Φ: ∅

Ψ₁: ∅

α: ∅

∑: 于是→　　↓怀着一种隐秘的想望，{wm, 6, nil}

于是→　　↓怀着一种隐秘的想望，{wm, 6, nil}

于是有一天我终于爬上了那个山顶。{cm, nil, 有一天我 }//complete 将

Φ 搁置到 ∑

β: ∅

第 8 步：

Φ: ∅

Ψ₁: ∅

α: ∅

Σ̲: 于是有一天我怀着一种隐秘的想望，{end, nil, nil}// 补充部分话头，f_Φ
状态改为 end

于是有一天我怀着一种隐秘的想望，{end, nil, nil}// 补充部分话头，f_Φ
状态改为 end

于是有一天我终于爬上了那个山顶。{end, nil, nil}// f_Φ 状态改为 end

β: ∅

第 9 步：

Φ: ∅

Ψ₁: ∅

α: ∅

Σ: ∅

β̲: 于是有一天我怀着一种隐秘的想望，//complete 顺序输出

于是有一天我怀着一种隐秘的想望，//complete 顺序输出

于是有一天我终于爬上了那个山顶。//complete 顺序输出，结束

例（7）是单层汇流模式和后置模式的嵌套，运行过程解释如下：第 1 步中，Φ 经过 operate 函数的判断，f_Φ 的标记为单层汇流 ws。第 2 步中，complete 函数根据 f_Φ 的单层汇流 ws 标记，确定 Φ 需要搁置到 Σ 中。第 3 步处理下一个标点句"↓怀着一种隐秘的想望"，并执行 operate 函数。因为该标点句是话头后置句，而原 Φ 是单层汇流，所以根据原 operate 中 f_Φ 的定义，Φ 的情况属于部分话头后置，即对于原 Φ 而言，下句只有部分的话身，而对于 Ψ₁ 而言，上句只有部分的话头，还有部分话头在后文中，标记为 {tm, 6, nil}，6 表示话头缩进的位置。第 4 步中，complete 函数根据 f_Φ 的定义将原 Φ 的内容暂存到 Σ 中。第 5 步中，由于新加入 Σ 的半成品 NT 小句的 f_Φ 标记是 tm，根据 complete 函数的定义，补全原 Σ 中带有单层汇流标记的半成品 NT 小句的部分话身，同时把该半成品 NT 小句的 f_Φ 的 ws 标记状态更新为 wm，表示等待后文的部分后置话头。第 6 步处理下一个标点句，执行

operate 函数的堆栈操作，发现该标点句带有上文的部分话头，故 f_Φ 标记记为 {cm, nil, 有一天我 }，部分话头是"有一天我"。第 7 步中，complete 函数将 Φ 搁置到 Σ。第 8 步中，根据 complete 函数的定义，把"有一天我"作为部分后置话头，补充到原 Σ 中带有 wm 标记的半成品 NT 小句中。补充完成后，把所有 NT 小句的 f_Φ 标记更新为 {end, nil, nil}，表示已经处理完成，不缺话头，也不缺话身。第 9 步，按顺序从上到下输出所有连续的带有 {end, nil, nil} 标记的 NT 小句。

以上简单阐述了例（6）的处理过程，附录 B 将详述一个更为复杂的例子。

3.7　本章小结

我们设计了一种话头话身结构的计算模型，它采用递推方式控制，输出和输入以标点句为单位基本同步进行，基本无回溯，有限回填，有限存储，词序和句序保持不变。这些特点正是人在话头话身信息的认知过程中所遵循的准则，因此该计算模型可以看作人完成这一认知过程的机械模型。

也就是说，我们猜测，人对于标点句话头话身信息的认知，在深层机制上有可能类似于认知机，即会使用搁置区来存储等待补全信息的中间结果，使用话头栈来存放暂时不用的话头串，也可能有相当于函数 analyze、operate、complete 的功能模块，包括分析模块 analyze 分析当前标点句的类型，操作模块 operate 生成中间结果，补全模块 complete 将后面取得的话头话身信息回填到信息不全的中间结果中。

但是，毕竟人脑的结构与计算机很不一样，所有这些猜测还有待认知科学的验证。

本研究提出的计算模型中，analyze 函数尚未用计算机实现。要完成这一工作，需要深入挖掘人脑分析话头话身结构时语法、语义、语用、认知等各方面的约束条件，以及所使用的百科知识和常识，并采用适当的方法将这些条件和知识形式化与算法化。这是十分困难的工作，后面的章节中，我们将逐步探索。

第 4 章
话头话身结构认知规律分析

第 2 章和第 3 章中，我们分别探讨了话头话身结构的认知模型和计算模型的生成系统，为人认知标点句的话头话身关系提供了一种可能的认知解释。认知模型满足了既定的认知原则，明确了需要使用的存储空间。计算模型进而落实了这些原则，用计算机模拟了人理解标点句时补全话头话身信息的过程。

本章中，我们以认知模型为假设，根据模型特点，分析和推测话头话身结构在认知上的一系列性质（见下文推测 1～5），并基于大规模语料，通过计算模型进行统计，检验这些推测的正确性。

为保证实验结果的一般性，实验语料包含百科释文（以下简称"百科"）、小说、政府工作报告（以下简称"报告"）等 3 种文本类型。百科包括生物、地理、历史事件和人物 4 种题材，小说包括普通当代小说、现代章回小说和古代白话小说。语料共有 30,963 个标点句，约 37.8 万字。

4.1 推测 1：分支模式的话头话身结构规模（标点句数）无理论上界

4.1.1 话头话身结构规模

从话头话身结构形式模型看，话头话身结构为右嵌套结构。一个话头可能被后续若干个标点句或嵌套的话头话身结构所共享，形成一个话头话身结构。一个话头所能管辖的标点句的数量，称为话头话身结构规模（如图 4-1 所示）。

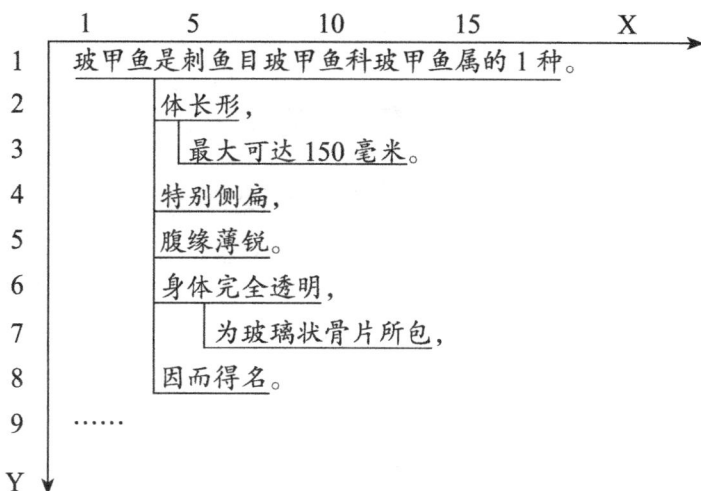

图 4-1 话头话身结构规模

图 4-1 中，"玻甲鱼"的话头话身结构规模为 8，它被 4 个标点句（第 1、4、5、8 句）和由"体""身体"引出的 2 个话头话身结构（第 2 句和第 3 句、第 6 句和第 7 句）所说明。"体"和"身体"引出的话头话身结构规模均为 2。从记忆的角度看，"玻甲鱼"这个话头在第 1 个标点句出现后，再没有出现，后续的标点句在谈论"玻甲鱼"时，无论是在时间还是空间上都相隔了一定的距离，理论上说，随着距离的增加，记忆负担将不断增大。不仅如此，话头话身结构内部还可以嵌套话头话身结构，即内部的每一个成分都有可能成为后续标点句的话头。从这个角度说，随着话头话身结构规模的扩大，记忆的负荷将大大增加，因此不应该存在规模太大的话头话身结构，或者说在达到一定规模之后，必须把话头（如"玻甲鱼"）重复说一遍才行。

但是，认知模型提供了另外一种可能性。根据认知模型的构造，分支模式仅包含 NT 小句堆栈区 Φ 和标点句输入区 Ψ，对工作记忆的需求很小。分支模式的 NT 小句堆栈区中存放了前一个标点句的 NT 小句。这样可以使人在处理标点句、生成新的 NT 小句时，只需从 Φ 中查找话头，从而做到基本实时同步，符合认知模型所提出的认知原则。处理标点句、生成对应 NT 小句的过程，相当于不断复述 NT 小句堆栈区中的话头的过程。因此，按照认知模型进行推测，分支模式的规模理论上不存在认知约束，即没有上界。如果如图 4-1，把话头话身结构看作二维图，以话头起始作为原点，以 NT 小句/标点句长度为 X 轴，以话头话身结构的规模为 Y 轴，建立直角坐标系，那么可以推知，话头话身结构在 Y 轴上不受限制，即话头话身结构规模无上界。

4.1.2　推测验证

为验证推测的正确性，我们通过计算模型对实际语料进行统计分析。由于话头话身结构存在嵌套性，我们把最外层的不再嵌套于其他话头话身结构的话头话身结构称为自足话头话身结构，如图 4-1 中"玻甲鱼"所在的话头话身结构。统计结果见表 4-1。

表 4-1　不同类型语料自足话头话身结构规模比较　　单位：个

统计项目	百科	小说	报告	语料总体
自足话头话身结构规模平均值	4.5	2.3	3.2	3.3
自足话头话身结构规模最大值	57	38	32	57

从表 4-1 可以看出，不同语体自足话头话身结构规模的最大值都是平均值的 10 倍及以上，且不同语体差异显著。即使是最大值稍小的报告语料中的话头话身结构，其最后一个标点句与话头也相隔了 30 个标点句，就是说，它仍然在说明 30 个标点句之前的话头。而且，只要有需要，可以一直谈论这个话头。这一数据正面支持了话头话身结构规模没有理论上界的推测。

就自足话头话身结构规模的具体分布来看（如图 4-2 所示），虽然总体上，规模越大，数量越少，但是下降曲线是波动的，可见自足话头话身结构规模的增大并非必然导致数量的减少，自足话头话身结构的规模和数量有一定的随机性。

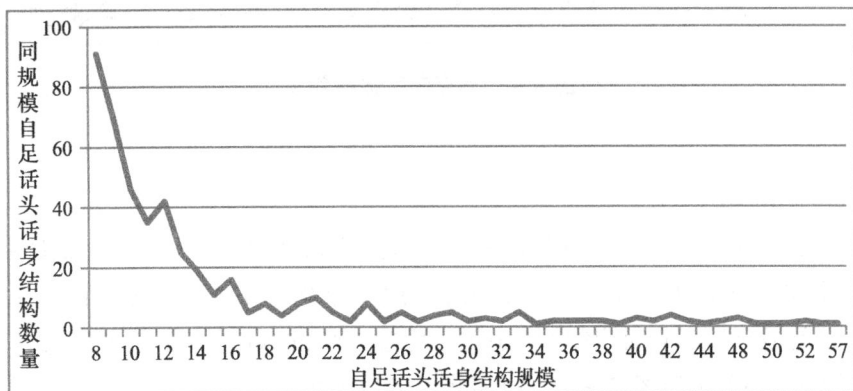

图 4-2　数量小于 100 的自足话头话身结构的数量分布

4.2 推测 2：NT 小句的短伸性

话头话身结构规模是话头话身结构（图 4-1）在 Y 轴方向的性质，在 X 轴方向则是从另一个方面反映认知时的记忆存储量。按照认知机的设计，NT 小句存放在 Φ 中。这个存储区的大小是固定的，反映了短时记忆的容量。受到认知能力的限制，该存储区不能太大，因此 NT 小句往右延展的能力应该是有限的。我们首先考察标点句长度和 NT 小句长度。

4.2.1 标点句长度

标点句长度反映一次认知输入的容量。在语料统计中，标点句平均长度为 12.2 个字（含标点符号，下同），最长的标点句为 132 个字（如图 4-3 所示），该句是书名的列举。超过 90% 的标点句字数少于 21，超过 99% 的标点句字数少于 37（如图 4-4 所示）。

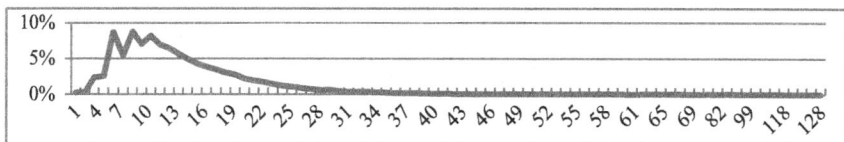

图 4-3 标点句字数分布

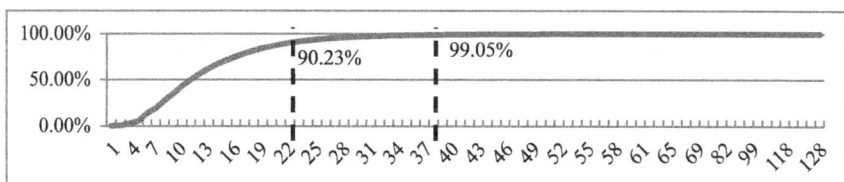

图 4-4 标点句字数覆盖率

4.2.2 NT 小句长度

NT 小句长度反映标点句加工完成后的认知理解规模。在语料统计中，NT 小句平均长度为 17.4 个字，最长的 NT 小句为 137 个字（如图 4-5 所示），是最长标点句对应的 NT 小句。超过 90% 的 NT 小句字数少于 32，超过 99% 的 NT 小句字数少于 53（如图 4-6 所示）。

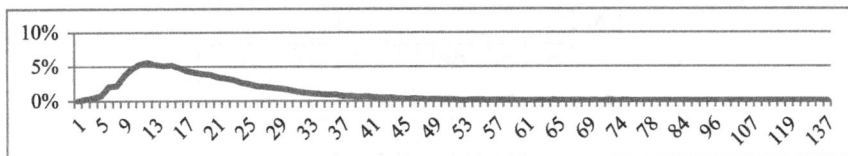

图 4-5　NT 小句字数分布

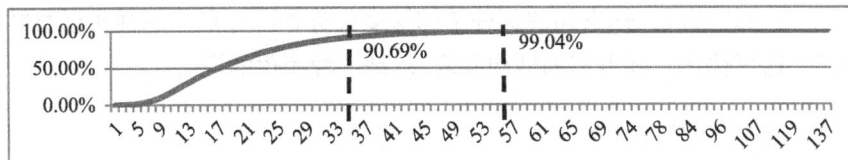

图 4-6　NT 小句字数覆盖率

从以上统计可以看出，标点句长度和 NT 小句长度存在较大的随机性，标点句平均长度和最大长度相差超过 10 倍，而 NT 小句也相差超过 7 倍，这些数据似乎没有反映话头话身结构的右伸有限性。这是否意味着话头话身结构在 X 轴方向也没有上界，可以无限延展呢？根据 Miller（1956）的观点，人的短时记忆容量为 7±2，这个 7±2 的单位是记忆组块。而标点句和 NT 小句的长度反映的只是它们的字数，没有反映结构信息。我们认知时不是逐字记忆的，而是组合成块进行理解。因此，为进一步了解结构情况，我们考察话头话身结构内标点句的结构深度情况。下面先介绍标点句结构深度的定义。

4.2.3　标点句的结构深度

设有标点句序列 $\{c_1, ..., c_n\}$，$c_m(1 \leqslant m \leqslant n)$ 的 NT 小句是 s_m，若 s_m 中，c_m 左边有 k 个话头串分别被 c_m 等 k 个标点句说明，则 c_m 的结构深度为 k（如图 4-7 所示）。需要注意的是，超级小句复合体引语内，标点句结构深度从左引号算起，为 0；新支模式中，最右边的话头所在的标点句结构深度也为 0。

图 4-7 中，c_3 的 NT 小句 s_3 为 $A_1A_2A_3A_4c_3$，c_3 最直接的话头串是 A_4，A_4 前的话头串 A_3 中的话头被 c_4 说明，A_2 中的话头被 c_5 说明，A_1 中的话头被 c_2 说明，所以 c_3 的结构深度为 4。c_1 的句首没有缺失话头，所以 c_1 结构深度为 0。

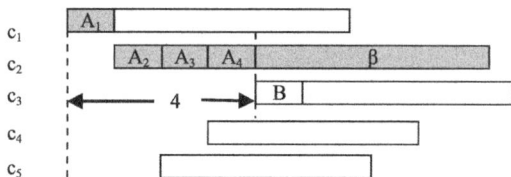

图 4-7　标点句结构深度

更准确地来说，标点句的这种结构深度应称作"标点句的话头话身结构深度"。这里称作"标点句的结构深度"，是一种简化的说法。

例（1）　标点句结构深度

c_1:　高松年发奋办公，（0）
c_2:　　亲兼教务长，（1）
c_3:　　精明得真是睡觉还睁着眼睛，（1）
c_4:　　　　戴着眼镜，（3）
c_5:　　　做梦都不含糊的。（2）
c_6:　　摇篮也挑选得很好，（1）
c_7:　　　在平成县乡下一个本地财主的花园里，（2）
c_8:　面溪背山。（2）
c_9:　这乡镇绝非战略上必争之地。（0）

例（1）中，各标点句后括号中的数字为该标点句的结构深度。这种结构深度反映的就是话头话身结构的嵌套层数。在语法结构上，话头话身结构是允许无限嵌套的，即标点句深度可能无限深；但是从认知上说，根据 Miller 的结论，我们能记住的记忆组块为 7 ± 2 个，对应于话头话身结构来说，嵌套中每一层话头话身结构的话头相当于一个记忆组块，如果认知机的设计符合人的认知机理的话，标点句的结构深度应该也为 7 ± 2。因此，我们推测，标点句的结构深度在实际语料中应该是有上界的，不会无限深，即 NT 小句具有短伸性。

4.2.4　推测验证

语料库中标点句结构深度分布见表 4-2。

表 4-2　标点句结构深度分布

标点句结构深度	0	1	2	3	4	5
标点句数（句）	12,911	13,457	4006	542	45	2
占标点句总数的比例 (%)	41.70	43.46	12.94	1.75	0.15	0.01
累计占比 (%)	41.70	85.16	98.10	99.85	99.99	100.00

表 4-2 显示，本身话头自足的标点句（结构深度为 0）占标点句总数的比例为 41.70%，换句话说，58.30% 的标点句缺少话头（结构深度大于 0），可见话头缺省是汉语标点句的常态。结构深度为 1 的标点句最多（占 43.46%），可见标点句围绕最外层话头展开是汉语的显著特性。

从表 4-2 可以看出，结构深度越大，相应标点句数量越少，最大结构深度不超过 5。从话头话身结构角度看，结构深度反映的是话头话身结构的嵌套层数。与单纯的字数不同，标点句结构深度反映了汉语话头话身结构在构造上的限制。

进一步考察结构深度为 5 和 4 的例子，我们还发现了标点句结构深度的一个重要特性：认知路径的非递归性。

例（2）

各级领导干部和所有政府工作人员，

　　　都必须加强理论学习。

　　　要把学习马列主义、毛泽东思想

　　　和邓小平同志的著作，

　　　……

　　　努力运用马克思主义的立场、

　　　观点和方法，

　　　去认识和分析形势，

　　　解决实际工作中的问题。

可以发现各级话头和最后的说明之间存在一定的认知路径：

各级话头和最后说明	认知路径
各级领导干部和所有政府工作人员	主体
都	范围
要	相态
努力	方式
去	目标引导
解决实际工作中的问题。	行为

再看另一个结构深度为 4 的例子：

例（3）

白冠长尾雉是鸡形目雉科长尾雉属的 1 种。

   又名翟鸡，

   ……

   雄雉全长约 1500 毫米。

    头顶白；

    ……

    尾羽 20 枚，

     其中央两对特长，

      呈银白色，

      并具一系列黑采相间的横斑。

  与例（2）不同，例（3）中各级话头和最后说明之间的认知路径遵循专业知识：

各级话头和最后说明	认知路径
白冠长尾雉	生物体
雄雉	子类
尾羽	部位
其中央两对	部位部件
呈银白色	性状

  我们认为，结构深度较深、结构较复杂的标点句总是依托某种认知路径。首先，这种认知路径应该是长度有限的，若无穷无尽，则人的认知负担过大；其次，认知路径的存在使得人们理解这种复杂的结构时，拥有一定的预测能力，这可以降低语言理解的难度。

  同时，语料显示，这种由跨标点句的话头组成的认知路径，都没有发生递归。这是可以解释的，因为如果发生了递归，相同的话头类型会重复出现，后续的标点句在确认话头时就会有多个可能的话头，导致理解上的混淆。

  正因为存在认知路径且认知路径在语义上具有非递归性，认知路径的长度才能是有限的，标点句结构才不可能无限延伸。

4.3　推测 3：分支模式中嵌套的话头话身结构可以自由折返

4.3.1　标点句话头话身结构内折返度

讨论之前，我们先引入折返度这一概念。设有 3 个标点句 c_1、c_2 和 c_3 在篇章中前后排列，并且 c_2 和 c_3 紧邻。c_1 没有缺失话头，结构深度为 0。如果 c_2 的结构深度为 d，c_3 的结构深度为 f，并且 $0 < f < d$，则称 c_3 相对于 c_2 发生了话头话身结构内的折返，c_3 是折返句，其话头话身结构内折返度为 d-f（如图 4-8 所示）。要求 $f > 0$ 就是要求 c_3 在 c_2 的话头话身结构内，而不是一个重新开始的话头话身结构。不引起混淆的情况下，标点句在话头话身结构内的折返度简称为"标点句折返度"。

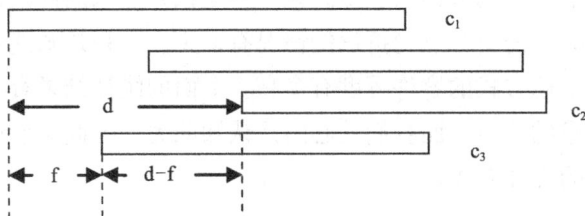

图 4-8　标点句话头话身结构内折返度

再以例（1）为例，计算每个标点句的折返度。

例（4）　标点句折返度

话头话身结构换行缩进图式	结构深度	标点句折返度
c_1：高松年发奋办公，	0	/
c_2：　　亲兼教务长，	1	/
c_3：　　精明得真是睡觉还睁着眼睛，	1	/
c_4：　　　　　戴着眼镜，	3	/
c_5：　　　　做梦都不含糊的。	2	1
c_6：　　摇篮也挑选得很好，	1	1
c_7：　　　在平成县乡下一个本地财主的花园里，	2	/
c_8：　　　面溪背山。	2	/
c_9：这乡镇绝非战略上必争之地，	0	/

例（4）中，只有 c_5 和 c_6 存在折返。根据语料统计，标点句折返度分布见表 4-3。

表4-3　标点句折返度分布

标点句折返度	1	2	3
折返句数（句）	984	75	8
占折返句总数的比例 (%)	92.22	7.03	0.75
累计占比 (%)	92.22	99.25	100.00

表 4-3 显示，所有发生话头话身结构内折返的标点句只有 1067 句，且最大折返度不超过 3。结合表 4-2 的标点句结构深度分布可知，所有结构深度在 2 及 2 以上的标点句，即可能发生折返的标点句共有 4595 句。实际发生折返的标点句只占可能发生折返的标点句的 23.22%，占所有标点句的 3.45%，可见标点句发生折返的可能性是很低的。

标点句折返受到两方面的认知约束。一是认知需求的约束，即思维通过语言进行表达时，需要标点句折返的情况有多少。二是认知能力的约束，即人对折返这种表达方式的容许程度有多高。上面的统计结果有可能更多地表现的是认知需求的约束，而我们关心的是认知能力，因此要设计一种突显认知能力的约束的统计方式。

4.3.2　话头话身结构内的自由折返性

从话头话身结构形式模型看，标点句要发生话头话身结构内折返，其话头一定来自上一标点句之前的标点句，折返度越大，则话头来自出现得越早的标点句。如例（1）中的 c_5 发生折返，话头为 c_3 中的"真是"，相隔 1 个标点句；c_6 发生折返，话头为 c_1 中的"高松年"，相隔 4 个标点句。从记忆遗忘的角度看，出现得较早的标点句的话头遗忘率应该更高，由此似乎可以得出结论：同一结构深度的标点句，折返度大的句数应该比折返度小的少。

但是，从第 2 章所设计的认知模型看，由于标点句到 NT 小句的分析和生成是实时同步的，每次分析当前标点句的话头话身关系时，前一个标点句的 NT 小句已经生成，存放在 Φ 中。检索 Φ 以寻找话头的过程相当于把之前用到的话头逐个复述一遍，而且每次分析时都重复这样的操作，这样就加深了对前句的话头的记忆。这样的话，来自不同标点句的话头的记忆难度就应该没有差别，或者说，同深度下，标点句的折返能力应是无差别的。从这个角度，可以说话头话身结构具有自由折返性。

4.3.3　推测验证

我们通过语料的统计来验证这一推测。表 4-4 是从标点句结构深度和折返度这两个维度，对各结构深度下，标点句后发生不同折返度的折返的数量的统计（表中的 "—" 表示当前结构深度下，标点句不可能发生对应折返度的折返）。

表 4-4　标点句结构深度和标点句折返度统计

标点句结构深度	标点句折返度		
	1	**2**	**3**
2	900	—	—
3	75	71	—
4	9	4	8

从表 4-4 可见，结构深度为 3 和 4 的标点句，不同折返度的分布相对均匀。比如，同是结构深度为 3 的标点句，其后发生折返度为 1 或 2 的折返的数量非常接近；同是结构深度为 4 的标点句，其后发生折返度为 1、2 或 3 的折返的数量也相差不大。就是说，对于同一结构深度的标点句，其后发生折返与折返度的大小没有关系。这正面支持了折返自由的推测，也反过来说明了 NT 小句存在的合理性和可能性。

4.4　推测 4：搁置区使用量的有限性

4.4.1　搁置区使用量的认知能力限制

搁置区使用量指认知机在处理当前标点句时，Σ 中已搁置的半成品 NT 小句的数量。后置模式、汇流模式都要使用 Σ。后置模式使用 Σ 搁置的是待补充后置话头的标点句，汇流模式使用 Σ 搁置的是待补充话身尾部的标点句。这些标点句对于认知模型来讲是被搁置在 Σ 中，对于人来讲可看作保存在短时记忆中。搁置区使用量象征着人在认知复杂话头话身结构时的记忆能力。由于短时记忆的容量是有限的，我们推测，搁置区的使用量将会比较受限。

4.4.2　推测验证

在语料统计中，搁置区使用量的分布见表 4-5。

表 4-5　搁置区使用量分布

搁置区使用量	0	1	2	3	4	5	6	7	8
标点句数（句）	27,207	3151	449	103	33	14	4	1	1

（续表）

搁置区使用量	0	1	2	3	4	5	6	7	8
占标点句总数的比例（%）	87.87	10.18	1.45	0.33	0.11	0.05	0.01	0.00	0.00
累计占比（%）	87.87	98.05	99.50	99.83	99.94	99.98	99.99	100.00	100.00

表 4-5 显示，87.87% 的情况下都不需要使用 Σ，需要使用 Σ 的情况只占 12.13%。可见，在认知模型生成系统中，Σ 不是任何时候都必要的部件，仅在汇流模式和后置模式中需要搁置半成品 NT 小句等待后续补全信息的时候使用。如果使用 Σ 中 1 个半成品 NT 小句空间，则能够覆盖 98.05% 的语料；使用 2 个半成品 NT 小句空间，则能够覆盖 99.50% 的语料。Σ 平均使用量在 0.15 以内，最大使用量不超过 8，Σ 使用量为 5 及以上的标点句仅 20 句，在 3 万多个标点句中占比极低。这些数据验证了 Σ 所应体现的认知能力的限制。

4.5 推测 5：节栈深度和引语层次的有限性

4.5.1 节栈深度和引语层次

认知模型中，我们将因新支模式而搁置的话头串存放在节栈区 Π 中，将超级小句复合体的导语存放在导语堆栈区 Θ 中。

标点句的节栈深度指其被套叠在多少层的新支模式中，或者说，指处理该标点句时，当前节栈区中已搁置话头串的层次数。标点句所处的超级小句复合体引语层次（简称"引语层次"）指标点句被嵌套在多少层的引语中。大多数情况下，节栈深度和引语层次各自独立，有时它们也会相互嵌套。节栈深度和引语层次的计数见例（5）：

例（5）

《鹿鼎记》节选	标点句结构深度	节栈深度	引语层次
c_1 他费了许多唇舌，	0	0	0
c_2　本想庄允城在一部明史之外，	1	0	0
c_3　　　　　　另有几百两银子相赠，	2	0	0
c_4　|　　可是赠送的是他信口胡诌的"湖州三宝"，	1	1	0
c_5　心下暗骂，	1	0	0
c_6　　　"……，	0	0	1
c_7　　倘若我说湖州三宝乃是金子银子和明史，	0	0	1
c_8　　|　岂不是大有所获？"	1	1	1
c_9 气愤愤地回到客店，	1	0	0

例（5）显示了每个标点句的结构深度、节栈深度和引语层次。如果标点句缩进到节栈或引语内左边界，则该标点句结构深度为 0。例中 $c_1 \sim c_3$ 的节栈深度和引语层次都是 0，标点句结构深度递增。c_4 在新支模式中，节栈深度是 1，在这个新开的栈节内，标点句结构深度为 1。c_5 退出节栈，节栈深度为 0，但共享外层话头，标点句结构深度为 1。$c_6 \sim c_8$ 引语层次是 1。c_8 是引语内的新支模式，节栈深度是 1，引语层次是 1，但它不是独立的 NT 小句，标点句结构深度为 1。c_9 退出节栈，节栈深度是 0，也退出引语，引语层次是 0，但共享外层话头，标点句结构深度为 1。

4.5.2　节栈深度和引语层次的有限性

由于新支模式和超级小句复合体导引模式的话头话身结构都相对独立，按照认知模型的构造原理，它们需要使用额外的存储空间来暂存不用的话头，即节栈区 Π 和导语堆栈区 Θ。暂存的话头不是 NT 小句的一部分，在生成 NT 小句时不会被复述，比较容易遗忘，所以我们推测，节栈区 Π 和导语堆栈区 Θ 的容量在认知上应该具有较大的限制，即节栈深度和引语层次都不会太深。

同时，新支模式和超级小句复合体导引模式的情况又有所不同，这体现在二者的规模上。超级小句复合体的引语整体为导语的宾语，引语可以包含多个话头话身结构。而新支模式是话头话身结构的套叠，其话头是另一话头话身结构的一部分，而话身是对话头的进一步说明，不能嵌套在原来的话头话身结构中。所以，我们的另一个推测是，新支模式在规模上总体小于超级小句复合体导引模式。

4.5.3　推测验证

表 4-6 和表 4-7 分别列出了不同节栈深度和引语层次的标点句的数量。

表 4-6　各节栈深度的标点句的数量

节栈深度	标点句数量	比例（%）
0	29,496	95.26
1	1384	4.47
2	81	0.26
3	1	0.00
4	1	0.00

表 4-7　各引语层次的标点句的数量

引语层次	标点句数量	比例（%）
0	25,077	80.99
1	5540	17.89
2	339	1.09
3	7	0.02

　　一方面，从表 4-6 和表 4-7 可以看出，新支模式的节栈深度不超过 4，导引模式的引语层次数不超过 3，就是说，临时搁置在节栈区和导语堆栈区的话头串数量分别在 4 和 3 之内。同时，节栈深度为 0 表示标点句不在节栈模型中，这类标点句占 95% 以上；引语层次为 0 表示标点句不在引语中，这类标点句占 80% 以上。对比表 4-2，在没有限制的分支模式的话头话身结构中，标点句结构深度为 1 的标点句占 43.46%。可见，新支模式和超级小句复合体导引模式在规模上确实受到较大限制。

　　另一方面，比较表 4-6 和表 4-7，虽然位于新支模式和超级小句复合体导引模式中的标点句都是少数，但是，新支模式中的标点句数量比超级小句复合体导引模式中的少得多，前者只有不到 5%，后者接近 20%，可见要形成话头话身结构的套叠非常困难。

　　从这两方面看，统计数据正面支持了节栈深度和引语层次有限的推测。

4.6　推测 6：节栈和引语折返的不自由性

4.6.1　节栈折返度和引语折返度

　　节栈折返指后续标点句退出了某层节栈，同时继续说明该层节栈前的话头；引语折返指后续标点句退出了当前超级小句复合体引语，同时继续以导语某些部分为话头。如：

例（6）

《鹿鼎记》节选	标点句结构深度	节栈		引语	
		深度	折返度	层次	折返度
c_1 他费了许多唇舌，	0	0	/	0	/
c_2　本想庄允城在一部明史之外，	1	0	/	0	/
c_3　　　　　　　另有几百两银子相赠，	2	0	/	0	/
c_4　｜　可是赠送的是他信口胡诌的"湖州三宝"，	1	1	/	0	/
c_5　心下暗骂：	1	0	1	0	/
c_6　　"……，	0	0	/	1	/
c_7　　倘若我说湖州三宝乃是金子银子和明史，	0	0	/	1	0
c_8　　｜岂不是大有所获？"	1	1	/	1	0
c_9 气愤愤地回到客店，	1	0	1	0	1

例（6）在例（5）的基础上增加了节栈折返度和引语折返度。例（6）"折返度"中，符号"/"表示上句节栈深度或引语层次为 0，本句不可能存在折返，表 4-8 和表 4-9 中同此。c_5 和 c_9 发生了节栈折返，折返度都为 1。c_9 还发生了引语折返，折返度为 1。

4.6.2　节栈和引语折返的不自由性

按照认知模型的设计，新支模式和超级小句复合体导引模式都使用了额外的数据结构来保存暂时不用的话头串，这些暂存的话头串不是 NT 小句的一部分，在生成 NT 小句时不会被复述。由于一直得不到重现，越早被暂存的话头串越容易被遗忘，在经过了若干个标点句后，要折返回去说明被暂存的话头串，就会相当困难。因此我们推断，新支模式和超级小句复合体导引模式的折返都是极其有限、不自由的。

4.6.3　推测验证

表 4-8 和表 4-9 统计了节栈深度和引语层次为 1 及 1 以上的标点句的折返情况。

表 4-8　节栈深度及标点句折返情况统计

节栈深度	标点句折返度				
	0	1	2	3	4
1	1240	144	/	/	/
2	67	8	6	/	/

（续表）

节栈深度	标点句折返度				
	0	**1**	**2**	**3**	**4**
3	1	0	0	0	/
4	1	0	0	0	0

表4-9　引语层次及标点句折返情况统计

引语层次	标点句折返度			
	0	**1**	**2**	**3**
1	5399	141	/	/
2	327	10	2	/
3	6	1	0	0

表4-8和表4-9对所有可能发生跨节栈或引语折返的标点句进行了统计。数据显示，在新支模式内的标点句有1467句，其中89.23%的标点句没有发生折返；在超级小句复合体导引模式内的标点句有5886句，其中97.38%的标点句没有发生折返。节栈深度或引语层次为2及2以上的标点句有可能发生不同程度的折返，但发生不同程度的折返的标点句都不超过10句。进一步与第4.3节话头话身结构的折返对比，那里的数据表明相同结构深度下不同折返度的分布相对均匀，但这里同一节栈深度下或同一引语层次下，不同折返度的分布有极大差别。可见，节栈和引语的折返还是受到了较大的限制。

4.7　观察：标点句总深度和搁置区使用量

标点句总深度指一个标点句的结构深度、节栈深度及引语层次之和。标点句总深度与搁置区使用量都代表了一定的认知复杂度，表4-10对这两个变量进行交叉对比，考察了其复杂度叠加的情况。

表4-10　标点句总深度和搁置区使用量的交叉分布

标点句总深度	搁置区使用量								
	0	**1**	**2**	**3**	**4**	**5**	**6**	**7**	**8**
0	9148	144	29	6	5	2	1	1	0
1	11,929	2061	91	27	4	2	0	0	1
2	4770	789	244	34	19	5	1	1	0
3	1172	135	70	31	4	5	2	0	0
4	172	20	14	4	1	0	0	0	0
5	16	2	1	1	0	0	0	0	0

表 4–10 中，每列（第一列除外）表示搁置区使用量，最大为 8；每行（第一行除外）表示标点句总深度，最大为 5。可以看出，标点句总深度和搁置区使用量大致成反比，深度太深则难以搁置。相比之下，标点句总深度增加比较容易，总深度为 3 的标点句还有 1419 句，将其搁置在 Σ 中比较困难，有 1172 句不搁置，搁置 2 句的情况只有 70 句。表 4–11 列出了表 4–10 中具有相关特征的标点句数超过标点句总数的 1% 的情况（表 4–10 中的灰色部分）。

表 4–11　标点句总深度和搁置区使用量分布比重大于 1% 的情况

排序	标点句总深度	搁置区使用量	标点句数（句）	占标点句总数的比例（%）	累计占比（%）
1	1	0	11,929	38.53	38.53
2	0	0	9148	29.54	68.07
3	2	0	4770	15.41	83.48
4	1	1	2061	6.66	90.13
5	3	0	1172	3.79	93.92
6	2	1	789	2.55	96.47

表 4–11 显示，标点句总深度不超过 3、搁置区使用量不超过 1、二者之和不超过 3 的情况已经覆盖 96% 以上的标点句，这体现了使用汉语时对记忆存储空间的基本认知需求。

4.8　本章小结

语言理解问题从认知的角度已有大量的研究，但认知实验操作复杂，不容易大规模开展，因此难以量化其结论的普遍性及其结论对语言事实的覆盖度。本章在第 2 章话头话身结构认知模型和第 3 章计算模型的基础上，通过对大规模汉语语料的定量分析，考察了认知汉语标点句时对记忆资源的基本需求。用作统计的话头话身结构特征有标点句结构深度、标点句折返度、节栈深度、引语层次、节栈折返度、引语折返度、搁置区使用量等。统计结果显示，特征统计频率和认知模型调用资源呈高度负相关。同时，统计数据可从认知机理的视角得到合理解释。本章一方面揭示了说汉语者的话头认知能力的表现，另一方面又说明了话头话身结构认知模型是话头认知的合理模型。

第 5 章
话头话身关系分析的复杂性

对大量多语体语料的考察和分析说明，话头话身结构是汉语篇章的组织形式，是一种客观存在。计算机处理汉语篇章，在词语切分之后必须要进行话头话身结构的识别和分析，这是各种基于篇章的汉语信息处理无法回避、不可逾越的环节。本书第 2 章的认知模型和第 3 章的计算模型包含分析系统和生成系统两部分，但因为分析系统相对复杂，所以我们使用已经标注好的语料暂时代替标点句的分析结果，着重讨论的是 NT 小句的生成。从本章起，我们将探讨话头话身结构的识别和分析。

话头话身结构的识别和分析是前人没有做过的工作，我们已经走出了第一步，找到了话头话身结构的形式模型，发现了形式模型的一些基本规律，特别是话头的不可穿越性和 NT 小句的合规性，以及多方面的认知约束，那么接下来的分析工作中还会遇到哪些问题呢？

本章就是要通过调查回答这个问题，搞清楚话头话身结构的分析工作所需要面对的复杂情况和所需要调用的资源。只有调查清楚了，才能做好顶层设计，推进计算机处理篇章的工作。

5.1 在语境中补足话头话身关系

话头话身关系分析以标点句为单位进行，通过对每一个标点句话头话身关系的分析，达到识别话头话身结构的目的。在篇章中，除了非主谓句之外，每个标点句都有对应的话头。这些话头或在标点句内，或在上文、下文中，甚至隐含在语境中而省略。话头话身关系分析就是要将每个标点句的话头和话身找出来。实体成分，环境成分，介词、动词、动词性短语等谓性成分，以及部分副词、介词短语等状性成分都有可能成为话头。因此，标点句的话头话身关系是否完整，除了看本标点句的情况，还需要在语境中确认。例如，下文例（1）是第 1 章中例（5）的话头话身结构标注。

例（1）中，c_6（从此处开始，为方便阅读，我们不再使用 c_1 形式标记标点句，而使用 c1 形式）看似不缺话头，PTB 的标注也将其看作完整的句子。但放在上下文语境中看，"农牧业生产贷款"的话头不仅有"西藏银行部门"（在 c1），还有"去年"（在 c4）。"西藏银行部门"是 c_6 的实体话头，语义上是"农牧业生产贷款"的领属者；"去年"是 c_6 的环境话头，是"农牧业生产贷款""新增四点三八亿元"的发生时间。c_6 补充实体话头和环境话头后意义才算相对完整。

例（1）

c1:	西藏银行部门积极调整信贷结构，
c2:	以确保农牧业生产等重点产业的投入，
c3:	加大对工业、能源、交通、通信等建设的正常资金供应量。
c4:	去年新增贷款十四点四一亿元，
c5:	比上年增加八亿多元。
c6:	农牧业生产贷款（包括扶贫贷款）比上年新增四点三八亿元，
c7:	乡镇企业贷款增幅为百分之六十一点八三。

同时，话头的确认又不应超出上下文语境，否则所谓话头自足将漫无边际。如例（1）中的 c5，除了补足上文的环境话头、领属性实体话头外，还能创造出方式、目的、原因等状性话头，而且领属性的实体话头也是不可能穷尽的。比如 c5 还可以添加各种话头：

[位于中国西部的] 西藏银行部门去年 [在当地政府的正确领导下][因有效落实相关政策] 农牧业生产贷款（包括扶贫贷款）比上年新增四点三八亿元，

"[ ]"内的话头都是人为添加上去的，与语境中的话头一样均列于原标点句 c5 的前面。这些话头显然已经超出了语境提供的信息，并不是标点句话头的必要部分。既无从补充，也不可行。

因此，一个标点句的话头话身关系必须在语境中确认。

话头补充原则：话头的补全应尽可能涵盖上下文语境提供的信息，并且尽量不人为添加语境外的信息。

个别例外的情况将在后文"主语省略句"部分做出说明。

本章将从工作目标、处理对象、所需知识资源三个角度考察话头话身结构分析工作的复杂性。

5.2　话头话身关系分析的流程复杂性

标点句话头话身关系的自动分析是我们的最终工作目标。这一任务的复杂性是对于计算机而言的。汉语母语者在语流中读到任何一个标点句时，都能够凭语感轻易判断其话头和话身是否缺失，以及缺失的成分是什么，并迅速理解这句话，整个过程基本没有障碍。而要让计算机自动准确地判断标点句的话头话身关系，则有困难。我们试图将人的这种语感用形式化的方法表示出来，并落实到计算机的自动计算上。

我们认为，在话头话身结构理论视角下，在考虑每个标点句的话头话身关系时，需要对标点句进行5种状态判定：（1）标点句话头是否自足；（2）标点句话身是否完整；（3）标点句是否带有上文话头；（4）标点句是否带有上文话身；（5）标点句是否属于超级小句复合体。这样做，就是将话头话身关系分析任务分解为一系列的分类任务。这5种状态判定的具体任务见表5-1。

表 5-1　标点句话头话身关系的分析任务

状态判定 I. 话头是否自足
● 话头自足
● 话头不自足
　■ 话头在上下文中
　　◆ 话头在上文中
　　　共享外层话头（分支模式）
　　　共享内层话头（分支模式）
　　　兼语话头（分支模式）
　　　新支话头（新支模式）
　　◆ 话头在下文中（后置模式）
　■ 非主谓句
　■ 主语省略句
状态判定 II. 话身是否完整
● 话身完整
● 话身不完整（汇流模式）
　■ 话身完全缺失
　■ 话身部分缺失
状态判定 III. 是否带有上文话头（后置模式）
状态判定 IV. 是否带有上文话身（汇流模式）

状态判定 V. 超级小句复合体引语识别
- ■ 本标点句所在超级小句复合体的引语层次（0 表示本标点句与超级小句复合体无关）
- ■ 本标点句是引语的第一个标点句
- ■ 本标点句跨越引语
- ■ 本标点句是引语的最后一个标点句

复杂之处在于，这 5 种状态判定并不是完全独立的，相互之间存在交互和制约。下面我们将逐一分析标点句各状态判定任务的流程及其难点和复杂性。

5.2.1　状态判定 I：标点句的话头是否自足

判断标点句的话头自足性是话头话身结构识别和分析的首要任务。从计算机操作的角度看，话头话身结构中每个标点句所共享的话头是用换行缩进图式来表示的，因此，标点句的话头自足性分析落实到换行缩进图式标注中就是判断标点句的缩进位置的问题。根据状态判定的结果，标点句的话头可以分为话头自足和话头不自足两类。

5.2.1.1　标点句话头自足

标点句话头自足指标点句本身既不缺少陈述主体，也不能从上下文中获取更多能够作为其话头的成分。所谓陈述主体指标点句的核心谓语必需的主体论元。陈述主体缺失与否可以根据词汇语义在本标点句内直接判断。而外围论元则需要根据上下文，特别是上文，进一步判断并加以补充。

除后置模式外，话头自足的标点句通常会领起若干下文组成一个新的话头话身结构，如例（2）中，c2 是话头自足的标点句，与 c3、c4 组成话头话身结构。若在后置模式中，则话头自足的标点句与上文共同组成后置模式的话头话身结构，如例（3）中，c2 是话头自足的标点句，与 c1 共同构成后置模式的话头话身结构。如果一个话头自足的标点句没有与上下文组成话头话身结构，即句中的所有成分都没有被共享为别的标点句的话头［如例（2）中的 c1］，那么这个标点句称为"潜在话头话身结构"（尚英，2014；宋柔，2022）。

例（2）

c1：我们都很敬畏王脚。（c1 话头自足，没有成分被共享，是潜在话头话身结构）

c2：他身高一米九，（c2 话头自足，领起了一个新的分支模式话头话身结构）

c3：　双肩宽阔，

c4：　力大如牛，

例（3）

c1：　　↓南昌撤退时，

c2：北伐军损失惨重。（c2 话头自足，但属于 c1 所在的后置模式话头话身结构）

5.2.1.2　标点句话头不自足

从第 4 章的统计分析可知，标点句话头不自足是常态，比话头自足的比例大，是汉语的主要表现形式。标点句话头不自足包括缺少陈述主体，或还能根据上下文补充其他话头等情况。如前所述，陈述主体可以依靠本标点句的主要谓词来判断，而其他话头则要依靠上下文进行补全。其中的判断逻辑比较复杂，因为即使判断出本标点句缺少陈述主体，其共享的成分不仅有可能是上下文中的陈述主体，还有可能是陈述主体后的若干状性成分，甚至谓词性成分。目前我们采用由果推因的办法，先根据状态判定的结果，按照补全的话头进行分类，试图发现不同话头类型的特点和规律，以期在分析时根据这些规律进行约束和限制。

（一）话头在上文中

绝大部分的话头能够根据上下文补全，其中又以话头出现在上文中占多数。按共享模式区分，上文话头类型有分支话头、兼语话头和新支话头。分支话头按照位置又可以进一步分为外层话头、内层话头。

外层话头和内层话头是从整个话头话身结构的视角出发，就话头所在的结构层次看的。不嵌套在任何其他话头话身结构内部的话头话身结构是外层话头话身结构，其话头称为"外层话头"，其他话头称为"内层话头"。如例（1）c1 中的"西藏银行部门"是外层话头，其他话头如"去年""新增贷款"等都是内层话头。外层话头不再共享其他成分，所以限制更多，类型更少。另一对概念是直接话头和间接话头，这是从标点句话身的视角出发，根据话身与其各层话头之间在结构上的横向距离而言的。话头不自足的标点句只要不是主语省略句和非主谓句，必然嵌套在某一个话头话身结构中并共享上下文中的若干个词语串作为话头，最直接地被这个标点句共享的成分称为该标点句的直接话头，如例（1）c4 中的"新增贷款"是 c5 的直接话头，被这个标点句所共享但不是直接话头的成分称为该标点句的间接话头，如例（1）c4 中的"去年"是 c5 的间接话头。直接话头和间接话头反映了标点句的层次。两对概念的关系是，对于某个话头话身结构来说，外层话头只有一个，内层话头可能有多个；对于某个标点句来说，直接话头只有一个，间接话头可能有多个，最外层的间接话头就是外层话头。以下按照外层话头和内层话头来区分话头在上文的情况，再按照直接话头和间接话头进一步细分。

1. 外层话头

通过语料分析，我们发现，标点句缺失的话头如果是外层话头，那么其类型可能是实体话头、环境话头、部分状性话头和命题较完整的谓性话头。如：

例（4）　外层实体话头

c1：中路军由蒋介石任总指挥，

c2：　　　以二、六、七军为主力，

c3：　　　自江西沿长江两岸东进，

例（5）　外层环境话头

c1：5 月下旬，

c2：　　　北伐军三个师在临颍十里头战役中击溃奉军主力。

例（6）　外层状性话头

c1：通过条约，

c2：　　　英国取得在新疆自由进出、商品自由流通等侵略权益。

例（7）　外层谓性话头

c1：革命势力迅速发展到长江、黄河流域，

c2：　　　　　　　　使北洋军阀的统治趋于崩溃。

例（4）中是专有名词充当的实体话头做外层话头，例（5）中是表时间的环境话头，例（6）中是介宾结构的状性话头，例（7）中是一个完整的命题。因为外层话头都在 NT 小句句首，而并非所有成分都能置于句首，故与内层话头相比，外层话头的类型比较受限，内层话头的类型更加丰富。

2. 内层话头

标点句共享内层话头指该标点句的直接话头嵌套于外层的话头话身结构

内，是其外层话头的话身的一部分。标点句共享内层话头的情况更为复杂，除数量短语、叹词、区别词、大多数形容词、部分副词等成分外，多数句法位置上的成分都可能成为内层话头。

例（8） 内层实体话头

c1：秦代 蓟城 为广阳郡治，

c2：　　　　为秦联络东北地区之门户和边地重镇。

例（9） 内层环境话头

c1：同年 4 月，

c2：　　　圣雷莫会议把叙利亚（包括黎巴嫩）划归法国委任统治。

c3：　 7 月，

c4：　　　法军向大马士革推进，

例（10） 内层状性话头

c1：这时北伐军 已 发展到二十个军，

c2：　　　　　拥有兵力二十五万人。

例（11） 内层状性话头

c1：东路军 于 1 月中旬由闽入浙，

c2：　　　　2 月下旬占领浙东，

c3：　　　　2 月底占领了杭州及浙江全省。

例（12） 内层谓性话头

c1：中国政府 要 健全财政职能，

c2：　　 提高 财政收入占国民生产总值的比重，

c3：　　　　　以及中央财政收入占全国财政收入的比重，

　　相比外层话头，内层话头的类型更丰富，如例（10）中的副词"已"、例（11）中的介词"于"、例（12）中的情态动词"要"等都只能充当内层话头，不能充当外层话头。

　　3. 兼语话头

　　所谓兼语话头，指某一标点句在补足话头形成 NT 小句后，该被共享的直接话头充当 NT 小句中的兼语成分。之所以有别于内层话头和外层话头，是因为兼语话头和外层话头之间不是大话头和小话头的嵌套关系，如：

例（13）　兼语话头

c1：我也劝过 二爷 ，

c2：　　　　　　　早办这件事，

例（13）中，两个标点句可以连成一个句子，即可以去掉中间的逗号，成为一个标点句"我也劝过二爷早办这件事"，其语义同现在的两个标点句相同。这是一个兼语句，"二爷"是兼语。

以上话头不自足且话头在上文中的外层话头、内层话头、兼语话头所形成的话头话身结构都属于第 1 章中介绍的分支模式的话头话身结构。

4. 新支话头

新支话头如第 1 章中所介绍，是由于标点句补充了直接话头后，不能再跟直接话头前的部分连成 NT 小句。这个直接话头称为"新支话头"，其话头话身结构属于新支模式。因为新支模式的话头话身结构与新支话头所在的话头话身结构之间是套叠关系，不是嵌套关系，所以按照外层话头的定义，新支话头属于外层话头，话头类型十分有限。

例（14）　动词宾语成为新支话头

c1：河北人民不堪忍受叛军的残暴行为，

c2：　　　　自发组织 队伍 ，

c3：　　　　　　|　　　多者两万，

c4：　　　　　　|　　　少者万人，

c5：　　　　抗敌自保。

例（15）　时间成分冲突使主语成为新支话头

c1：7 月 30 日，

c2：　　　交战双方 在布加勒斯特召开和会，

c3：　　　　　　|　　　　　8 月 10 日签订了《布加勒斯特条约》。

新支话头以实体话头为主，以上两例新支话头都是实体话头，但形成机制不同。例（14）中是动词宾语做新支话头，c3 和 c4 是对"队伍"性质的补充说明。例（15）中是 c1 的时间和 c3 的时间发生冲突而形成的新支话头。其中例（14）的情况更为常见。关于新支话头的成因，本书后面的章节将详细展开论述。

（二）话头在下文中

有些标点句的话头不出现在上文，而出现在下文中，称为"后置话头"。这种标点句位于后置模式的话头话身结构中。后置话头的话头类型有实体话头、谓性话头、环境话头，暂未发现状性话头。

例（16） 实体话头（外层话头）

c1: 　　　　　↓<u>为了消灭国内的封建残余势力</u>，
c2: 　　　　　　　　增强军队装备，
c3: $\boxed{孟尼利克二世}$即位仅 40 天，
c4: 　　　　　　　　1889 年 5 月 2 日就与意大利签订了《乌查利条约》。

例（17） 实体话头（内层话头）

c1: 但是，
c2: 　　自 20 世纪 60 年代以来，
c3: 　　　　　　　　　　↓<u>随着人口增长和工商业的繁荣</u>，
c4: $\boxed{澳门}$进出口总值持续上升。

例（18） 谓性话头

c1: 我看哪，
c2: 　　　↓<u>风风雨雨的</u>，
c3: $\boxed{要饭}$遭罪哩。

例（19） 环境话头

c1: 　　　　　　↓<u>的确像魏队长说的</u>，
c2: 他们$\boxed{附近庄子上}$还有好几对这样的姻缘。

话头后置的标点句缺少的通常都是陈述主体，而且后置模式的话头话身结构嵌套情况比较简单，语料中没有出现后置模式的嵌套，且后置话头绝大部分是实体话头。即使有少数谓性话头，指称性也比较强。尽管如此，后置话头的识别还是比较困难的。如果当前标点句缺少陈述主体，且上文中不存在合适的话头，则有可能是话头后置，也有可能是非主谓句或者话头省略句，仅分析单个标点句是不能准确判断的，需要记录状态，暂时搁置起来，结合下文分析后，才能得出结论。

（三）非主谓句和主语省略句

1. 非主谓句

对于非主谓句和主语省略句的界定方法，尚英（2014）从 NT 小句的角度进行了阐述，并把非主谓句分为：主体模糊句、主体虚拟行为句和特殊架构句。其列出的 13 种特殊架构句实际包括两大类：缺少陈述主体的非主谓句（11 种）和缺少话身的非主谓句（2 种）。状态判定 I 只判断缺少陈述主体的非主谓句，缺少话身的非主谓句（称呼语和事物列举）在状态判定 II 中判断。

2. 主语省略句

根据尚英（2014）的界定，若一个标点句缺失主语，且该主语不在上下文内，再排除非主谓句的所有情况，则可判定该标点句为主语省略句。

非主谓句和主语省略句的识别需要更多的语境知识和常识。

当标点句的话头不自足且不在上文中出现时，标点句有可能是后置模式的一部分、非主谓句或主语省略句。后置模式是话头在后文中出现，非主谓句和主语省略句则是话头不再出现。要区分它们，就涉及一个重要的问题——话头话身结构边界识别。只有确认了话头话身结构的边界，才能确定话头是还未出现还是不出现。如：

例（20）

c1：关税要降到加入世贸组织承诺的水平，

c2：取消大多数非关税措施，

c3：进一步开放服务领域。

c4：我们要适应新形势，

c5：　　　　切实做好对外开放工作。

例（20）中，c1 是话头自足的标点句。c2 和 c3 缺少动作的发出者，c1 中没有成分能够充当这种话头。c4 中的"我们"和"要"从句法、语义上都是可以充当 c2 和 c3 的话头的，但基于人的语感，又觉得 c4 属于另一个话头话身结构，并不能为 c2 和 c3 提供话头。因此，c2 和 c3 的陈述主体应该被判定为在上下文中不出现，又因其符合主体模糊句的特点，故标记为非主谓句。这些都是基于人的语感的分析，那么这种语感是怎么来的呢？究竟如何识别话头话身结构的边界呢？这是一个非常复杂的问题。

5.2.2 状态判定 Ⅱ：标点句的话身是否完整

话身部分是否存在以及是否完整是标点句的另一种状态判定。如果发现话身部分不存在或不完整的标点句，就应该将其标记为汇流模式。根据状态判定的结果，标点句的话身可以分为话身完整和话身不完整两种情况。

5.2.2.1 标点句话身完整

语料中，大部分的标点句是话身完整的，如上一节的例子中，除了例（5）的 c1、例（6）的 c1、例（9）的 c1 和 c3 等标点句话身不完整外，其他标点句的话身都是完整的。

另外，非主谓句中的称呼语和事物列举这两种特殊架构句，亦属于话身完整。如称呼语"同志们、朋友们"，又如事物列举［例（21）中的 c1 ～ c3］。

例（21）

c1：太平天国运动，

c2：戊戌变法，

c3：义和团运动，

c4：不甘屈服的中国人民一次次抗争，

c5：　　　　　　　但又一次次失败。

标点句话身完整的情况占绝大多数。但何为话身完整是一个复杂的问题。这个问题跟语言研究中的"完句性"不完全相同，后者侧重于命题的完整性。目前对话身完整性的判断依赖于语感，尚未对话身完整性形成具有可操作性的定义，我们只能对已发现的话身不完整的情况进行归纳。

5.2.2.2 标点句话身不完整

话身不完整的属于汇流模式，状态判定 Ⅱ 的判定可以看作汇流模式的识别。具体可分为话身完全缺失和话身部分缺失。

（一）话身完全缺失

话身完全缺失的标点句需要和后续的标点句相呼应。若一个标点句标注为话身完全缺失，则后续标点句必须以此标点句为话头。标点句整句为以下几种类型时，很可能出现话身完全缺失的情况：

例（22）　标点句为时间短语、处所短语、方位短语

在注文中，
　　　　　他纠正了《水经》的许多错误，

例（23）　标点句为独立成句的关联词语或副词

因此，
　　　　　刘邦迅速攻下武关，

例（24）　标点句为介词短语

随着反秦斗争的开展，
　　　　　　　　　　起义军内部的弱点和矛盾也逐步暴露。

例（25）　标点句为名词性短语

妥协派则主张由市政议会组织临时政府。
表决结果，
　　　　　多数同意罢免总督，

　　标点句整句是时间短语、处所短语、方位短语，独立成句的关联词语或副词，介词短语，以及名词性短语时，容易出现话身完全缺失的情况。其中，标点句是名词性短语的情况较为复杂。名词性短语做话头时，一般上一标点句结尾不是动词，或上一标点句句末标点不是逗号。同时，需要区分名词性短语标点句与事物列举型非主谓句。前者属于话身完全缺失，后者属于话身完整。因此，当遇到标点句整体是名词性短语的情况时，不能只看前后两句，需要看更多的上下文。

　　（二）话身部分缺失

　　除上述情况外，其他话身缺失的情况归入部分缺失。要判断话身是否部分缺失，难度更大。如：

例（26）

c1:　白朗起义是河南省宝丰县绿林头目白朗，
c2:　　　　　　　　　　　　　　　『为反对袁世凯政府的统治，
c3:　　　　　　　　　　　　　　　于 1912 年』发动的农民起义。

　　例（26）是关于"白朗起义"的定义。该定义是一个事件，c1 从句法上看是完整的，但从语义上看，句子主干是"白朗起义是白朗"，即"某事件

93

是某人"，语义不通，故话身不完整。c2 是一个状性成分，c1 补上 c2 后其话身仍然不完整，还得加上 c3 中的"发动的农民起义"，这个定义才完全。

可见，要判断状态判定 II "标点句的话身是否完整"是一项非常困难的任务。目前虽然能归纳出若干种话身不完整的模式，但这样的不完全归纳远远不够，还需要深入研究。

5.2.3　状态判定 III：标点句是否带有上文话头

标点句是否带有上文话头与状态判定 I "标点句的话头是否自足"密切相关。当上文有标点句经过状态判定 I 的判定后，判定为"标点句话头不自足且话头在下文中"时，其后每读入一个标点句，都要执行状态判定 III，即判定"标点句是否带有上文话头"。

例（27）

c1：过去的五年是我国人民沿着建设有中国特色社会主义道路阔步前进的
　　五年。

c2：　　　　　　　　　　↓ 以 1992 年邓小平同志重要谈话和中共"十四大"
　　　　　　　　　　为标志，

c3：改革开放和现代化建设 进入新的发展阶段。

例（27）中，c2 缺少陈述主体，且上文 c1 中没有合适的陈述主体，所以要判断 c3 是否带有上文话头。c2 和 c3 构成后置模式，"改革开放和现代化建设"是外层话头。

例（28）

c1：　　↓ 为了解决台湾、香港、澳门问题，

c2：　　　　　实现祖国统一大业，

c3：邓小平 创造性地提出"一国两制"的构想。

例（28）中，c1 话头不自足，因为该句位于段落的开端，所以话头在下文，要判断 c2 是话头缺失还是带有上文的话头。c2 的话头也不自足，所以需要继续判断 c3 是否带有上文话头。c3 话头自足且带有 c1 和 c2 的话头"邓小平"。

以上两例在分析 c2 时各有各的难处。

例（27）中，c2 是"以……为标志"的框式结构，缺少一个陈述主体，但这个陈述主体可能的语义类型非常丰富。如果单纯从语义匹配来说，c1 中

的"过去的五年"和"阔步前进的五年"以及 c3 中的"改革开放和现代化建设"和"新的发展阶段"都能够与 c2 匹配。那么，人在阅读理解时，是如何选中 c3 中的"改革开放和现代化建设"作为 c2 的话头的呢？显然，理解的过程不单靠语义搭配知识，还融入了句法知识、常识等其他知识。各种知识的调用顺序如何？如果基于不同知识的分析结果有冲突，哪种优先？协调机制是怎么样的？这些问题都值得深入探究。

例（28）中的 c2 是一个动宾结构的短语，缺少陈述主体。如果仅从补全陈述主体的角度，从上下文中寻找合适的成分，那么 c1 中的"解决台湾、香港、澳门问题"以及 c3 中的"邓小平"和"一国两制的构想"都有可能成为 c2"实现祖国统一大业"的话头。而事实上，对于 c2，要分析的是小句间的逻辑关系，其与 c1 是并列关系，都表目的，所以共享"为了"做话头，在事件本身（c3）出现后，可知 c1 和 c2 是 c3 的目的。因此，话头的确定不仅需要标点句内的语义知识，还需要句间的逻辑关系分析。这就引出一个问题，人是怎么知道何时需要超越句内知识而去考虑句间关系的？其中的触发机制是什么？

5.2.4　状态判定 IV：标点句是否带有上文话身

对每个标点句都应该执行状态判定 IV。若上文有话身缺失的标点句，则需要判断本句是否能做上文的话身。

例（29）

c1：这种自我改进、自我完善是『在党和国家的领导下，

c2：　　　　　　　　　　　在马克思列宁主义、毛泽东思想的指引下，

c3：　　　　　　　　　　　依靠社会主义制度本身的力量，

c4：　　　　　　　　　　　依靠亿万人民群众的实践』自觉地进行的。

例（29）中，c4 补全"这种自我改进、自我完善是"这一话头后，NT 小句"这种自我改进、自我完善是依靠亿万人民群众的实践自觉地进行的"已经话头话身完整，但 c1 ~ c3 还缺少话身，需要 c4 带有 c1 ~ c3 的话身，即"自觉地进行的"，以补全 c1 ~ c3 的话身。

话身的判断是比较困难的。现有研究主要集中寻找与既定的话身相匹配的话头，通过前面章节的分析，我们对话头的类型已经有了一定的了解，但是话身的类型目前还不是十分明确，且由于发现的数量还不够多，有可能存

在未被发现的话身缺失类型。话身缺失和匹配的问题需要从理论上和实践上进行更多的探讨。

5.2.5 状态判定 Ⅴ：标点句超级小句复合体引语识别

超级小句复合体包括导语和引语，超级小句复合体的识别主要是引语的识别。从结构形式看，引语相当于一个语篇，其中可以包含多个话头话身结构，还能嵌套超级小句复合体。从内容的语篇特点看，引语既整体是导语的宾语，又相对独立，引语内部的标点句都能形成完整的 NT 小句。其中，直接引语形式的超级小句复合体多为对话，其中的主语省略句、非主谓句较多。同时，超级小句复合体本身也嵌套于一般的话头话身结构中，多数情况下是话头话身结构中的谓宾动词（"说""道""认为"等）的一个话身。因此，超级小句复合体的嵌套有别于话头话身结构的嵌套，是语篇级别的嵌套，需要单独识别。

超级小句复合体引语的形式标记较多，我们主要识别以下几个方面：

1. 本标点句所在超级小句复合体的引语层次。

2. 本标点句是否为引语的第一个标点句。

3. 本标点句是否跨越引语。

4. 本标点句是否为引语的最后一个标点句。

对比前面几种状态判定，超级小句复合体的识别似乎容易一些，但实际上也有难点。有的文学作品的导语在引语后，甚至在引语中间；或者只有引语（如双方的对话）而省略导语（即说话人）。这时，要识别引语的边界，将导语和引语配对，进而组成超级小句复合体，就比较困难。若边界判断有误，则对文本中其他语句的分析影响较大。

5.2.6 不同状态判定的叠加

对标点句执行 5 种状态判定是话头话身结构分析的基本任务。分析时，对每个标点句都要完成这 5 种状态判定，有些状态判定中还有多个子范畴。同时，在对标点句做这 5 种状态判定的判断时，不仅需要对本句进行分析，还要考虑本句与上下文中的话头和话身的呼应。这就使得话头话身关系分析的任务十分艰难复杂。例如：

例（30）

c1:　|1940 年上半年|日本帝国主义在华北加紧推行"囚笼"政策。

c2:　　　　　　　↓为了粉碎日军对华北八路军的全面进攻及其"囚笼"政策，

c3:　　　　　　　　破坏日军进攻西安、昆明、重庆的计划，

c4:　　　　　　　　以影响全国战局，

c5:　　　　　　　　克服国民党内危机，

c6:　　　　　　　　争取时局好转，

c7:　　|八路军总部|决定向华北敌占交通线和据点发动一次大规模进攻战役。

c8:　　　　　　　　参战兵力二十余万，

c9:　　　　　　　　另外，

c10:　　　　　　　　还有许多地方游击队参战。

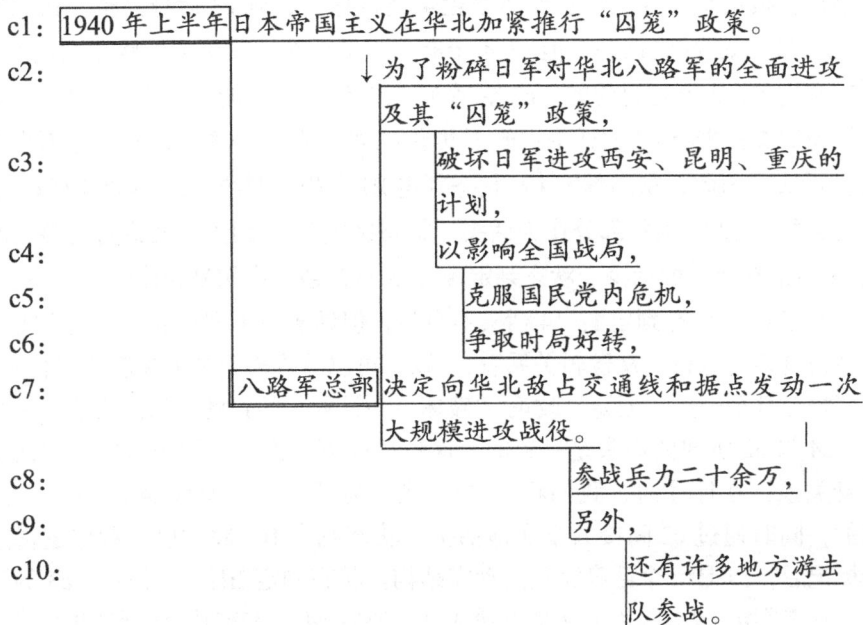

例（30）外层是分支模式，其中 c2 ～ c7 构成后置模式，嵌套在外层的分支模式中，c7 ～ c10 构成新支模式，也套叠在分支模式中。

对于 c1，c1 是话头话身完整的 NT 小句。以下对每个标点句的 5 种状态判定结果进行描述。

对于 c2，状态判定 I：c2 缺少陈述主体，话头不自足，且 c1 中没有能够充当 c2 话头的成分，所以 c2 的话头要在下文寻找。状态判定 II：c2 是介宾结构，从句法上看话身似乎不自足，但如果我们将"为了"看作表目的的显性逻辑连接标记，并将该标记看作独立于标点句的更高层的篇章成分而分离出来，则"粉碎日军对华北八路军的全面进攻及其'囚笼'政策"是话身完整的标点句。把逻辑连接标记分离出来的好处是我们可以将标点句话头话身关系的判断和逻辑关系的判断尽可能分开，在当前阶段专注于话头话身的分析，下一阶段再专门处理标点句之间显性和隐性的逻辑关系。基于这样的理由，我们认为 c2 是话身自足的。状态判定 III：因为 c1 话头话身完整，所以 c2 不带有 c1 的话头。状态判定 IV：因为 c1 话头话身完整，所以 c2 不带有 c1 的话身。状态判定 V：c2 不在超级小句复合体中。

对于 c3，因为 c2 的话头在下文中，所以对 c3 需要进行多种状态的综合判定。状态判定 I：c3 是动宾结构，话头不自足，缺少陈述主体，而直接话

头为上句的逻辑连接标记"为了"。状态判定 II：c3 是动宾结构，跟 c2 一样，如果将直接话头"为了"看作篇章逻辑连接标记，则 c3 话身完整。状态判定 III：虽然 c2 缺失话头，但 c3 不带有上文的话头。实际上，状态判定 I 和状态判定 III 是相互制约的。c2 缺话头，c3 有三种可能：共享 c2 的某些部分作为话头；带有 c2 的话头；既不共享 c2 的某些部分作为话头，也不带有 c2 的话头。因此，状态判定 I 和状态判定 III 会相互制约，c3 不会带有 c2 的话头又共享 c2 的某些部分作为话头。状态判定 IV：因为上文话身完整，所以 c3 不带有上文的话身。状态判定 V：c3 不在超级小句复合体中。

对于 c4，状态判定 I：c4 话头不自足，但话头在上文中还是下文中需要一系列复杂的分析。从逻辑关系看，"以"可以看作表目的的逻辑连接标记，是"粉碎日军……'囚笼'政策""破坏……计划"的目的；从话头话身关系看，c4 与 c2 所缺的话头是一致的。这种情况下，为了兼顾逻辑关系和话头话身关系，在标注时，我们将 c4 缩进到"为了"后，表示 c4 是 c2、c3 的目的，同时通过 c2 间接共享实体话头。状态判定 II：将"以"看作逻辑连接标记后，c4 是一个话身完整的动宾结构。状态判定 III：c4 不带有 c3 的话头。状态判定 IV：因为上文都不缺话身，所以 c4 不带有其他标点句的话身。状态判定 V：c4 不在超级小句复合体中。

对于 c5、c6，状态判定 I：c5、c6 缺话头，共享 c4 中的逻辑连接标记"以"为直接话头，并通过 c4 共享实体话头。状态判定 II：c5、c6 是完整的动宾结构，不缺话身。状态判定 III：因为 c2 ~ c4 都仍处于话头缺失未补全的状态，所以对于 c5、c6，需要逐词判断其是否带有上文话头，若带有上文话头，则与状态判定 I 冲突，需要进行二次判定。经分析，c5、c6 都不带有上文话头，与状态判定 I 不冲突。状态判定 IV：因为上文都不缺话身，所以 c5、c6 不带有上文话身。状态判定 V：c5、c6 不在超级小句复合体中。

对于 c7，状态判定 I：c7 虽然本身有陈述主体，但还能够补充 c1 中的时间成分"1940 年上半年"作为时间话头。状态判定 II：c7 话身完整。状态判定 III：c7 中的"八路军总部"可以作为 c2 ~ c6 的陈述主体，补全上文缺失的话头。状态判定 IV：因为上文都不缺话身，所以 c7 不带有上文话身。状态判定 V：c7 不在超级小句复合体中。

对于 c8，状态判定 I：c8 缺少陈述主体，话头不自足，其直接话头为 c7 中的"一次大规模进攻战役"，是新支话头。状态判定 II：c8 话身完整。状态判定 III：由于上文中的标点句已不缺少在下文中的话头，c8 不带有上文话头。状态判定 IV：c8 不带有上文话身。状态判定 V：c8 不在超级小句复合体中。

c9、c10 都在新支模式中，与 c8 相同，从略。

从例（30）可见，对每一个标点句完成话头话身关系分析的任务需要经过比较复杂的判断过程，这些状态判定并不是完全独立的，有时候会相互制约和影响，需要协调。

由于整个话头话身关系分析的复杂度高，本书往后的部分将把重点放在标点句的话头自足性分析上，暂不进一步讨论话身完整性的问题。话头自足性的判断是话头话身结构关系分析的基础。

5.3　话头的类型和句法位置的复杂性

话头是话头话身结构自动分析的主要处理对象。为了做好话头的自动分析，需要对话头在句法、语义等方面的特性有深入的认识。从语料的调查情况看，话头的类型、句法位置及其与话身的关系较为复杂，主要体现在以下几个方面。

第一，话头话身的句法关系具有多样性。尚英（2014）按照不同语体类型，对话头话身不同的句法关系及其分布情况做了较为详细的统计和分析。概括地说，从句法关系看，话头和话身为主谓关系的占 51%，其中实体话头占 46%，谓词短语（含主谓短语）充当的话头占 5%。环境话头占 13%，其中时间话头占 11%，处所话头占 2%。话头和话身为状中关系的占 12%，其中介词短语充当的状性话头占 8%，副词或形容词性话头占 4%。话头和话身为述宾关系的占 18%，其中普通述语话头占 12%，助动词话头占 6%。话头和话身的其他句法关系包括连词做话头、介词做话头、偏正性连谓结构的前谓语做话头、述补短语的述语做话头等，共占 6%。

第二，话头在原标点句中的句法位置具有多样性。宋柔（2022）考察话头话身的句法关系和话头在原句中充当的句法角色后发现，主谓的主语、述宾的宾语、介宾的宾语、定中的定语、"X 的"结构中的 X 部分、名方中的名词性成分等都可以与后句话身构成主谓关系，主谓的谓语可以与后句话身构成述宾关系。较为特别的是新支话头的情况，新支话头在原标点句中可能是述宾的宾语、从句的主语、主谓谓语句的小主语，甚至宾语或主语的定语成分等，而从话头话身结构跨标点句角度看，新支话头与其话身都是主谓关系。由于新支话头具有特殊性和复杂性，我们将在第 6 章中专门讨论。

第三，话头左右边界确认具有复杂性。确认话头的左右边界是研究话头话身结构的基础工作之一。只有把话头的左右边界识别出来，才能进一步研究其构成成分及其在句中的位置，进而深入了解处于什么位置的什么样的成分更可能充当话头。话头的边界包括左边界和右边界。话头边界确认的复杂之处在于被共享的成分可能不是一个词而是词语串。如果被共享的成分（从话头右边界到句首）仅为一个词，则左边界自然确定为句首；若被共享的成分是词语串，则要看共享词语串的构成情况。由于构成不同，这一词语串可能整体被共享为直接话头，也可能形成直接话头和间接话头的多层嵌套。本小节旨在发现这两种情况下词语串可能的构成成分，并对话头所处的位置进行统计。

5.3.1 共享词语串形成多层话头嵌套

当被共享的词语串不能构成短语时，话头的边界容易确认。此时，只有最接近右边界的一个词被实现为话头，这个词是后句的直接话头，其左侧的词语都是间接话头，形成话头的嵌套。

按照话头的分类，从我们已经发现的话头组合来看，直接话头和间接话头的组合情况见表 5-2：

表 5-2　词语串中直接话头和间接话头的组合

直接话头	间接话头			
	实体话头	环境话头	谓性话头	状性话头
实体话头	√	√	√	√
环境话头	√	√	√	√
谓性话头	√	√	√	√
状性话头	√	√	√	√

注："√"表示语料中存在这样的组合。

就是说，被共享的词语串不是整体被共享而是形成话头嵌套时，各类型的话头都能作为直接话头或间接话头。如：

例（31）　直接话头是实体话头，间接话头是时间话头

1926 年 12 月间 北伐军 占领福建全省并乘胜追击，

　　　　　　　向浙江挺进。

例（32）　直接话头是处所话头，间接话头是时间话头

前日 围场之中，

　　　曹操迎受众贺之时，

例（33）　直接话头是谓性话头，间接话头含实体话头、状性话头

赵元任是理论与实际并重的语言学家。
　　　在语言学的各方面都 有 深入的研究，
　　　　　　　杰出的贡献。

例（34）　直接话头是状性话头，间接话头含环境话头、实体话头

1866 年 4 月，
　　　三国同盟军 在米特雷指挥下 ，
　　　　　　攻入巴拉圭本土。

　　若间接话头中有谓性话头，直接话头在句法结构上的嵌套程度通常更深。

例（35）　直接话头是实体话头，做兼语，含有间接谓性话头“命”

将军可命 军士 伏于瓮城边，
　　　只作接他，
　　　待马到来，
　　　一刀斩之；

例（36）　直接话头是实体话头，做从句的主语，含有间接谓性话头“希望”

中国支持发展中国家和不结盟运动为建立国际经济新秩序而进行的努力，
　　　并且希望 发达国家 采取积极态度，
　　　　　承担起自己应负的责任。

例（37）　直接话头是环境话头，也是从句中的环境成分，含有间接谓性话头“是”

城濮之战是 春秋时期 →，
　　　　　晋、楚为争夺霸权在城濮进行的一次重要战争。

　　总的来说，能够形成多层话头嵌套的共享词语串，虽然嵌套情况多样，但话头边界清晰，容易界定。

5.3.2　词语串整体被共享做话头

若被共享的词语串能够构成一个短语，整体做话头，则有一部分词语

串话头边界不好确定，已经发现的结构包括部分定中结构、可拆分的时间短语、主谓结构等。

第一，中心语为名词的定中结构被共享做话头。

例（38）

1995年末居民储蓄存款余额 接近3万亿元，

     比"七五"末增加两万多亿元。

例（38）中，话头是实体话头"1995年末居民储蓄存款余额"，说不清楚是环境话头嵌套实体话头，还是环境成分只是一个定语。尽管短语的中心成分是"余额"，但却最容易被替换，而其他成分继续被共享做话头。如：

例（39）

1995年末居民储蓄存款 余额接近3万亿元，

    总额接近……

例（40）

1995年末居民 储蓄存款余额接近3万亿元，

    贷款金额接近……

例（41）

1995年末 居民储蓄存款余额接近3万亿元，

    企业存款余额接近……

又如：

例（42）

中央财政全年用于社会保障的资金 达1465亿元，

     增长18.1%。

例（42）中，话头的中心语是"资金"，其定语部分可以单独做话头。如：

例（43）

中央财政全年 用于社会保障的资金达1465亿元，

    用于基础建设的投入达……

例（44）

中央财政全年用于社会保障的资金达 1465 亿元，

　　　明年将投入……

第二，可拆分的时间短语被共享做话头。

这类话头通常是由年月日组成的时间话头，但是年、月、日还可单独被共享。如：

例（45）

c1：1926 年 2 月，

c2：　　　　中国共产党在北京召开特别会议，

c3：　　　　　　　提出出兵北伐、推翻军阀统治的主张。

c4：　　　6 月 5 日，

c5：　　　　广州国民政府通过出师北伐案。

例（45）中，c1 整个作为时间短语是 c2 的话头，c4 中只有月、日，共享了 c1 中的"1926 年"。

第三，主谓结构被共享做话头。

例（46）

这个问题不解决，

　　　　就会对世界经济的恢复和发展造成阻碍。

例（46）中，话头是主谓结构"这个问题不解决"，但是其主语部分还可以独立做话头。如：

例（47）

这个问题 不解决，

　　　　就会对世界经济的恢复和发展造成阻碍。

　　　解决好，

　　　　就能……

又如：

例（48）

建设规模超过国家财力、物力的可能，
>>就是冒了，
>>就会出现经济混乱；

>可以加上后句，如：

建设规模超过国家财力、物力的可能，
>>就是冒了，
>>就会出现经济混乱；

>不满足人民需求也不行，
>>会……

以上话头的边界之所以难以确定，是因为各词语的管辖范围不明确。从外层到内层，各词语究竟是仅修饰中心语，还是统辖中心语领起的整个话头话身结构？上面几例定中结构中的定语，从传统的句法分析角度看，一般认为是名词性短语的一个成分，不是句子的直接成分，不影响句子格局（吕叔湘，1979），所以只应该统辖短语本身，修饰中心语。但从话头话身结构看，它们更倾向于统辖其右侧整个话头话身结构，这就不能说不影响格局了。类似的还有大小时间成分中的大时间成分、主谓结构中的主语部分。

但是，以上的例子只说明存在这样的现象，并非已成定律，也并非所有整体被共享的话头都能够拆开一部分成为间接话头。有些短语虽然是定中结构的，但语义实质是一种陈述，不容易拆开一部分做间接话头。如例（49）中的话头"小生产者固有的分散性与保守性"，实质上是说"小生产者非常分散和保守"，这个话头就不容易被拆开。

例（49）

小生产者固有的分散性与保守性，
>>使起义军并未真正联为一体，
>>各股仍然各自为战，
>>分散行动。

另外，也不能将位于句首、整体作为外层话头的动宾结构或介宾结构的动词或介词部分拆出来，共享做间接话头，在第5.4节我们还将专门讨论。

5.3.3　直接话头深度的统计分析

某话身成分的直接话头深度指其直接话头在 NT 小句中是左起第几个成分。直接话头深度反映人在理解语句时，对话头类型和数量的记忆能力。直接话头深度的统计涉及各层话头的切分。话头切分的原则是：（1）某话身 C 的话头 T 若不能跟 NT 小句中其左边的词语合起来构成一个短语，则应单独切分；（2）某话身 C 的话头 T 若可以跟 NT 小句中其左边的词语合起来构成一个短语，则分两种情况——若 T 左边的词语是另一个话身部分的直接话头，则 T 应单独切分，否则 T 不被单独切分。如：

例（50）

c1: 而　意大利　则　按附约　给埃塞俄比亚 3 万支枪和 28 门大炮，
c2:　　　　　　　　　　　　　（以及）200 万里拉。

　　例（50）中，c2 的各个共享话头形成了多重话头话身嵌套结构（如第 5.3.1 节的情况）。c2 的直接话头是"给埃塞俄比亚"，直接话头深度为 5，前面的话头分别是"而""意大利""则"和"按附约"。其中，"按附约"和"给埃塞俄比亚"是介宾短语做话头。

例（51）

c1: 此前，
c2: 　　1926 年 5 月上旬，
c3: 　　　　　　国民革命军第七军的两个旅……同吴佩孚作战。
c4: 　　　　5 月下旬，
c5: 　　　　广州国民政府　又　派　叶挺独立团 入湘增援，
c6: 　　　　　　　　　　　　　打开北伐的前进道路。

　　例（51）中，c6 的直接话头是"叶挺独立团"，是一个兼语话头。"叶挺独立团"的直接话头深度为 7，是语料中直接话头深度最深的。虽然"1926 年 5 月下旬"能够合起来构成时间短语，但是它们各自被实现为话头，所以算作两个话头。另外，"派叶挺独立团"虽然是一个动宾结构的短语，但 c6 的 NT 小句是一个兼语句，c6"打开北伐的前进道路"说的只是"叶挺独立团"，所以"派"和"叶挺独立团"算作两个话头。

每一个被切分出来的话头都可以看作一个组块（chunk），且这些话头不能连起来构成一个更大的组块，因此需要被分别记忆，处理时要占用记忆资源。从阅读的角度看，直接话头深度的计算方式反映了人的这样一个理解过程，即人采取从左到右的方式处理各个词语时，把能够组成块的词语合并理解，不能组成块的词语单独理解。这样的过程与陆丙甫（1986a，1986b）所说的同步组块理论的过程相似。

我们统计了直接话头深度的分布情况，见表5-3：

表5-3　直接话头深度分布

话头深度	数量（个）	占比（%）
1	12,863	69.30
2	4382	23.61
3	1027	5.53
4	243	1.31
5	40	0.22
6	6	0.03
7	1	0.01

在30,963个标点句中，共有18,562个被实现的话头。其中，接近70%的直接话头深度为1，这种话头最容易被找到；平均直接话头深度为1.39；直接话头深度最大为7，仅有1句［即例（51）］；99.75%的直接话头深度不超过4。以上分布数据符合Cowan（2001）对短时记忆的存储能力的判断，也反映了人在理解标点句时处理和记忆话头的限度。

5.4　完成话头话身分析任务所需知识的复杂性

无论是人还是计算机，要完成话头话身分析的任务，都需要调用各种知识和认知资源。人凭语感能够毫无障碍地理解标点句的话头话身关系，而要让计算机准确判断标点句的话头话身关系，就要从人的认知出发，把人的语感形式化，其中涉及句法、语义、语用、常识、专业知识等。我们要考察人在理解时，哪些因素起了关键作用，调用了哪些认知资源和知识资源，以及是如何调用的，等等。要解决这些问题还需要大量的研究。

在第5.2节中，我们提出了分析标点句话头话身关系时所需判断的5种状态。本节我们将进一步研究在具体分析标点句时如何落实这些状态判定，探索若要完成话头话身分析的任务，需要哪些知识和认知资源。这项工作是全新的，刚刚开始。由于精力所限，本节及本书往后的部分，我们只研究状态判定 I "标点句的话头是否自足"中，标点句话头不自足且话头在上文的情况，即暂不考虑非主谓句、主语省略句以及话头在下文的标点句的话头话身关系自动分析问题。

为了称说简单，在不引起混淆的前提下，我们把标点句序列中当前的标点句称作"本句"，前一标点句的 NT 小句称作"上句"。那么，本节所关注的是：由于什么因素的影响，上句的某一成分做了本句的话头。

本节所列影响因素均为倾向性特征，既不是全面概括，也不是铁定的规律，而仅是把可能涉及的因素列举出来，所列特征在特定条件下可能并不成立。要归纳出话头话身关系的规律比较困难，本节仅是简单提及，在第6、7、8章中，我们将对其中一种话头——新支话头——的形成进行深入的分析。

5.4.1　前期研究

张瑞朋（2013）可以作为话头话身关系分析任务的前期基础，其第四章"相关概念和特征"和第六章"续配句共享原配句主语的认定"是对特定句式的标点句话头话身情况的描写。她使用的术语是"原配句"和"续配句"。原配句是话头所在标点句，续配句是话身所在标点句，续配句缺少实体话头作为陈述主体并紧接原配句。结合本研究而言，我们所说的本句对应于她的"续配句"，我们所说的上句对应于她的"原配句"的 NT 小句。张文对若干种句式进行了探讨，研究了标点句所共享的话头是上句的主语、宾语、谓语，还是宾语从句的主语，等等，她所讨论过的句式有：（1）上句含有感知动词；（2）上句为"有"字句；（3）上句谓宾动词的宾语是名词而非小句；（4）上句动词带双宾语；（5）上句是连动结构；（6）上句谓语动词是"像"；（7）上句和本句是"V 着"句；（8）上句是"V 完"表示的完成态；（9）上句或本句中有关联词语；（10）本句句首有特定副词；（11）本句句首是心理名词或方位名词。

张文主要是针对特定句式，从句法角度进行描写，并在此基础上，统计、分析了这些特征在《围城》中的分布。然而，除了句法特征，话头话身关系分析还涉及语义、常识、百科知识等诸多方面。本节尝试从话头话身自动分析复杂性的角度，进一步阐述话头话身分析可能涉及的知识资源。

5.4.2　句法因素

这里说的句法因素，指的是在进行标点句的话头话身关系分析时，能够从字面识别的，或者能够经过简单句法分析识别的标记。有些句法标记能为话头话身关系的分析提供帮助。

（一）标点符号的影响

标点符号反映的是语言中的停顿，停顿的长短代表了人对话头转换的预期高低，停顿越长，越倾向于转换话头。本研究处理的对象是文本语料，因此，标点符号可以看作话头话身关系分析的影响因素。如：

例（52）

c1：乡镇企业的改革和发展要注意节约资源，

c2：　　　　　　　　　　　　　　　防治和减少环境污染。

c3：为了创造良好的投资环境和提高经济效益，

c4：发展乡镇企业宜相对集中，

c5：　　　　　　　　并与小城镇建设结合起来。

例（52）中，c3 缺少陈述主体，c1 中的"乡镇企业"句法、语义上都能够充当 c3 的话头。但是通读上下文，语感上 c3 与 c1、c2 并不属于同一个话头话身结构，c2 的句号起到了一定的提示作用。这仅能作为一种倾向性特征，如本章第 1 节中分析过的例（1），有关"西藏银行部门"的话头话身结构中，c5 后是句号，但是没有彻底转换话头。

（二）句法标记词的影响

有些标点句带有明显的句法标记，这些标记有助于分析话头话身关系。例如本句句首是"就""便""所以""但是"等副词或后连词时，若上句中没有与之搭配的关联词语，则本句倾向于共享上句的主语做话头。如：

例（53）

王脚擦汗时看到儿子王肝和女儿王胆，

　　便大声呵斥：

例（53）中，上句主语"王脚"和宾语"儿子王肝和女儿王胆"，在语义上都能与本句中的"大声呵斥"搭配，是否成为新支句的关键在于"便"。位于本句句首的"便"是反应性副词，表示上文动作的顺承。因此，本句在语义上指向"王脚"。

如果上句中有与这些词搭配的关联词语，那么这一对关联词语倾向于对应起来，如：

例（54）

c1：你只要一见到他，

c2：　　就能看出他虽然带有一般孤独者的那种郁郁寡欢的沉闷，

c3：　　　　　　　　但还是一位神志清楚、身体健壮的老汉。

（三）句法结构的影响

有时影响话头话身关系分析的因素是句法结构，例如前后两句形成了平行结构。

平行结构最早由 Frazier et al.（1984）提出，指由两个或两个以上相关联的语言单位组成的结构，这些语言单位通过连接词或其他手段连接，具有一个或多个相同的组成成分，在句子中充当相同的句法角色。平行结构一般被用于修辞方面的研究，如篇章衔接等。Chambers & Smyth（1998）引入平行结构描述篇章回指现象，研究了代词回指问题，认为代词倾向于回指与其结构平行的先行词。李榕（2012）认为平行结构指相接的两句话的宏观结构一致，而且包含有语义联系的谓语。他关注的也是代词回指的问题，认为如果含代词的句子和前一句的格式平行，那么平行结构可以打破主语的优先权，影响代词回指。总体来说，学者们对平行结构的定义还是比较宽泛的，而且多数的关注点在篇章衔接等方面。我们在话头话身结构的标注过程中发现，平行结构对本句共享话头的确认非常有用。如：

例（55）

他们在崎岖坎坷的人生道路上互相搀扶，

　　　　　　　　互相鼓励，

例（55）中，上句尾部和本句比较，表层和二层结构相同，而且两个结构中对应成分或是相同的，或是同类的，均为"互相+行为"。

例（56）

c1：阿古柏本为浩罕的军官，

c2：　　初为浩罕国王呼达雅尔汗的"穆合热本"(近卫），

c3：　　后升至阿克美奇特（白清真寺）要塞指挥官。

例（56）中，c1 和 c2 的结构都是"时间副词＋担任动词＋隶属者＋职务"，二者构成平行结构。

例（57）

c1：｜自蓟城｜向南可直下中原，
c2：　　　　向西北径上蒙古高原，
c3：　　　　向东北可进入东北平原，
c4：　　　　向东可达辽河下游平原。

例（57）中，c2～c4 可与 c1 的"'自'＋处所＋'向'＋方向＋到达动词＋处所"构成平行结构。

平行结构无须包含话头部分。进行话头认知时，堆栈操作很容易定位到同一个话头：把上句涉及平行结构的部分退栈，剩下的就是被共享的话头或话头串。

但平行结构也能够造出反例：

例（58）

小赵后面是小钱，
　　　｜　后面是小孙，
　　　　　｜　后面是小李，

例（58）之所以称为特例，是因为第 2 和第 3 个标点句形成新支句更多是靠词汇语义，而非句式特征。常识上，以"小赵"为中心，可能的方位只有左右、前后、上下，后面被占据了，又有"后面"，则只能是"小钱"的后面。若换成"前面"则不一样。

例（59）

小赵后面是小钱，
　　　前面是小孙，
　　　左边是小李，

此时第 2 和第 3 个标点句就倾向于形成非新支句，与第 1 个标点句并置。可见，在这里，标点句是否成为新支句的影响因素不是句法特征。

除了平行结构以外，上句的句法结构本身也能够帮助分析本句的话头话身关系。如上句仅为一个短语时，若该短语为中心语是动词的定中结构、动宾结构、部分介宾短语，那么上句往往整体做本句的直接话头，而且不大可能拆出其左部某个成分做另一个标点句的话头。如：

例（60）　中心语是动词的定中结构做话头

鲁炅、张巡等的抗敌斗争，

　　　　　　　　为唐军赢得了时间，

　　"斗争"是动词，该定中结构表事件，其构成成分往往不能单独被共享做话头。而上句又是外层话头，故本句共享上句整句做话头。

例（61）　动宾结构做话头

搞社会主义建设，

　　　　　　　　首先要弄清楚什么是社会主义以及如何搞社会主义的问题。

例（62）　动宾结构做话头

发展支柱产业，

　　　　　　　要提高技术起点，

　　　　　　　在引进先进技术的同时，

　　　　　　　增强自主开发和创新能力，

　　表原因、目的的介词（因、为）和引出与事的介词（对于、对、给）引起的介宾短语做话头时，要整体做话头。

例（63）介宾短语做话头

通过战争，

　　　　　玛丽亚·特蕾西亚获奥地利王位继承权，

例（64）介宾短语做话头

对于说汉语的人，

　　　　　　这是很理想的语言学入门书。

　　但是引出受事（把、将）、施事（被）、工具材料（用、以）的介词引起的介宾结构做话头时，介词和宾语可以分别做话头。如：

例（65）

他狡猾地笑了笑，

  把 左手 伸出来，

    高高举起，

   右手藏在身后。

（四）环境成分的影响

时间、处所等环境成分有时候能够直接影响标点句的话头分析。例如本句句首与上句话头形成大小时间（如××年××月××日），或大小处所（如中国广东省广州市）时，通常本句以上句的大时间或大处所成分为话头。如：

例（66）

c1：1912年10月9日，

c2：   门的内哥罗首先向土宣战，

c3：   17、18日，

c4：   保加利亚、塞尔维亚和希腊先后参战。

例（67）

c1：安徽省 有合肥—南京高等级公路。

c2： 铜陵长江公路大桥正在建设中。

例（67）中，c2 中的"铜陵"和 c1 中的"安徽省"构成小处所和大处所的关系，"安徽省"成为 c2 的话头。

但是也有例外。如：

例（68）

c1：1926年2月，

c2：   中国共产党在北京召开特别会议，

c3：   提出出兵北伐、推翻军阀统治的主张。

c4： 6月5日，

c5：   广州国民政府 通过出师北伐案。

c6： | 7月1日发表《北伐宣言》，

　　例（68）中 c4 的情况与例（66）中 c3 的情况相似，但 c6 比较特别。c6 的句首是由月、日组成的时间成分，c6 本身缺少陈述主体。其陈述主体是 c5 中的"广州国民政府"这一实体话头，但因为实体话头外层还存在时间话头，即 c4 中的"6 月 5 日"，这时，c6 中的时间成分与之冲突，所以 c6 形成了新支句。

　　上面提到的几个句法因素都对话头话身关系的确认有一定影响，但各自出现的语境不同。这只是目前发现的一些零碎的知识，没有形成系统。由于汉语缺乏形式特征，能够明确影响话头话身关系的句法因素并不多见。

5.4.3　语义因素

　　通过语料考察我们发现，语义因素是话头话身分析中最主要的影响因素之一，是判断标点句话头的基础。大部分话头话身结构的形成都与语义知识有关。判断上句中的某一个成分是否做本句话头的一个关键是看该成分与本句能不能在语义上组合起来，表达一定的意思。如：

例（69）

c1：小姐启开酒瓶，
c2：　　　往每个人面前的酒杯里倒酒。

　　例（69）中，c2 说的是"往……酒杯里倒酒"，缺少陈述主体。凭人的语义知识很容易知道，"倒酒"的是"小姐"而不可能是"酒瓶"。但是如果让计算机来自动识别，它应该掌握什么样的语义知识才能做出准确的判断呢？这时，恰当的语义泛化显得尤为重要。语义泛化的粒度如果太粗，则不具有区别作用，比如仅泛化为名词、动词、形容词等词类时，"小姐"和"酒瓶"都是名词，不能准确反映它们与本句的语义关系。如果太细，又会导致数据稀疏。粒度最细的典型情况是不进行任何泛化，直接判断上句中的某个成分和本句首词是否具有接续关系。这样的做法的问题是，即使利用极大规模语料库，也会出现数据稀疏的情况。另一个困难是，即使制定出语义泛化标准，进行语义的计算还需要大量的人工标注，这是一个极大的工程。

　　（一）话头话身语义搭配的影响

　　例（69）正体现了跨标点句话头话身的语义搭配的决定作用，让计算机模拟人的这种语感，需要通过统计的方式。某些情况下，上句话头与本句话身的语义关系比较直观。例如本句句首是意义不自足的名词时，需要从上句获得话头。所谓意义不自足，是指该名词语义或句法上要依附于另一个主体。这类名词与其所依附的主体的关系包括：整体与部件、全体与部分、主体与属性、人与其衣着、人与其使用品，以及空间参照关系、人际参照关系等（张瑞朋，2013）。

例（70）

c1：澳门炎热多雨。

c2：　　年均温 22.3℃,

例（70）中，c2 中的"年均温"是一种属性，其属性主体是"澳门"。

（二）上句主语和宾语语义关系的影响

不仅跨标点句的语义关系会影响话头话身关系的分析，有时候，上句主语和宾语的语义关系也可能影响在本句做话头的成分。例如，上句的主语和宾语是父类和子类的语义关系时，倾向于以上句宾语做本句话头。

例（71）

c1：中国玻甲鱼科另一种为条纹虾鱼,

c2：　　　　　　　　　|　　眼间凸而不凹,

c3：　　　　　　　　　|　　背鳍第一鳍棘与体躯最后骨板间关节能活动,

例（71）中，c2 和 c3 句首都是器官部件，"条纹虾鱼"和"中国玻甲鱼科"都能成为部件的主体。在没有其他标记的情况下，倾向于认为"眼间"和"背鳍"是子类"条纹虾鱼"的部件。若我们把例（71）稍做变动，以"条纹虾鱼"为主语，语感上 c2、c3 仍然描述的是"条纹虾鱼"，如：

例（72）

c1：条纹虾鱼是中国玻甲鱼科的另一种,

c2：　　眼间凸而不凹,

c3：　　背鳍第一鳍棘与体躯最后骨板间关节能活动,

语料中的真实例子如：

例（73）

c1：电鳗目是硬骨鱼纲的 1 目。

c2：　　体鳗状且有发电器官,

例（73）中，c2 句首是器官名词"体"，需要依附于生物体构成整体与器官关系。c1 中的"电鳗目""硬骨鱼纲"都能够与之搭配。"电鳗目"是子类，"硬骨鱼纲"是父类，"电鳗目"更容易成为话头。

（三）谓语动词语义类型的影响

本句和上句谓语动词的语义类型对话头话身分析的影响都比较大。

若本句的谓语动词是静态动词，则本句倾向于以上句动词的宾语为话头。

例（74）

c1：两人出房碰见 孙小姐，

c2：　　　　　　　｜　　脸上有些红点，

例（74）中，c2 句首是"脸上"，从句法、语义来看，c1 中的"两人"和"孙小姐"都能做 c2 的话头。c2 是静态描述，倾向于对新引出的对象进行介绍，因此话头为上句动词的宾语，即"孙小姐"。

若本句的谓语动词是动态动词，则本句倾向于以上句的主语为话头。

例（75）

c1：鸿渐 碰见孙小姐，

c2：　　低声开玩笑说：

例（75）中，c2 中的核心谓语动词是"说"，从句法、语义来看，c1 中的"鸿渐"和"孙小姐"都能做 c2 的话头。"说"是一个动作动词，故倾向于以"鸿渐"为话头。

5.4.4　语用因素

有些标点句仅看本句和上句还不能够判断是哪个成分做话头，需要看更多的上下文才能确认。

例（76）

c1：鸿渐只见 那张片子 天头上红墨水横写着 "杜甫"两字，

c2：下面紫墨水写的标题，

例（76）中，c2 的句首"下面"表示方位，语义不自足，需要特定的话头构成空间参照关系。可与之形成参照的有"那张片子"和"'杜甫'两字"。这两个成分无论哪个做 c2 的话头在语义上都是通顺的。由于"天头上"

又和"下面"形成平行结构，似乎应该以"那张片子"为话头。

例（77）

鸿渐只见 那张片子 天头上红墨水横写着"杜甫"两字，

　　　　　　下面紫墨水写的标题，

　　但是，如果我们看更多的上下文，便会发现不应该这样理解，而应该如例（78）：

例（78）

鸿渐好奇，

　　拉开一只抽屉，

　　把卡片一拨，

　　只见那张片子天头上红墨水横写着 "杜甫"两字，

　　　　　　　　　│　　　　　　下面紫墨水写的标题，

　　　　标题以后，

　　　　　蓝墨水细字的正文。

　　结合后文仔细揣摩，可以发现"片子"从上到下首先是"'杜甫'两字"，接着是"标题"，最后是正文，所以"下面"并不是"那张片子"的下面，而是"'杜甫'两字"的下面。因此，"下面紫墨水写的标题，"为新支句，它的话头是"'杜甫'两字"。

　　这个例子表明，句法特征有时候会起反作用，造成误解。这里起作用的是下文语境，语境属于语用范畴。

5.4.5　常识

　　有时候凭借句法、语义、语用知识都难以确认某一个标点句的话头是其上下文中的哪一个成分，还需要用到常识。

例（79）

桃子为什么不生得像 香蕉，

　　　│　　剥皮多容易！

　　例（79）中，"香蕉"比"桃子"容易剥皮属于常识范畴，若后句换成"剥皮这么麻烦"，那就是描述"桃子"了。

例（80）

他们路上碰见 两个溃兵 ，

　　　　|　　　　　抢去方老先生的钱袋，

从句式上看，例（80）中，本句是一般的动宾短语，可以说"他们"抢去了钱袋。但是这里的"溃兵"更容易让人与"抢"的施动者联系起来。即使将主语和宾语位置调换，让"溃兵"做主语，"抢去方老先生的钱袋"的仍是"溃兵"，如例（81）。

例（81）

两个溃兵 路上碰见他们，

　　　抢去方老先生的钱袋，

这类特征的形式化非常困难。因为很难穷尽一个人的"常识"，所以目前还没有很好的解决办法。

5.4.6　百科知识

有的标点句的话头不仅需要凭借句法、语义、语用知识和常识进行分析，甚至还要调用百科知识帮助判断。

例（82）

c1：鲞是鲤形目鲤科鲌亚科鲞属的 1 种。

c2：……

c3：　尾鳍分叉深，

c4：　　　下叶比上叶略长；

例（82）中，c4 句首是"下叶"，是鱼的部件名，语义不自足，需要主体。此时，如果没有足够的百科知识，很难判断"下叶"是"鲞"的部件，还是"尾鳍"的部件。若我们形成了一个鱼类的本体知识集，便可知"下叶"实际上是鱼尾的一部分，所以 c4 不是共享"鲞"做话头，而是共享 c3 中的"尾鳍"做直接的实体话头，再共享"鲞"做外层话头。

5.5　本章小结

本章的目的是为计算机自动分析话头话身关系打基础，从话头话身分析任务的工作目标、处理对象和所需知识资源三个方面考察这一任务的复杂性。

我们的考察发现，话头话身分析任务的工作目标方面，需要面对 5 种交织重叠的状态判定；处理对象方面，需要面对各种句法位置上出现话头的可能性；知识资源方面，不仅需要语法知识和语义知识，还要用到语境知识、百科知识和常识。因此，这是一个非常复杂、非常艰巨的任务，涉及语言智能的核心，是非常难啃的硬骨头，不可能用一些现成的技术在短时间内就得到具有实用价值的成果。

本章工作所表明的任务复杂性启示我们冷静地做好顶层设计，踏踏实实地在语法、语义、语用三个方面做深入的考察，而且要缩小目标，争取先在某一个较小的范围内取得进展。因此，后面的章节中，我们将缩小工作目标，把研究范围限定在受限新支句的判别方面。

第6章
新支话头统计和分析

　　第5章中，我们讨论了话头话身关系分析的复杂性，从大的方面简要地阐述了标点句话头话身关系分析所需完成的任务、处理对象的句法位置的复杂性以及所需知识的类型。从本章开始，我们以新支话头的分析为切入点来尝试进行话头话身关系的具体分析。

　　新支话头属于状态判定I中标点句话头不自足且话头在上文的情况之一。在我们的统计中，新支话头的数量不多，只占约2%，新支句占比不到5%。但是，研究新支话头很有意义。

　　从语法结构上说，大部分的话头变换都造成话头话身结构的嵌套，新支话头却造成话头话身结构的套叠。新支话头所领起的话头话身结构没有嵌套在外层的话头话身结构中，新支话头却是外层话头话身结构的一部分。这种情况在别的语言中也不鲜见，如英语中的关系从句等。

　　从应用上说，新支句需要用特别的方法处理，如机器翻译时，汉语中的新支句和英语中的关系从句等的互译要从语篇层面重新安排翻译的顺序。

　　从认知上说，话头的嵌套层数受认知能力的限制而不能太多，且因其嵌套时遵循一定的认知路径，故能自如地返回；而新支话头的嵌套层数虽然受认知能力的限制也不能太多，但其嵌入时不受认知路径的约束，难以折返。因此设计认知机时，我们使用了特定的数据结构保存新支话头所在话头话身结构外层的部分。

　　因此，研究新支话头对于语言学篇章结构分析、语言工程应用和人脑认知研究都有极大意义。

6.1 前人研究和话头延续与转换

不少语言学家在研究话头时，都曾涉及新支话头和新支句。我们首先从话头共享的视角，结合前人的研究，对话头延续和转换现象进行统一分类，以明确新支话头在篇章结构中的地位。

基于话头共享的视角，话头的延续和转换可以分为 5 种情况。有些情况前人已有研究，但角度、范围和说法可能有所不同，故各个分类中，我们尽量用前人文献中的例子，以便对应。

第一，句首话头延续。句首的话头被后续的标点句共享。例如：

例（1） 例子摘自陈平（1987），按照话头话身结构标注为：

① 那个人 也意识到跑不脱，
②　　　　只好扔掉麻袋。

例（1）中，①句话头自足，②句缺少话头，共享①句中的"那个人"。陈平（1987）将这类话头延续称为"平行推进"。

第二，子话头延续。虽然直接谈论的是子话头，但原话头被保留。实际上仍在说明原话头，只是缩小到关于子话头的局部视角。子话头和原话头之间通常为部件—整体、属性—主体、隶属—主体等相关关系，这一语义关系决定了语用上的话头延续。例如：

例（2） 例子摘自曹逢甫（2004），有改动，按照话头话身结构标注为：

① 这个女孩 眼睛 很大，
②　　　　　　　很漂亮。

例（2）中，①句不缺话头，是主谓谓语句。②句有两种解读，一种解读是将"很漂亮"直接看作对"这个女孩"的说明，即②句是句首话头延续。另一种解读为，②句共享①句的小主语"眼睛"为话头，是子话头的延续。与新支话头不同的是，虽然②句最直接的话头是"眼睛"，要说明"眼睛很漂亮"，但"眼睛"是"这个女孩"身体的一部分，故"这个女孩"作为外层话头被②句间接说明，"眼睛"作为子话头被直接说明。证据是把①句"很大"之前的部分与②句连起来所构成的句子"这个女孩眼睛很漂亮"是合规的 NT 小句。曹逢甫（2004）的看法与此相似，第一种解读是把例（2）看作以"这个女孩"为主题的主题链；第二种解读是把例（2）看作以"眼睛"为主题的小主题链内嵌于以"这个女孩"为主题的主题链中，相当于这里所说的子话头的延续。

第三，完全话头转换。标点句话头自足，不需要共享上下文中的成分。例如：

例（3）　例子摘自钱锺书《围城》，按照话头话身结构标注为：

①红海早过了，
②船在印度洋面上开驶着。

例（3）中，①句的话头是"红海"，②句的话头是"船"，虽然在一个句号句内，但两个标点句都话头自足，二者间无话头话身关系。虽然它们还存在紧密的逻辑语义关系，构成一个小句复合体，但就话头延续看，我们认为例（3）属于完全话头转换。话头完全转换后，下文不能延续前面的话头。如例（3）中，后续篇章中不能以话头共享的形式对"红海"进行说明，除非重复话头"红海"或以其他形式回指，包括代词回指、同形名词、"指示词＋名词"、"描写性定语＋名词"等。但由于这不是话头共享，与共享话头的延续与转换不是一个层面的问题，我们暂时也归在完全话头转换中，日后再进一步进行分类和讨论。

第四，兼语句话头转换。例如：

例（4）　例子摘自陈平（1987），按照话头话身结构标注为：

①上面有 个干部模样的人 ，
②　　　　　　　　　托着一个袖珍半导体收音机。

例（4）中，①句是主动宾结构的句子，②句以①句的宾语"（这）个干部模样的人"为话头。这类话头与子话头延续的不同之处在于，②句语义上与①句中的"上面"等词语无关，没有间接延续①句的外层话头。然而，②句在补全缺失成分的时候，把①句话头前的部分连起来也是成句的，即"上面有个干部模样的人托着一个袖珍半导体收音机"。也就是说，虽然语义上②句与①句的外层话头没有太多关系，但通过句法，二者仍保持了一定的联系。屈承熹（2006）称这类情况为"话题套叠"，陈平（1987）称该例为"层级推进"。

第五，新支话头转换。例如：

例（5）　例子摘自钱锺书《围城》，按照话头话身结构标注为：

①这把 五人 吓坏了，
②　　　|　　跟办事员讲了许多好话。

例（5）属于新支话头的转换。②句共享的话头是①句中的介词宾语"五人"，"五人"成了新支话头，②句是新支句。新支话头转换不同于其他几类情况的地方是，②句无论是句法上还是语义上，都与①句中的新支话头"五人"之前的部分没有关联。若仿照第二类和第四类的方法，把"五人"前面的部分与②句连起来，即"这把五人跟办事员讲了许多好话"，形成的句子是不通的，因为发生了话头的转换，从原话头"这"转到新支话头"五人"。为了直观可读，标记时，在新支话头的左下方插入一个竖线标记，表示新支句同新支话头左边的成分是无关的。

实际上，前人也注意到了新支话头的现象。陈平（1987）的层级推进就包括新支话头和新支句。例如：

例（6）　例子摘自陈平（1987），按照话头话身结构标注为：

他必定也看见了 那些老弱的车夫，
　　　　　　　| 　　穿着 薄薄的破衣，
　　　　　　　　　　　| 　　　　根本抵御不住冬日的风寒，

但在陈平的例子中，层级推进的"主题"在句法上都是动词宾语。通过后文第6.4节的讨论，我们可以发现，这种层级推进的话头并不限于动词宾语。

曹逢甫（2004）也注意到了新支句，他是从系列动词结构的角度加以阐述的。系列动词结构指由两个或更多并置在一起的动词词组或小句组成的句子，形式上分为素主题链和套叠句。其中，套叠句又分为兼语句、套叠—引介句、套叠—描写句。新支句的情况属于"套叠—引介句"，如：

例（7）　例子摘自曹逢甫（2004），按照话头话身结构标注为：

我从图书馆借了 一本书，
　　　　　| 　　文字深奥，
　　　　　| 　　故事平常，
　　　　　| 　　不好看。

曹逢甫在分类时所列举的例子中，只有套叠—引介句涉及跨标点句，其他都是单个标点句。他认为这种跨标点句的情况不妨看作系列动词结构。

屈承熹（2006）则是从话题链的角度对新支话头进行分析。在他的理论中，新支话头的情况属于"兼环"，他选用的例子来自《中副选集》第十八卷。

例（8）　例子摘自屈承熹（2006），按照话头话身结构标注为：

①端木芙由不得轻声一叹，

②　　　　加快了脚步；

③　　　忽觉传来 一阵细细袅袅的乐声，

④　　　　　　｜　　　　　　　　　　一转三折，

⑤　　　　　　｜　　　　　　　　　行板如云，……

⑥　　　　　　｜　　　　　　　是音乐馆里的学生在练唱，随着微风，

⑦　　　　　　｜　　　　　　　不经意在空中流漩，

⑧　　　　　　｜　　　　　　　若有若无地飞进她的心里……

　　屈承熹认为，例（8）中的①～③句和③～⑧句分别形成了话题链。③句承上启下，既是前一个链的最后一环，又是后一个链的第一环，称为"兼环"，整个例子由两条首尾相接的话题链组成，称为"套接链"。

　　可见，以上学者都或多或少地注意到了新支话头和新支句，但仔细分析可以发现，他们的研究跟我们的研究有些不同。

　　首先，研究单位上，陈平只是简单地将其研究对象称为句子，而且是把每个标点句看作一个句子。曹逢甫以系列动词结构为研究单位，两个动词词组可能出现在同一标点句中。屈承熹的研究单位是话题链，研究单位比标点句大，且话题链的界定依赖于语义的分析，操作时可能有不确定之处，不能机械地进行切分。新支句以标点句为研究单位，可操作性更强，界限更清晰，研究范围更明确。

　　其次，学者们的研究多数是以发现为主，重在揭示这样一种特别的语言现象，没有对其进一步进行分类，也没有从量上进一步进行调查。

　　最后，众多学者的研究都发现动词宾语可能成为后一句或后一个动词词组的主语。如果从话头缺失的角度来考虑，新支句的话头并不限于前一句的动词宾语，也可能是介词宾语、从句主语、主谓谓语句的小主语等。

　　一方面，需要强调的是，这种新支话头的话头转换是局部的和临时性的，因为后文可以以零形式延续原有的话头。我们预测，这类新支话头和新支句的出现是有一定条件的。另一方面，我们通过整理语料发现，这种新支话头不一定出现在动词宾语位置，例（5）就是介词宾语做新支话头引出新支句的例子。对此，后文还将进一步进行分析。

　　综上所述，话头延续和转换的分类汇总如表 6-1。表 6-1 列出了 4 个特

征：原话头是否被新标点句直接说明、原话头是否被新标点句间接说明、原话头与新标点句能否连成句、新话头是否在原标点句内，并使用这 4 个特征比较了 5 种类型的话头延续和转换的异同。

表 6-1　话头延续和转换方式的分类

话头延续和转换方式类别		原话头被新标点句直接说明	原话头被新标点句间接说明	原话头与新标点句能连成句	新话头在原标点句内
话头延续	句首话头延续	＋	－	＋	无新话头
	子话头延续	－	＋	＋	无新话头
话头转换	完全话头转换	－	－	－	－
	兼语句话头转换	－	－	＋	＋
	新支话头转换	－	－	－	＋

前人研究大多注意到了前 4 种类型，对新支话头转换及其形式特点，特别是原话头与新标点句连起来不能成句的特点，却没有足够的重视。而这种不能成句，正是判断新支话头的直接标准。

虽然新支话头数量不多，但新支话头的研究很有意义。对于完全的话头转换，其成因需要在篇章全局范围内考察，难度较大。对于新支话头，虽然新话头和原话头没有直接的话头话身关系，但新话头出自原话头话身结构的局部语境，研究新支话头的成因可以局限于这个局部语境，复杂度将大大降低，这有助于揭示话头延续和转换现象的本质。本书以句法成分和语义角色为研究新支话头的切入点，考察什么样的句法成分最容易成为新支话头并引出新支句，以及新支话头在句子中与其他成分存在什么样的语义关联。

6.2　语料说明

本章中，我们使用了一个小规模的话头话身结构标注语料库，该语料库包括《围城》全文，以及其他小说、新闻、工作报告、说明文、法律法规等不同体裁的汉语篇章，共约 33 万字，标点句 35,000 多句。其中，发现新支话头 501 例，新支句 777 句（一个新支话头可以被多个标点句说明，所以新支句数目多于新支话头数目）。基于这些新支话头和新支句的语料，本文从句法和语义层面对新支话头和新支句进行统计与分析，以期作为新支话头研究的起点。

6.3　新支话头的性质

话头按句法成分类型划分，有实体话头、环境话头、状性话头、谓性话头等 4 种，但是我们在实际语料中所发现的新支话头绝大部分是实体类名词性短语，如例（6）～（8），只有极少的谓性话头和环境话头做新支话头，其指称的事件也很具体，比如：

例（9）

全国人大常委会对全国人大制定的法律进行 部分补充和修改 ，

　　　　　　　　　　|　　　　　（但是）不得同
　　　　　　　　　　　　　　　　该法律的基本原
　　　　　　　　　　　　　　　　则相抵触。

例（9）中，"部分补充和修改"是状中结构的谓词性短语，在原句中整体做形式动词"进行"的宾语，成为后句的新支话头后，变成了指称性短语，指"全国人大常委会所补充和修改的法律"。又如：

例（10）

同年九月，

　　　广平王李俶（后为唐代宗李豫）与郭子仪统朔方等军及回纥、西域
　　　之众十五万自凤翔出发，

　　　　　　　攻克长安，

　　　　　　　　　　　　　　　　　十月收复洛阳，

　　　|　　　　　　　　　　　　　|　　　安庆绪逃往邺郡。

例（10）中，第二个新支话头"十月"就是环境话头。

至于述宾和述补结构中的述语和状性成分做新支话头的情况，我们在语料中没有发现，也无法以内省的方式构造。总体而言，这类情况很少。从语料看，新支句多是对新支话头的属性、特征、部件等不同侧面的进一步描述，而具体的实体名词与外部世界联系更紧密，与抽象名词相比，有更丰富的内涵和外延，使得它更容易被进一步说明，由此成为新支话头。

6.4　新支话头的句法成分分析

句法成分方面，仔细考察新支话头在其所在的 NT 小句中所充当的句法

角色，我们发现有多种情况。以下例子如无特殊说明，均出自钱锺书的小说《围城》（部分例句有改动）。

1. 主语

作为新支话头的主语包括从句主语、主谓谓语句小主语和状性成分起始句主语。

（1）从句主语

成为新支话头的从句主语包括宾语从句的主语和补语从句的主语，后续标点句只对从句主语进行说明，不能够与主句构成话头话身关系。如例（11）：

例（11）

我看见 这店 里馒头和肉尽苍蝇叮着，
　　│　　　恐怕不大卫生。

例（11）中，"这店"是"看见"的宾语从句的主语。标点句"恐怕不大卫生"说的是"这店"，不能与"我看见"构成话头话身关系。

例（12）

这暖烘烘的味道熏得 方鸿渐 要反胃，
　　　　　　　│　　　又不好意思抽烟解秽。

例（12）中，"方鸿渐"是"熏得"的补语从句的主语，标点句"又不好意思抽烟解秽"是对"方鸿渐"的进一步说明，与主句无关。

（2）主谓谓语句小主语

例（13）

今天苏小姐起身 我 都不知道，
　　　　　│　睡得像木头。

例（13）是多层嵌套的主谓谓语结构，"我"是最内层的主谓结构"我都不知道"的小主语，被标点句"睡得像木头"共享做话头，但"睡得像木头"不能够与"今天苏小姐起身"构成话头话身关系。

（3）状性成分起始句主语

句首的状性成分包括副词性成分和连词性成分。若这类标点句的主语被后续标点句共享为话头，而句首状性成分却不能为后续标点句所共享，该主语就成为新支话头。

例（14）

无论如何 他 决不会一翻脸就走的；
|　　来得困难，
|　　去也没有那么容易，

例（14）中，主语"他"被后续标点句"来得困难"以及"去也没有那么容易"所谈论，但副词性成分"无论如何"不能够被共享，"他"成为新支话头。

例（15）

照 你 这样会吵，
|　　总有一天吵得我跑了，

例（15）中，"照"有连词的功能，不能被后续标点句共享。"你"被后续标点句谈论，成为新支话头。

2. 动词宾语

动词宾语做新支话头在新支话头中最为普遍，按宾语的位置，又可进一步分为句末动词宾语、兼语句兼语、连谓句非句末宾语。

（1）句末动词宾语

该类新支话头最多，如：

例（16）

李梅亭拉开 抽屉 ，
|　　里面是排得整齐的白卡片，

例（16）中，第一个标点句是主动宾句，"抽屉"是"拉开"的宾语，位于句末。第二个标点句进一步说明"抽屉"，但不能与"李梅亭"和"拉开"构成话头话身关系。

例（17）

他打了两下门，

  | 没人来开。

  例（17）中，第一个标点句是主动宾句，"门"是"打"的宾语；第二个标点句对"门"进行说明，不能与"他打了两下"构成话头话身关系。

  （2）兼语句兼语

  这里的兼语成分既是述宾短语的宾语，又是主谓短语的主语，作为新支话头被后续标点句所说明，如：

例（18）

张先生请他去吃便晚饭，

  | 无妨认识那位小姐。

  例（18）中，兼语"他"是新支话头，在第一个标点句中既做"请"的宾语，又做"去吃便晚饭"的主语。第二个标点句对"他"进行说明，不能与"张先生请"构成话头话身关系。

  （3）连谓句非句末宾语

  连谓句中有若干个动宾结构，出现在句子中间的动词宾语也可能成为新支话头。如：

例（19）

他拣出一叠纸给鸿渐看。

  | 是英文丁组学生的公呈，

  例（19）中，第一个标点句是连谓句，"一叠纸"是前动词"拣出"的宾语，位于句中；第二个标点句是对"一叠纸"的进一步说明，但不能与"他拣出"连成句；二者不构成话头话身关系。

  3. 介词宾语

  有时，介词宾语也可以做新支话头，主要包括"把""被""给""对""在"等介词的宾语，如：

例（20）

你这话给我父亲听见，

　　|　　　该说"孺子可教"了。

　　例（20）中，"我父亲"是介词"给"的宾语，被第二个标点句共享做话头，但"你这话"和"给"不能与后续标点句连起来，它们不构成话头话身关系。

4. 嵌套更深的句法成分做新支话头

　　有一部分新支话头较为特殊，从句法上看，其所处的结构层次很深。比如动词的状语成分、宾语的定语成分，甚至定语的一部分做新支话头。如：

例（21）

丈夫是女人的职业，

　　|　　　没有丈夫就等于失业，

例（22）

我这话说在你耳朵里，

　　|　　不要有了新亲，

　　　　把旧亲忘个干净！

　　例（21）中的新支话头"女人"是关系动词"是"的宾语的定语。例（22）中的新支话头"你"嵌套得更深：介词"在"的宾语"你耳朵里"是"名词＋方位词"短语，"你"是其中表领属的定语。

5. 小结

　　从对做新支话头的句法成分的分类可以看出，新支话头所处的句法位置和所充当的句法角色是多样的：既可以在句中，也可以在句末；既可以是主语，也可以是动词的宾语，还可以是介词的宾语；既可以是单句的某些成分，也可以是从句的某些成分，还可以是某一句子成分的一部分。随着语料考察的深入，还可能发现更多的能做新支话头的句法成分。我们对各类语料中新支话头句法成分的统计见表 6-2。

表 6-2　新支话头句法成分统计

新支话头句法成分		数量（例）	比例（%）
主语	从句主语　宾语从句主语	28	5.6
	从句主语　补语从句主语	1	0.2
	主谓谓语句小主语	38	7.6
	状性成分起始句主语	16	3.2
动词宾语	句末动词宾语	318	63.5
	兼语句兼语	37	7.4
	连谓句非句末动词宾语	9	1.8
介词宾语		39	7.8
状语		1	0.2
嵌套更深的成分		14	2.8

从本节的例子可以看出，新支句无论从语义上还是句法形式上，与定语从句都有一定的相似之处，主要是对新支话头进行补充描述，所以与新支话头构成了一种临时的话头话身关系。考察表 6-2 中新支话头的句法成分分类可以发现，位于句末的动词宾语做新支话头的情况最普遍，占 63.5%，其他情况占比都不超过 8%。我们认为，这是因为句末的动词宾语是新信息常出现的地方，容易产生进一步对其进行说明的需求，因而其比其他位置的句法成分更容易成为新支话头。占比位于其后的是介词宾语（7.8%），一种可能的解释是介词保留了一定的动词性质，依然能引出需要被进一步描述的新事物；兼语句的兼语占比（7.4%）与之相近。再来看主谓谓语句小主语（7.6%）和从句主语（5.8%），它们本身就是陈述的主体，构成新支句的原因是新支话头前面的部分不能作为共享话头延续到后句，从而形成了局部的话头转换，在机制上与动词宾语、介词宾语引出的新支句有所不同。

总的来说，我们能看出，新支话头所处的句法位置是多样的。可见，在篇章的叙述过程中，进一步对事物进行说明的需求是很强烈的，只要语境需要，句法位置的限制作用不大。

但是我们也发现，就目前的语料看，存在一些句法成分无法做新支话头的情况，比如间接宾语，而且要人为造出间接宾语做新支话头的句子也不容易，例如：

例（23）

?小明送了 小红 一枝玫瑰花，

　　　｜　　开心了一天。

例（23）中，似乎很难将"开心了一天"的话头理解为"小红"，退一步说，"开心了一天"的话头究竟是"小明"还是"小红"至少是有歧义的。如果要对"小红"进行说明，最自然的方法应该是将"小红"重复一遍，即"小明送了小红一枝玫瑰花，小红开心了一天"。究其原因，我们认为，间接宾语要求一个能带双宾语的三元动词，而动词的三个论元都围绕同一个事件，且间接宾语和主语一般都指人。此时，如果后续标点句描述的是人而且以零形式回指某个论元，那么主语和间接宾语将存在竞争关系［如例（23）中的"小明"和"小红"］，而主语在句法和认知上，位置都比较突出，所以主语更容易被后续标点句说明，间接宾语较难成为新支话头。

需要注意的是，以上的数据统计，只是对已发现的做新支话头的句法成分进行分类统计，而不是这些句法成分做新支话头的比例。就某个句法成分来说，不做新支话头的可能性必然比做新支话头的可能性大得多，这从新支话头本身的数量和占比就可以看出来。新支话头依然是一种特殊的话头转换现象。

6.5　新支话头的语义角色分析

因为新支句是对新支话头的进一步描述，所以新支话头在原句中的语义角色能够在一定程度上反映该成分需要被进一步描述的语义动因。

在 501 例新支话头中，大部分新支话头位于动词谓语句中，但有两种情况例外。

一是新支话头所在句（或所在从句）是形容词谓语句等非动词谓语句，这类有 11 例，占比为 2.2%。这种情况中，新支话头的语义角色通常是主事，如：

例（24）

我看 她 年轻得很，

　　｜　是不是在念书？

例（24）中，"她年轻得很"是形容词谓语句做"看"的宾语从句，"她"是从句主语，做新支话头，语义角色是主事。后一标点句与主句无关。

二是新支话头不是句中的直接论元，而是宾语的定语等嵌套较深的句法成分的情况，这类新支话头我们暂不讨论它的语义角色问题，这类有 14 例，占比为 2.8%。

其余 476 例新支话头的所在句（或所在从句）都是动词谓语句。以下，我们讨论这些新支话头与所在句（或所在从句）中主要动词的语义关系。语义角色体系参考袁毓林（2008，2013）的论元结构理论，其将论元分为必有论元和非必有论元。必有论元包括主体论元（施事、感事、经事、致事、主事）和客体论元（受事、系事、结果、对象、与事），非必有论元包括凭借论元（工具、材料、方式、原因、目的）和环境论元（时间、处所、源点、终点、路径、范围、量幅），共 22 种。对于动词论元语义角色的界定，我们使用了袁毓林开发的《北京大学现代汉语动词句法语义功能信息词典》。

以下，我们统计和分析这些新支话头的语义角色。

1. 主体论元

做新支话头的主体论元在句法上可以充当从句主语、主谓谓语句小主语、状性成分起始句主语，少数可以充当介词宾语。其论元角色有施事、感事、经事、主事，没有发现致事做新支话头的情况。

（1）施事

上一节的例子中，例（14）中的新支话头"他"是动词"翻脸"和"走"的施事，例（20）中的新支话头"我父亲"是动词"听见"的施事。

（2）感事

例（12）中，新支话头"方鸿渐"是补语从句动词"反胃"的感事；例（13）中，新支话头"我"是小谓语中核心动词"知道"的感事。

（3）经事

例（25）

有人送别仿佛 临死的人 有孝子顺孙送终，
       死也安心闭眼。

例（25）中，宾语从句的主语"临死的人"做新支话头，是"有孝子顺孙送终"的经事。

（4）主事

例（26）

他深怕一走或一死像 洋蜡烛 一灭，
       留下的只是臭味。

例（26）中，宾语从句的主语"洋蜡烛"做新支话头，是"灭"的主事。

2. 客体论元

客体论元做新支话头的情况较为普遍，大部分动词宾语和介词宾语属于此类。

（1）受事

上一节的例子中，例（16）中的新支话头"抽屉"是动词"拉开"的受事，例（17）中的新支话头"门"是动词"打"的受事。

（2）系事

例（27）

那张是 七月初的《沪报》，
　|　　　　　教育消息栏里印着两张小照，

例（27）中，"七月初的《沪报》"是关系动词"是"的系事。

（3）结果

例（28）

李梅亭说时做 个鬼脸，
　|　　　　　倒比他本来的脸合式些。

例（28）中，"（一）个鬼脸"是"做"的结果。

（4）对象

例（29）

她这样喜欢 弄音乐、画画，
　|　　　　　都是费心思的东西，

例（29）中，"弄音乐、画画"是"喜欢"的对象。

（5）与事

例（30）

我前天碰见 周厚卿的儿子，
　|　　　　　从前跟老大念过书，年纪十七八岁……

例（30）中，"周厚卿的儿子"是"碰见"的与事。

3. 凭借论元

极少数凭借论元能够做新支话头，语料中只发现方式论元做新支话头的情况，没有发现工具论元、材料论元、原因论元、目的论元做新支话头的情况。

（1）方式

例（31）

只听得阿丑半楼梯就 尖声 嚷痛，

      | 厉而长像特别快车经过小站不停时的汽笛，

例（31）中，"尖声"是"嚷痛"的方式，是动词"嚷痛"的状语。

4. 环境论元

环境论元中，处所论元、终点论元可以做新支话头，没有发现时间论元、源点论元、路径论元、范围论元、量幅论元做新支话头的情况。

（1）处所

例（32）

辛楣等睡在 一个统间 里，

    | 没有床铺，

例（32）中，"一个统间"是"睡"的处所论元。

（2）终点

例（33）

明天上午他们到了 界化陇 ，

    | 是江西和湖南的交界。

例（33）中，"界化陇"是"到"的终点论元。

5. 具有多种语义角色的新支话头

有些新支话头在句中身兼多种语义角色，担任不同动词的不同论旨角色。

上一节中，例（18）中的新支话头"他"是动词"请"的受事，又是动词"吃"的施事；例（19）中的新支话头"一叠纸"是动词"拣"的受事，又是动词"看"的对象。

6. 难以做新支话头的语义角色

原因论元、目的论元通常难以做新支话头，如：

例（34）

他因为 《海瑞罢官》 在 "文革" 中受到冲击，那出戏被禁演了。

例（34）中，"受到冲击" 是核心动词短语，《海瑞罢官》是介词 "因为" 的宾语，是原因论元。如果要用另一个标点句说明这个原因论元，就需要以某种形式重复这一论元。

例（35）

两人为了 儿子 暂时离婚，儿子归了父亲。

例（35）中，核心动词是 "离婚"。介词宾语 "儿子" 既不是 "离婚" 的主体，也不是 "离婚" 的客体，而是 "离婚" 的目的所指，难以做新支话头。"儿子" 如果需要做话头，就得以某种形式重复出现。

还有一种由介词 "除了" 引出的宾语，其语义角色不在通常所说的动词论元范围内，在此暂时称作 "排除论元"。这种论元也难以做新支话头，如：

例（36）

我们班除了 几个女生 其余都在，那几个女生回家了。

例（36）中，介词宾语 "几个女生" 属于核心动词 "在" 的排除对象，这种语义角色为被排除者的成分不能做新支话头。如果需要做话头，就得重复该对象。

7. 小结

综上所述，语料库中新支话头的语义角色情况详见表 6-3。

表 6-3　新支话头语义角色统计

新支话头语义角色			数量（例）	比例（%）
必有论元	主体论元	施事	52	10.4
		感事	13	2.6
		经事	2	0.4
		致事	0	0.0
		主事	45	9.0
	客体论元	受事	84	16.8
		与事	12	2.4
		结果	47	9.4
		对象	37	7.4
		系事	130	25.9

（续表）

新支话头语义角色			数量（例）	比例（%）
非必有论元	凭借论元	方式	1	0.2
		材料	0	0.0
		原因	0	0.0
		目的	0	0.0
		工具	0	0.0
	环境论元	时间	0	0.0
		处所	6	1.2
		源点	0	0.0
		终点	8	1.6
		范围	0	0.0
		路径	0	0.0
		量幅	0	0.0
具有多重语义角色的新支话头			39	7.8
非动词谓语句中的新支话头			11	2.2
非论元的新支话头			14	2.8

通过对语料库实例的统计和分析，我们发现，语义角色中，客体论元最容易做新支话头，共占 61.9%，其次是主体论元，环境论元不太容易，凭借论元非常困难。就进一步的划分看，系事（25.9%）做新支话头的比例最高，因为系事论元通常是以"是""像"等关系动词为核心谓语动词的句子的宾语，而"是"字句等多为静态描写，此时，引出新支句对相关成分做进一步描写的倾向较强。其次是受事（16.8%）和施事（10.4%），这两种语义角色是与动作行为直接相关的语义角色，对动作行为的发出者或者接受者有进一步说明的需求，且它们的句法位置通常比较明显，容易被进一步说明。对象论元（7.4%）和感事论元（2.6%）的情况与受事和施事相似，只是与它们搭配的是感知、认知类动词，这类词语数量不多。结果论元（9.4%）做新支话头的情况则较为特殊。带结果论元的动词总体数量不多，但结果论元引出的新支句数量较多，这是由于结果论元常常是由动词"创制"的新事物，通常是第一次引入篇章，容易产生进一步对其进行说明的需求。主事论元（9.0%）有一定占比主要是因为存现句中的主事论元常常做新支话头。其他语义角色做新支话头的情况（具有多重语义角色的新支话头除外）较少，占比均不足 5%。

6.6　实质语义对确定新支话头的作用

我们进一步考察语料发现，新支话头的引出不是取决于语句的表层语义，而是取决于语句的实质语义。出于修辞或其他语用原因，这种深层语义有时跟表层语义不尽相同。

如例（21）中新支话头"女人"是关系动词"是"的宾语"女人的职业"的定语，"职业"是"女人"的一个从属属性。"丈夫是女人的职业"也就是"女人的职业是丈夫"，或者干脆不要"的"，即"女人职业是丈夫"。语义上，"女人"是关系动词"是"的主体论元，因此后续标点句仍能以"女人"为话头。

又如例（22），从字面上看，新支话头"你"在句法上嵌套得很深，不是"说"的客体论元（"你耳朵"是"说"的处所论元）。但是这句话的实质语义是"我警告你"，"你"是"警告"的受事。因此，"你"可以做新支话头，"耳朵"只是一种修辞手法。再如：

例（37）

你小心别讨了 你那位朋友 的厌，

　　　　│　　　　　一脚踢你出来，

从句法上看，做新支话头的是动词宾语的定语"你那位朋友"，而且是离合词"讨厌"的插入成分，嵌套较深，"讨厌"的论元分析也很困难。但句子的实质语义是"你别招你那位朋友讨厌"，"你那位朋友"是致使动词"招"的对象，又是"讨厌"的感事。

由此可见，做新支话头的必有论元不囿于字面上的必有论元，而是看作者想表达的实质语义的必有论元。用实质语义方法分析新支话头的成因只是初步尝试，还没有形成系统的实质语义分析的理论和方法，实质语义对确定新支话头的作用还有待进一步研究。

6.7　本章小结

本章首先对话头的延续和转换做了系统性的分类，说明了研究新支句的意义，讨论了前人对于新支话头的研究和看法。由于新支话头在话头话身关系分析任务中具有特殊性和典型性，我们认为有必要对其进一步进行分析和探索。我们考察了《围城》全文，以及其他小说、新闻、工作报告、说明文、法律法规等不同体裁共约 33 万字的汉语篇章中的新支话头，分析了其句法成分和语义角色，统计了其句法分布。

对语料的统计分析结果说明，在句法成分上，新支话头主要为动词宾语和主语，也有相当数量的新支话头为介词宾语；在语义角色上，新支话头绝大多数是动词谓语句中的客体论元和主体论元。对于句法上嵌套得很深、语义上难以划为动词论元的新支话头，我们尝试用说话人表达的实质语义来解释。

在本章的统计和分析的基础上，下一章中我们还要进一步深入研究，探讨新支话头和新支句形成的影响因素，归纳新支话头和新支句形成的影响特征，最终目标是实现计算机对这一现象的自动分析。

第 7 章
动词宾语新支话头形成的特征研究

第 5 章中，我们列举了话头话身关系分析可能涉及的因素，并在第 6 章中选定新支话头作为研究对象，对其句法位置和语义角色进行了统计分析。本章在此基础上进一步研究新支句的成因，针对新支话头和新支句的形成，将第 5 章中所考察的句法、语义、语用等影响因素细化，构造出促使或阻碍新支句形成的特征集，为实现新支句的自动判别做理论准备。

无论用规则方法还是统计方法，特征的选择都至关重要。从规则方法的角度看，规则的条件部分就是特征的逻辑关系组合。从统计方法的角度看，在统计机器学习中，样本中的特征是训练模型时的唯一输入，也是应用模型进行判别时的唯一依据。本章将讨论影响新支句形成的特征，解释它们在语法、语义、认知等方面的作用，并说明如何将它们应用于第 8 章中的新支句自动判别。

7.1 研究范围

从第 6 章中的统计分析可知，新支话头的句法位置和语义角色多种多样，关系复杂。本章再一次将研究范围缩小，选择动词宾语做新支话头的样本为研究对象。同时，本章还把样本的上句限定为主动宾句式，让计算机对新支句进行判定时，只需要区分是主语做话头还是宾语做话头。选择这样的切入点有以下几个方面的意义：

第一，新支话头现象从形式模型看有其特殊性，能够把问题限制在一定范围内；从认知上看又不失一般性，能够反映人认知话头话身结构的普遍规律。

第二，动词宾语做新支话头的新支句是新支话头现象研究的重心。句末动词宾语做新支话头在语料中数量多，比例高。动词宾语新支话头占全部新支话头的 72.6%，仅句末宾语类就占全部新支话头的 63.4%。一方面，这类问题具有代表性，把这类问题研究清楚了，大部分的新支句问题就研究清楚了；另一方面，句末动词宾语做新支话头的实例较多，使得归纳有了可行性，也使得结论有较好的适用性。

第三，新支话头可以引起套叠，动词宾语做新支话头可以引起无限套叠，因此可以利用动词宾语研究话头套叠现象。话头套叠现象是语言递归性的主要表现形式，而语言递归性被认为是语言的本质特征之一。因此，动词宾语做新支话头的现象是语言理论研究的重要切入点。

第四，从新支话头的视角，可以研究动词引出话头的能力，这是动词的语用属性。过去对动词的研究集中于语法和语义方面，涉及语用的较少。这项工作为动词的语用属性研究提供了很好的视角。

但是即便缩小了研究范围，动词宾语做新支话头的影响因素仍十分复杂，如第 5 章所述，影响因素涉及句式特征，动词及其论元的语义特征，上句的主语、宾语和本句句首的句法、语义搭配，等等，甚至还涉及常识、百科知识，或更远的上下文。虽然单独来看，每一个特征往往都不足以成为形成新支句的充分条件或者必要条件，但它们是一系列影响参数。至于是否形成新支句，是由各因素的组合决定的。

7.2　样本的界定

为减少远距离上下文的影响，我们以样本为单位对特征进行归纳。对于研究的样本，做如下界定：

（1）每个样本以话头话身结构语料库中相邻的两个标点句为原型，前一标点句的 NT 小句（称为"上句"）和后一标点句（称为"本句"）组成一个句对。

（2）上句必须是主动宾结构。

（3）本句必须是缺话头的标点句，且话头一定在上句中出现，并且不是上句的主语就是上句的宾语。

7.3　特征的选取

第 5 章中，我们探讨了分析话头话身关系时可能涉及的因素，如句法、语义、语用、常识、百科知识等。本章将针对新支话头和新支句进行分析，进一步细化这些因素，深入考察影响新支话头和新支句形成的特征，并说明在计算时如何模拟这些特征。具体分为：动词特征、接续特征、信息量特征、句法特征、语义特征、常识和百科知识等。

7.3.1　动词特征

不同的动词引出新支话头的能力是不同的，动词词形本身就是一个非常重要的特征。

在 37 万余字的综合语料中，我们通过分词和词性标注，统计了所有动词的词频，并比较了它们引出新支话头的次数，发现有些词出现频次很高，但是却没有引出过新支话头。表 7-1 列出了词频最高的 15 个动词及其引出的新支话头数量。

表 7-1　词频最高的 15 个动词及其引出的新支话头数量

排序	词项	词频	引出新支话头数量
1	是	3295	46
2	有	1949	84
3	说	1705	3
4	要	1677	2
5	为	1219	26
6	发展	1152	1
7	来	1045	1
8	到	1037	3
9	上	925	1
10	去	773	0
11	建设	706	2
12	没有	623	0
13	看	547	4
14	工作	463	0
15	像	443	14

排在前面的如"去""没有""工作"等未引出新支话头。"没有"指某一事物不存在，所以通常不会继续关心这个事物的具体情况。"工作"本身不能带宾语，故不能够引出新支话头。而"去"虽然功能、义项较多，使用频次高，但多数用法下都不能带宾语，常见的带宾语的用法是"去 + 处所 / 时间"，如"去了北京""去了三天"，一般不会引出新支话头。

从引出新支话头的数量看，引出新支话头最多的动词是"有""是""为"，其他都不超过 20 次。"有"的主要语用功能就是引出话头，如"从前有个人，……""北边有座山，……"。即使前面没有主语，"有"也可以引出话头，如"有个人挡住了他的去路"，"人"就是"有"引出的话头。因此，"有"引出的新支话头最多是容易理解的。"是"和"为"都是关系动词，具有引出关系对象的功能，因此其宾语做新支话头的可能性较高。季翠、卢达威、宋柔（2014）对语料库中引出新支话头的动词进行了分类，并给出了各类动词引出新支话头的频次。这些动词类别按照引出新支话头的频次从高到低排列为：引见类、关系类、存现类、创制类、致使类、认知类、使令类、处置类、其他类。

总之，每个动词都具有其自身内在的特点，其引出新支话头的能力更多与其语义上的认知特性有关，进而在引出频次上有不同的表现。因此，在特征选择时，我们单独把动词词形作为新支样本判断的重要特征。

实验中，为了方便控制实验的变量，排除完全没有引出新支话头能力的动词对实验的干扰，我们只选择了上句的核心动词引出过新支话头的语料。但是，这并不代表其他动词一定没有引出新支话头的能力，只是它们在我们的语料库中没有表现出这种能力。此外，即使是引出过新支话头的动词，大多数语境下也并不引出新支话头，动词必须与句式、语义等其他因素配合才能引出新支话头。

7.3.2　接续特征

接续特征指以二元语言模型为基础，计算上句动词宾语与本句句首词的接续概率，以及动词前所有词和本句句首词各自的接续概率，作为决定上句动词宾语是否做新支话头的特征。

接续特征实际上是语义特征的一种，是通过大规模语料库中的接续概率，推测人的认知中是否存在这样一种接续关系，以及这种接续关系常见与否。

采用接续特征的依据是 NT 小句的合规性。如果样本中的本句以上句主语/宾语为话头，那么通常情况下，这个样本中上句的主语/宾语与本句可以连在一起成为句法通顺、语义合理的句子，这种接续特征在大规模语料库中也应有所表现。反之，如果本句并不以上句主语/宾语为话头，那么这个样本中上句的主语/宾语与本句句首词很可能接不起来，或者说这种接续概率在大规模语料库中很可能较低。如：

例（1）

她著有《美国历史及其地理条件》和《地理环境的影响》，

> 论述了环境对……
> 的影响，

例（1）是新支样本的例子，上句主语是"她"，宾语是她的书，在统计时以右书名号"》"为宾语核心词。语义上，"她论述"和"》论述"都是说得通的，基于语料库的接续概率统计显示，"》论述"比"她论述"概率高，故机器自动判断时倾向于将例（1）判断为新支样本。

对于这个特征，实际上我们判断的是两个接续概率之差的正负性。

在计算中，我们首先需要训练一个支持接续特征的语言模型。根据综合语料包含小说、百科、工作报告等不同体裁的语料的特点，我们利用百科全书、名家小说、《人民日报》共 4.2 亿字语料训练出二元语言模型。在训练过程中，我们对分词系统识别出来的人名、地名、机构名、时间、处所、数字等进行了泛化，并对部分颜色、形状、动物名、动物身体部件等进行了泛化。用泛化结果计算上句宾语、主语与本句句首词的接续概率。由于句法的多样性和复杂性，目前汉语自动句法分析的准确率不高，要让计算机找到宾语的核心成分并不容易。在具体利用模型进行计算时，我们首先人工标记出每个样本上句动词宾语的核心成分，然后在语言模型中查询该成分和本句句首词的接续概率。

对于上句主语，我们既不做句法分析，也不人工标注其核心成分，而是直接做分词处理，计算上句动词前每个词与本句句首词的接续概率，取其中的最大值作为上句主语与本句句首词的持续概率。

本句句首词也是自动分词的结果。尚英（2014）关于 NT 小句合规性的研究说明，一些篇章功能成分（如篇章连词"但是""并且"等）会阻碍 NT 小句成句。因此，当本句句首词是这种篇章功能成分时，我们用其后的第一个词替代句首词进行接续判别。

7.3.3　信息量特征

张瑞朋（2013）指出，信息量对新支句的形成有重要作用。她所说的信息量是针对一个名词短语的语义而言的，"内涵越丰富，外延越受限，信息量越大"。她在分析"有个"句式时发现，上句宾语的信息量越大，本句越倾向于说明主语，反之倾向于说明宾语。原因在于：上句宾语所包含的信息越丰富，则对于宾语所指事物再加以说明的必要性越小，宾语成为新支话头的可能性也越小，本句越倾向于说明这个事件可能导致的主语的某种结果，即本句继续说明主语的可能性更大。反之，上句宾语所包含的信息越少，则对于宾语所指事物再加以说明的必要性越大，宾语成为新支话头的可能性也越大。如：

例（2） 张瑞朋（2013）

（a）他有一个在国外上学的很优秀的女儿，
　　　很骄傲。
（b）他有一个女儿，
　　｜　　　　　很骄傲。

　　例（2）的（a）中，"女儿"的定语较长，信息丰富，表示有这样一个女儿，他做出了某种反应，即"很骄傲"。（b）中，"一个女儿"只是一个不定指的名词性短语，信息少，有补充相关信息的需要，故本句倾向于说明"一个女儿"。

　　由于信息量不容易计算，在后文的实验中，我们用了两个特征对上句宾语的信息量进行粗糙的模拟：一是宾语核心词在语料库中的概率比平均概率高还是低[①]，高则意味着信息量小，少则反之；二是宾语的词数或字数比所有样本中宾语的平均词数或字数多还是少，多则意味着信息量大，少则反之。

7.3.4　句法特征

　　对于新支样本判定的任务，句法特征是显式特征，这类特征有的促使本句成为新支句，有的阻碍本句成为新支句。

7.3.4.1　单个标点句内的句法特征

　　（1）标点符号特征：上句句末标点为句号、叹号、问号、分号时，本句一般不成为新支句。

　　新支句以上句说明的某些部分为话头。一般来说，上句应该意义不完整，表明说话者将围绕上句的话头展开说明。落实在文本中，应该表现为在上句句末使用逗号、冒号等标点符号以表示上句不完整。

例（3）

（a）颔针鱼科两颌具细小尖齿，
　　｜　　　　　呈带状排列，

[①] 某一宾语核心词在语料库中的概率指该词在语料库中出现的频次与语料库分词后总的词频的比值，实际计算中我们取该比值的对数，下文中，我们主要使用"宾语的概率"或"宾语出现的概率"等表述；平均概率指语料库中所有宾语核心词的概率的平均值。

（b）颚针鱼科下咽骨被有细小尖齿；

　　　　鼻骨大，

　　比较例（3）中的（a）和（b），两例中上句的意思相当。（a）中，上句句末用逗号，让人感觉知识介绍应该没有结束；（b）中，上句句末用分号，提示读者后文应该不会再对"细小尖齿"做进一步说明。

　　（2）本句句首词是后连词或反应性副词时，本句一般不成为新支句。

　　这类词包括"就、便、然后、但是、并且"等。这类词的词义使得本句与上句形成复句，本句共享上句主语做话头，如第 5 章中的例（46）。在后文的计算中，我们以本句句首词为"就"或"便"为代表，计算这类特征对新支句的形成的影响。

　　（3）样本句对中，上句特征动词后有趋向动词时，特征动词倾向于引出新支话头。

　　张斌（2010）指出，"趋向动词……往往表示句中主体（人或事物）的位置移动"，但并没有明确说明这个移动的主体是句中的宾语还是主语。若移动的主体是宾语，宾语所指人或事物往往因位置移动而从隐蔽处显现，按照语言和客观世界的象似性原则，其状态属性有被说话者揭示的倾向，从而比较容易成为新支话头。

例（4）

阿刘手向口袋里半天掏出来一只发钗，

　　　　　　　　就是那天鲍小姐掷掉的。

　　例（4）中，"发钗"是引介出来的新事物，有进一步对其进行说明的需要。
　　该项特征也属于句法标记类特征，在后文的实验中，该特征标注为：上句核心谓语动词后是否是趋向动词。

7.3.4.2　上下文相关的句法特征

　　（1）样本句对中，若本句动词宾语和上句动词宾语相同，则本句一般不成为新支句，否则新支句的主语和宾语相同，语义上矛盾。
例（5）

我碰见她，

要骂她个臭死。

例（5）中，上句和本句的动词宾语都是"她"，若"她"是新支话头，则形成的新支句为"她要骂她个臭死"，语义不通，除非本句宾语使用反身代词"她自己"或"自己"。

由于该项特征需要对上句和本句均进行句法分析，找到它们各自的宾语，目前的自动分析方法不容易保证分析的正确性，在后文的实验中，我们没有采用该项特征。

（2）样本句对中，若本句是关系句且上句不是关系句，则本句倾向于成为新支句。

关系句用于静态的属性描写，通常有明显的特征标记，可以分为不同的小类：

第一，表判断、归类、等同、领属、称谓的关系句。通常以"是、属于、当作、称为"等词语为标记。

例（6）

老大这个孩子后来看中 苏鸿业的女儿 ，

　　　　　|　　　　　　　　也是有钱有势的人家。

例（6）中，本句以"是"为标记，是表归类的关系句，是对"苏鸿业的女儿"的一种描写。

在后文的实验中，为避免使用自动句法分析，该项特征以本句中是否有"是"这一标记为判断标准。虽然这样做有一定的不准确性，本句的"是"有可能是从句谓语而非核心谓语，但这样的情况比较少。

第二，表相似、比喻的关系句。通常以"像、好像、比如"等词语为标记。

例（7）

阿丑写了 "大"字和"方"字 ，

　　　|　　　　　　　　像一根根火柴搭起来的。

例（7）中，本句以"像"为标记，是表比喻的关系句，用比喻的方式对"'大'字和'方'字"进行描写。

在后文的实验中，该项特征以本句中是否有"像""如"等标记为判断标准。

第三，表列举的关系句。通常以"例如、有"等词语为标记。

例（8）

沙发旁一个小书架猜来都是 张小姐的读物 。

　　　　　　　　　　　　有原文小字白文《莎士比亚全集》、
　　　　　　　　　　　　《新旧约全书》《家庭布置学》、翻
　　　　　　　　　　　　版的《居里夫人传》《照相自修
　　　　　　　　　　　　法》《我国与我民》等不朽大著以
　　　　　　　　　　　　及电影小说十几种。

　　例（8）中，本句以"有"为标记，是表列举的关系句，后续部分多为 NP 的并列列举，属于静态的描写，是对动词宾语的外延的说明。

　　在后文的实验中，该项特征以本句中是否有"有"这一标记为判断标准。"有"除了表列举，还可能表存现和拥有。但后文中，我们会说明表存现的"有"也使得本句倾向于成为新支句。

　　第四，表比较的关系句。比较句是否成为新支句的关键在于本句比较项的性质与上句宾语是否相同，若本句比较项与上句宾语同类，则本句倾向于成为新支句。通常以"比"为标记，如：

例（9）

李梅亭说时做 个鬼脸 ，
　　　　　　　倒比他本来的脸合式些。

　　例（9）中，本句以"比"为标记，是表比较的关系句，比较项"（这）个鬼脸"和"他本来的脸"同类，使得本句成为新支句。比较项不单是简单的名词性成分，如：

例（10）

你们西装朋友是不 用这老古董 的，
　　　　　　　　　　（可是）总比拿草帽扇好些。

　　例（10）中，比较项是谓性成分"用这老古董"和"拿草帽扇"，二者同类，使得本句成为新支句。比较句的标记不限于"比"，我们发现的例子中，还有"胜于""深于"等"谓词＋于"的形式。

例（11）

他们倒宁可睡 稻草 ，
　　　　　　胜于旅馆里那些床，

例（11）中以"胜于"为标记，是较为书面的用法，把借用来休息的"稻草"和"旅馆里那些床"做比较，二者同类，使得本句成为新支句。

例（12）

这个时间落伍的计时机无意中包含 对人生的讽刺和感伤 ，

深于一切语言、一切
啼笑。

例（12）中以"深于"为标记，是更加抽象的比较，把"一切语言、一切啼笑"和"对人生的讽刺和感伤"做比较。由于比较项的意义较为抽象、复杂，识别起来较为困难。

在后文的实验中，该项特征以本句中出现"比"为代表，其他如"深于""胜于"等出现的概率低，我们没有采用。

（3）样本句对中，若本句为形容词性短语或名词性短语，并与上句动词宾语构成"主体＋AP"或"主体＋NP"句式，则本句倾向于成为新支句。

例（13）

那声气中间还夹着 一丝又尖又细的声音 ，

忽高忽低，

例（13）中，本句是形容词性短语，与上句动词宾语构成"主体＋AP"句式，本句倾向于成为新支句。

该项特征涉及词性标注，在后文的实验中，我们只做了简单的分词和人名、地名、机构名、时间、数字等的识别，没有进行词性标注，故该项特征没有在全部语料上使用。但在对包含汉语特定动词"有"和看听类动词的样本开展实验时，我们进行了语义标注，这一标注涵盖了该项特征。

（4）样本句对中，若上句动词宾语和本句构成存在句，则本句倾向于成为新支句。

若上句动词宾语是方位短语或表容器的名词性短语，且本句核心动词为典型的存在动词，则二者可能构成存现句，本句成为新支句。这类标记包括"有、是、在"等存在动词，还包括"V在、V着"等表存在的动词结构。

例（14）

车拉到 法租界边上 ，

　　|　　　　　　　有一个法国巡捕领了两个安南巡捕在搜检行人，

例（14）中，"法租界边上"是方位短语，"有"是典型的存在动词。动词宾语与本句构成存在句，本句成为新支句。

例（15）

这个短衣褴褛的老头子臂上挽 个篮 ，

　　　　　　　　　|　　　　盛着粗拙的泥娃娃和蜡纸粘的风转。

例（15）中，"（这）个篮"在上句是动词"挽"引出的实体，有容器的语义，与本句"V 着"构成存在句，本句成为新支句。

在后文的实验中，我们以"有"为代表，作为统计特征。对于"V 着"这一类，首先，由于我们没有做词性标注，V 不容易识别出来；其次，"着"能够出现的位置比较复杂，未必是在本句的核心谓语之后，不容易作为特征识别出来。因此，我们没有采用"V 着"这一类特征。

（5）样本句对中，若上句动词宾语是方所成分，且本句含有表允许及容纳的语义成分，二者构成"容存可能句"[①]，则本句倾向于成为新支句。

"容存可能句"要求上句宾语是方所成分，本句同时含有表可能和容许的语义成分，如"只容许、挤得进、放不下"等。如：

例（16）

可是你看纸上只留 这一小方 ，

　　　　　　|　　　　刚挤得进我心里那一句话，

例（17）

左右两个男人各移大腿让出来 一角空隙 ，

　　　　　　　　|　　　　只容许猴子没进化成人以前生尾巴那
　　　　　　　　　　　　　小块地方贴凳。

例（16）中的"这一小方"和例（17）中的"一角空隙"都是方所成

---

① 感谢华中师范大学朱斌先生定名。

分，与本句各自构成"容存可能句"句式，本句成为新支句。

在后文的实验中，该项特征没有被采用。原因之一是对该句式的研究还不够深入，没有对表容许和可能的词语进行自动泛化的方法。

（6）样本句对中，若上句和本句形成平行结构，则本句倾向于不成为新支句。

平行结构是一项既涉及上下文语境又涉及语法和语义的特征。第 5 章中，我们介绍了前人对平行结构的研究。本实验中，我们将"平行结构"定义为：在上句中存在某一个后段与本句结构相似。具体的判别标准是上句和本句至少满足下面 4 个条件之一：

（1）本句的核心动词与上句的核心动词语义上相近或相反。例如，上句的核心动词是"有"时，本句的核心动词为"有""无""没有""存在""多"（如"山区多雹灾"）等。

（2）记本句为短语序列 $r_1r_2\cdots r_n$（$n \geq 2$），上句后段长度为 n 的短语序列为 $s_1s_2\cdots s_n$，二者满足如下关系：对于每一个 i（$1 \leq i \leq n$），s_i 与 r_i 性质相同。

（3）本句句首词可泛化为部件（部位、方位），上句左部为"事物 + 部件（部位、方位）"。

（4）上句中存在一个词与本句句首词词形相同或泛化类相同（若本句句首词是篇章功能成分，则看第二个词）。

说明：第 3 条蕴含在第 4 条中，是第 4 条的强化。前 3 条是真正的平行结构，第 4 条是准平行结构。在我们的"有"类样本中，满足这 4 个条件之一的都是非新支样本，但如果扩大范围，第 4 条就很可能因太宽泛而不具有区别能力。这 4 个条件是我们实验之初界定的，这样界定有一定的缺陷，但实验中做了平行结构标注的"有"类样本中不满足前 3 条只满足第 4 条的样本很少，对于实验结果没有很大影响，因时间关系未再修正。

对于平行结构的情况，第 5 章中已经做了不少列举，这里不再赘述。

平行结构特征既涉及词语性质和词语序列，又涉及词语的语义泛化，是兼属句法范畴和语义范畴的特征。这里安排在句法特征中进行介绍，在第 8 章实验的特征组合中将其列为语义特征。

由于通过句法分析器自动分析来判断平行结构的准确性不高，平行结构的判断主要依赖于人工标注。在后文实验中，我们并没有对所有语料进行平行结构的标注，仅对含典型动词"有"的样本进行了标注。

7.3.5　语义特征

语义特征是决定本句是否为新支句的最主要因素之一，往往表现为与特定句式配合的词汇语义形式。

（1）存在句和容存可能句

存在句和容存可能句等句式需要上句宾语为方所成分，故新支样本的上句宾语均应与方所相关，标记为［＋方所］。

（2）关系句

比较句中，本句是否成为新支句的关键在于本句中的比较项与上句宾语是否同类，其中涉及句法因素，也涉及语义因素，例如［±人］［±物］［±方所］［±时间］［±抽象概念］等。

对于词汇语义特征，需要形成一个语义特征词表，列出相关名词语义特征的所有可能值。如例（15）中的"（这）个篮"既有物品特征，也有作为容器的方所特征（［＋物］［＋方所］）。

（3）主谓谓语句

样本句对中，若上句宾语和本句句首成分构成"主体＋部位/部件/属性"的大小主语关系，则本句倾向于成为新支句。本句句首的名词或者方位短语需要有一个领属成分才能构成完整的话头话身关系，句首的这类成分应与部位、部件或属性相关，标记如［＋属性］。

例（18）

用人出来请进 小客室 ，
　　　　|　　　　布置还精致，

例（18）中，"布置"本是动词，在本句中带有了指称性，指"小客室"布置的情况，"小客室"和"布置"具有领属关系，"布置"带有了属性义。"布置"与上句宾语"小客室"构成"主体＋属性"的句式，本句为新支句。

例（19）

两人出房碰见 孙小姐 ，
　　　　|　　　　脸上有些红点，

例（19）中，"脸"是人体部位，与方位词"上"构成方位短语。"脸上"与上句宾语"孙小姐"具有领属关系，构成"主体＋部位"的句式，本句为新支句。

但并非所有句首为方位短语的标点句都是新支句。如：

例（20）

前面三辆囚车中分别监禁的是三个男子，

     | 都作书生打扮，

     | 一个是白发老者，

     | 两个是中年人。

后面四辆中坐的是女子，

最后一辆囚车中是个少妇，

……

例（20）中，第 1、第 5、第 6 个标点句是关系句，其句首的"前面""后面""最后"也是具有部位语义（［＋部位］）的成分，这些都使得这几个标点句倾向于成为新支句，但实际上它们都不是新支句。可见，这些特征还不能独立作为判断某一标点句是否为新支句的标准，需要与其他特征联合使用。当各种已发现的特征联合使用却仍不能确定某一标点句是否为新支句时，就要依靠概率，这就是机器学习可以展示本领的舞台。

（4）状态句

样本句对中，若本句有表静止状态的成分，则本句倾向于成为新支句。例（21）的第 3 个标点句中，"动词＋介词"结构"躲在"表静止状态，该标点句为新支句。

例（21）

十点钟后，

  甲板上只有 三五对男女 ，

    | 都躲在灯光照不到的黑影里喁喁情话。

在后文的实验中，语义类特征主要依赖于人工标记。我们选择了特定的小规模语料，对上句的主语核心词、宾语核心词，以及本句的谓语核心词进行了语义泛化标注。

（5）受事主语句

样本句对中，若本句在结构上不完整，语义上缺少一个受事成分，而上句的动词宾语能够与本句的动作行为在语义上搭配，即上句动词宾语和本句构成"客体—主体—动作行为句"或"受事主语句"，则本句倾向于成为新支句，上句动词宾语成为新支话头。

例（22）

他打了两下 门，

　　　　|　　没人来开。

　　例（22）中，"门"是"开"的受事，其与本句构成"客体—主体—动作行为句"。有些动作行为非常复杂，受事客体不能简单理解为动作行为的宾语。

例（23）

鸿渐猛记得 船上的谈话，

　　　　|　　　　　　果然这女孩子全听在耳朵里了，

　　例（23）中，"船上的谈话"是听的内容，但是本句的动作行为不是简单动词，有延展部分。

　　该项特征涉及两个词的语义关系，是二元特征，比一元特征复杂得多，分析比较困难，在后文的实验中，我们并没有使用。

7.3.6　常识

　　常识比句式语义特征更难以把握。第 5 章中的例（79）和例（80）都是常识引起的新支句。这类结构受上下文因素影响小，完全依赖于人本身的认识，难以形式化，故暂时不强求机器正确地自动判别出来。在后文的实验中，我们也没有使用这类特征。

7.3.7　百科知识

　　有的情况下，新支句的判断不仅需要语法、语义知识和常识，甚至还要调用百科知识。

例（24）

扁头哈那鲨是六鳃鲨目六鳃鲨科哈那鲨属的 1 种。

　　　　下颌具一正中牙，

　　　　　每侧 6 牙，

　　　　　　|　　宽扁梳状，

　　　　　　|　　具 5～6 齿头，

　　　　　　　　|　　　第三齿头最大，

　　　　　　　　|　　　其余较小，

处理例（24）中的第 5 个标点句时，需要根据已有的专业知识判断"齿头"和"牙"是相关的，因而第 5 个标点句说的是"牙"，而不是"下颌"或"扁头哈那鲨"。

这类特征需要特定学科的本体属性库。由于时间关系，本研究没来得及建立本体库，后文的实验中没有使用这类特征。

7.4 本章小结

本章中，我们把研究内容限定为动词宾语做新支话头的新支句。考察新支样本可知，影响新支句形成的因素是多样的，有动词特征、接续特征、信息量特征、句法特征、语义特征、常识特征、百科知识特征等。这些特征有些是字面上的，可直接提供给机器在自动判别时使用；有些涉及较深层次的语义泛化，需要人工建立词语的语义泛化知识库；有些涉及句法结构分析，在自动句法分析性能不过关的情况下，需要人工标注语料；有些涉及复杂的语义、语用知识，暂时还无法提供给机器使用。

这些特征的权重不一样，下一章中，我们将讨论如何运用机器学习的方法自动判断某一样本是否为新支句。在对本章分析中提到的种种特征进行筛选时，要考虑机器实际采用的可能性。

第 8 章
新支句的自动判别

8.1 研究目标

在第 7 章特征研究和分析的基础上，本章中，我们将尝试用计算机自动判别新支句。本实验的目的在于通过新支句的自动判别，对新支句形成的影响因素做量化研究。

8.2 语料的选取

8.2.1 总体原则

实验样本的界定与第 7 章中对样本的界定相同，在语料库中穷尽式挑选实验样本。样本由文本中两个连续标点句组成，分别称为"上句"和"本句"。上句如果缺话头，要按照成分共享模式把话头补全，使之成为 NT 小句；本句如果话身部分不全，要按照成分共享模式中的汇流模式把话身部分补全。此外，对于上句要求该 NT 小句主动宾齐全，对于本句则要求其缺话头，且所缺的话头或者是上句的主语，或者是上句的宾语。若本句所缺话头是上句的宾语，则本句是新支句，上句的宾语就是新支话头，该样本为新支样本；若本句所缺话头是上句的主语，则本句不是新支句，该样本为非新支样本。本实验的目标是自动区分这两种情况，找出新支句。这样的规定排除了非谓语动词引出新支句与非主谓句引出新支话头的情况。

有些情况下，本句所缺话头既可以理解为上句的主语，也可以理解为上句的宾语。例如：

例（1）

（a）八哥属共有 6 种，

　　　　主要分布于亚洲，

（b）八哥属共有 6 种，

　　　　　　｜　　主要分布于亚洲，

　　例（1）既可以理解为"八哥属主要分布于亚洲"，也可以理解为"（这）6 种主要分布于亚洲"。

　　为了使实验结果准确反映系统的能力，我们不采用这种两可的样本。

8.2.2　新支样本的选择

　　在包含 3 万多个标点句的涉及百科、小说和工作报告的综合语料中，经过穷尽式检索，符合以上要求的新支样本共 431 例。我们另从《围城》全文和 CCRL 部分语料中，检索到符合要求的新支样本 228 例。去除重复的新支样本后，共 641 例新支样本，组成新支句的样本集。

　　经统计，在新支样本集中，新支话头由 267 个动词引出。

8.2.3　非新支样本的选择

　　我们以这 267 个动词为基础，在包含 3 万多个标点句的综合语料中，检索出上句 NT 小句主动宾齐全且本句以上句主语为话头的标点句，并排除两可的情况，最后得到非新支样本共 3571 例，组成非新支句的样本集。

　　新支样本和非新支样本共 4212 例。

8.2.4　典型动词的样本选取

　　在引出新支话头的动词中，我们挑选出包含两类比较有特点的动词的样本做进一步的标注和分析。一类是"有"类样本。所有包含目标动词的样本中，"有"类新支样本的数量最多，有 84 例，"有"类非新支样本的数量也不少，有 446 例，共 530 例，有较高的统计价值。另一类是"看听"类样本，包括"看""听""见""瞧""看见""听见""瞧见""看看"等。这类感官动词的样本与认知关系密切，通过人的感官引出一个事物后，对其进一步进行描述的可能性较大，这类新支样本有 62 例，非新支样本有 101 例，共 163 例。

8.3　实验方法

8.3.1　规则和统计

以上对语料范围的限制将新支句的自动判别问题转化为了样本的二值分类问题。但由于对新支句的成因和规则还没有把握清楚，在具体实验中，我们使用统计为主、规则为辅的方法对样本进行判定。

用机器学习的方法判定新支句需要对每个样本进行特征描述，我们以第 7 章中对新支句的研究分析结果为统计特征。这些特征是基于句法、语义、语用等提取出来的，特征的粒度差异较大，特征间的同质性不高，难以预测其在自然语言中的概率分布。在统计模型中，最大熵模型（Berger et al.，1996）的特征选择灵活，且特征之间不需要满足独立性假设或者其他内在约束，能够较好地把人的知识以特征的形式融入统计模型，最大限度地把人的知识与统计方法结合起来。因此，我们将最大熵模型用于机器学习。

8.3.2　最大熵模型

最大熵模型是一个经典的统计机器学习模型，是根据最大熵原理推导实现的。最大熵原理对未知的知识不做任何假设，在满足已有约束条件下，所有可能的概率模型中，熵最大的模型为最优模型。

应用在新支样本判别的问题上，问题描述为：设样本集为 $\{(x_1, y_1), (x_2, y_2), \cdots, (x_n, y_n)\}$，$x_i$（$i=1, 2, \cdots, n$）表示样本，$y_i$（$i=1, 2, \cdots, n$）表示样本输出，$y_i$ 属于 $\{0, 1\}$，1 代表新支；0 代表非新支。

对于给定的训练样本 (x, y)，将每个特征定义为特征函数的形式，定义表示如下：

$$f(x,y) = \begin{cases} 1, & x\text{与}y\text{满足某一事实} \\ 0, & \text{否则} \end{cases}$$

最大熵模型为 $P(y|x)$：

$$P(y|x) = \frac{1}{Z_\lambda(x)} \exp\left(\sum_i^N \lambda_i f_i(x,y)\right)$$

$$Z_\lambda(x) = \sum_y \exp\left(\sum_i^N \lambda_i f_i(x,y)\right)$$

其中，f_i 是特征函数，λ_i 是特征的权重值，$Z_i(x)$ 是规范化因子，N 是特征的数量。对样本的判别，就是求出各特征的值，计算每个测试样本 x 下，y 各种取值的可能概率 P（$y|x$）。本实验中，y 可取的值为 0 或 1，概率最高的 y 值，就是该样本的判定结果。

8.3.3　模型的调整

最大熵模型以整体准确率来评价结果的好坏。而样本中，新支样本为 641 例，非新支样本为 3571 例，比例约为 1:5.6，因此新支句判别问题是一个非均衡的分类问题。这种情况下，即使把 4212 例样本全部判为非新支句，整体准确率也能达到 84.8%。但这并非本实验所要达到的目标，我们更关注模型的准确率和召回率。故在实验中，我们调整了新支样本的权重，方法是：在构造训练集时，将新支样本复制若干份，使得新支样本和非新支样本的比例约为 1:1，而测试集则保持原来的数量。

8.3.4　测试方法

由于样本较少，为了更充分地利用有限的样本，我们采取留一交叉验证的方法进行训练和测试。具体方法如下：将非新支样本集和未经复制的新支样本集合起来作为"原始库"，将非新支样本集和复制了若干份的新支样本集合起来作为"调整库"。每次实验时，从原始库中取一个样本作为唯一测试对象，并从调整库中临时除去这个测试对象（如果这个测试对象是新支样本，则它的全体复制样本都要被临时除去），将除去测试对象后的调整库作为训练集。如此，对原始库中的每个样本都进行一次测试，最后对原始库中所有样本的测试结果进行统计。

8.4　特征的标注和使用

本实验采用第 7 章中所分析的特征，分为五类：动词特征、接续特征、信息量特征、句法特征和语义特征。其中动词特征、句法特征是语法类的特征；信息量特征是一种认知特征，但按照其计算方法可以划归为语法特征；接续特征是前后两句关联的语境特征。这几类特征由于可以从字面统计或推导出来，统称为"字面特征"。语义特征是非字面特征，需要人对词语的意义进行泛化。限于研究时间和能力，本实验没有采用常识特征、百科知识特征和更为复杂的语用特征，所用的句法特征和语义特征也都是比较简单的。

8.4.1　字面特征

本实验所使用的字面特征见表 8-1：

表 8-1　最大熵实验字面特征列表

特征类型	特征名	特征值
动词特征	上句核心谓语动词	1. 上句核心谓语动词是"有" 2. 上句核心谓语动词是"看见" 3. 上句核心谓语动词是"听" ……
接续特征	上句主/宾语与本句句首词的接续值（本句句首词若为篇章功能成分，则取下一个词）	1. 上句主语与本句句首词的接续值更高 2. 上句宾语与本句句首词的接续值更高
信息量特征	上句宾语的出现概率	1. 上句宾语的出现概率高于平均值 2. 上句宾语的出现概率低于平均值
	上句宾语的词数	1. 上句宾语的词数低于平均值 2. 上句宾语的词数高于平均值
	上句宾语的字数	1. 上句宾语的字数低于平均值 2. 上句宾语的字数高于平均值
句法特征	上句句末标点	1. 上句句末标点是逗号或冒号 2. 上句句末标点是句号、问号、叹号、分号等
	上句核心谓语动词后是否是趋向动词	1. 是 2. 否
	上句核心谓语动词后是否是"在"/"于"（表示宾语是处所或时间）	1. 是 2. 否
	本句句首词是否是反应性副词"就"/"便"	1. 是 2. 否
	本句是否是"有"字句（含有动词"有"）	1. 是 2. 否
	本句是否是关系句（含有动词"是""像""如"）	1. 是 2. 否

这些特征由计算机自动计算，不加以人工干预。其中，判断本句是否为"有"字句和关系句时，没有提前对本句做句法分析，而是直接判断本句中是否存在相关动词，可能偶有误差。

8.4.2　语义特征

我们所说的语义特征指隐含在字面中，不容易直接计算的特征。这里所用的语义特征主要是词的语义泛化和基于语义泛化的平行结构（平行结构的定义见第 7 章第 7.3.4 节）。

目前还没有成熟的自动标注方法来进行语义泛化，因此需要人工对样本进行标注。人工标注的工作量大，我们仅对"有"类样本和"看听"类样本进行了语义泛化标注。

8.4.2.1 "有"类样本语义特征

对于"有"类样本，我们从两方面进行了人工标注，一是宾语的语义特征，分为具体事物和抽象事物，二是基于语义泛化来判断上句和本句是否为平行结构。

8.4.2.2 "看听"类样本语义特征

对于"看听"类样本，我们标注了上句 NT 小句的主/宾语核心成分、本句主语核心成分，以及本句谓语核心成分的语义特征，还标注了本句句首是否有反应性副词和篇章连接词语。

具体而言，上句主/宾语核心成分及本句主语核心成分的语义特征有：人，人的部件、人的部位、人的属性、人的反应性部位（如"心里"）；事物，事物部位、事物部件、事物属性；书信，书信部件、书信属性；信息，指示词、抽象物。

本句谓语核心成分的语义特征有：一般行为，反应性行为，反应性形容词，一般形容词，状态动词，具有"是""有""说""看""听"等意义的动词，关系动词，一般名词。主要语义特征见表 8-2。

表 8-2　最大熵实验语义特征列表

特征类型	特征名
语义特征	平行结构
	上句主语核心成分的语义泛化
	上句宾语核心成分的语义泛化
	本句谓语核心成分的语义泛化
	本句主语核心成分的语义泛化

另外，由于"看听"类动词是谓宾动词，可以接宾语从句，我们增加了上句是否含有宾语从句的标注，这项标注也是人工进行的。

8.5　实验过程和结果

8.5.1　实验一（Baseline）：基于字面特征的半语料新支判别

统计特征中，上句宾语的核心成分需要人工标注，因时间问题，本实验标注了所有的新支样本（641 例）和约 40% 的非新支样本（1508 例），并用这些样本进行实验，总数约占所有语料的 50%，故称为"半语料"实验。实验使用最大熵模型，训练时，经权重调整，新支样本数量调整为原来的 3 倍，即 1923 例；测试时，对原语料逐一进行留一交叉验证。实验采用的特征都是字面特征，包括动词特征、接续特征、句法特征和信息量特征，没有引入语义特征。实验结果见表 8-3。

表 8-3　基于字面特征的半语料新支判别结果

项目	数量	比值
新支错误	241	37.60%
新支正确	400	62.40%
非新支错误	436	28.91%
非新支正确	1072	71.09%
新支准确率	—	47.85%
新支召回率	—	62.40%
新支 F 值	—	54.16%

注：表中"新支错误"指的是新支样本被判为非新支，"新支正确"指的是新支样本被判为新支，"非新支错误"指的是非新支样本被判为新支，"非新支正确"指的是非新支样本被判为非新支。"—"表示当前项目不具有"数量"这一性质。下同。

　　这一结果是新支句自动判别实验的基准（Baseline）。从表 8-3 可知，新支样本判别的准确率为 47.85%，召回率为 62.40%。非新支样本的判别正确率要比新支样本高约 10 个百分点。

　　为衡量各个特征的贡献度，我们计算了每个特征的信息增益（见表 8-4）以及各特征的权重值 λ（见表 8-5）。

表 8-4　半语料实验中各特征的信息增益

增益排序	特征说明	特征名	信息增益（×10⁻⁴）
1	上句核心谓语语动词	yyv_fea	2343
2	标点符号	finish_fea	933
3	本句是关系句	jf-gxj	288
4	上句主 / 宾语与本句句首词的接续值	lj_fea	111
5	上句宾语的字数	xxlz_fea	38
6	上句核心谓语动词后是趋向动词	jf-qx	35
7	本句是"有"字句	jf-you	18
8	上句宾语的出现概率	xxlp_fea	12
9	本句句首词是反应性副词"就"/"便"	jf-hlc	11
10	上句核心谓语动词后是"在"/"于"	jf-zai/yu	3
11	上句宾语的词数	xxlc_fea	2

表 8-4 是按照调整库计算出的特征的信息增益，按照信息增益的值由大到小列出了各特征的信息增益情况。其中，区分度最高的是上句核心谓语动词这一特征，远高于其他特征。其次是标点符号，包括句号、问号、叹号、分号等。若上句句末为句号，则样本为新支样本的可能性较低。

表 8-5　半语料实验中非动词特征的特征权重值 λ

权重排名	特征说明	特征权重值
1~87	动词特征	……
88	句号类标点	lambda(0, FinishedSent)=0 lambda(1, FinishedSent)=1.46038
91	本句句首词是反应性副词"就"/"便"	lambda(0, jf-hlc)=0 lambda(1, jf-hlc)=1.40833
113	本句是关系句	lambda(0, jf-gxj)=1.18948 lambda(1, jf-gxj)=0
164	上句核心谓语动词后是趋向动词	lambda(0, jf-qx)=0.638714 lambda(1, jf-qx)=0.0233809
182	逗号、冒号类标点	lambda(0, UnfinishedSent)=0.455184 lambda(1, UnfinishedSent)=0
202	上句宾语与本句句首词的接续值更高	lambda(0, lj|obj)=0.295039 lambda(1, lj|obj)=0
212	上句宾语的字数高于平均值	lambda(0, xxlz-h)=0 lambda(1, xxlz-h)=0.217157
213	上句核心谓语动词后是"在"/"于"	lambda(0, jf-zai/yu)=0.210378 lambda(1, jf-zai/yu)=0
221	本句是"有"字句	lambda(0, jf-you)=0 lambda(1, jf-you)=0.178835
222	上句宾语的字数低于平均值	lambda(0, xxlz-l)=0.173794 lambda(1, xxlz-l)=0
227	上句宾语的词数高于平均值	lambda(0, xxlc-h)=0.119096 lambda(1, xxlc-h)=0
228	上句宾语的概率高于平均值	lambda(0, xxlp-h)=0.103145 lambda(1, xxlp-h)=0.000133636
241	上句宾语的词数低于平均值	lambda(0, xxlc-l)=0.0417484 lambda(1, xxlc-l)=0.00967
247	上句宾语的概率低于平均值	lambda(0, xxlp-l)=0.0218528 lambda(1, xxlp-l)=0
248	上句主语与本句句首词的接续值更高	lambda(0, lj|sbj)=0.0198433 lambda(1, lj|sbj)=0.0157322

注：（1）表中的 lambda 函数是最大熵实现程序中特征权重的表现形式。lambda 函数的参数中，第一个参数若为"0"则表示新支，若为"1"则表示非新支，

第二个参数是特征值。lambda 函数表明经过模型训练后，某一特征对新支样本的判别有贡献，等号后的数字表示其权重。下同。（2）表中没有列出所有特征的权重，"权重排名"一列所缺失的数字对应的特征都是动词特征，如排名为 1～87、89、90、92～112 等的特征均为动词特征。

半语料实验中，特征共有 248 个，表 8-5 中列出了所有非动词特征。权重排名最高的是标点特征中的句号类标点特征，在包括动词特征的所有特征中排第 88 位。就是说，排名前 87 的特征都是动词特征（表中没有列出）。可见动词特征是影响新支和非新支判别的最重要的因素。上句句末的标点符号为句号、叹号、问号等时，特征的权重大，从 lambda 函数看，模型遇到这类特征时，倾向于判断样本为非新支样本。本句句首词为"就"或"便"这种反应性副词时，模型也倾向于判断样本为非新支样本，该特征在所有特征中排第 91 位。

结合表 8-4、表 8-5 可知，动词特征对新支样本的判别的影响是最显著的。为了考察不同动词对于其他各种特征及特征值敏感程度的差异，我们选择了两类有代表性的动词作为实验动词，把含有同一类实验动词的新支样本和非新支样本挑出来，单独组成该类实验动词的语料库，进一步进行实验。

8.5.2　实验二：含有动词"有"的样本的单独实验

挑选"有"作为典型动词进行实验，有以下几个原因：第一，从统计上看，含有动词"有"的新支样本数量最多，且样本总量也最大，有较好的统计意义；第二，从语义上看，"有"的义项中出现最多的是领有和存在，很多情况下，它们的语用意义是引出上文中未出现过的新事物，接下来很可能要介绍这个新事物，因此"有"具有引出话头的能力，其宾语成为新支话头的可能性较大。

在语料中，含有"有"的新支样本有 84 例，非新支样本有 446 例。训练时，经权重调整，新支样本数量调整为原来的 6 倍，即 504 例；测试时，按原语料逐一进行留一交叉验证。

（1）基于字面特征

含有动词"有"的样本的单独实验中，我们先按照接续特征、句法特征、信息量特征进行最大熵模型的训练，结果见表 8-6：

表 8-6　含有动词"有"的样本的单独实验中基于字面特征的新支判别结果

项目	数量	比值
新支错误	8	9.52%
新支正确	76	90.48%
非新支错误	179	40.13%
非新支正确	267	59.87%
新支准确率	—	29.80%
新支召回率	—	90.48%
新支 F 值	—	44.84%

表 8-6 是含有"有"的样本的测试结果，相比含有众多动词的半语料样本的结果，新支召回率有较大提升，而准确率却下降了近一半。我们列出含有"有"的样本在半语料实验中的表现，并将其和含有"有"的样本在"有"的单独实验中的表现加以对比，结果见表 8-7。

表 8-7　含有动词"有"的样本在半语料实验中和"有"的
单独实验中新支判别结果比较

项目	半语料实验		"有"的单独实验	
	数量	比值	数量	比值
新支错误	59	70.24%	8	9.52%
新支正确	25	29.76%	76	90.48%
非新支错误	36	8.07%	179	40.13%
非新支正确	410	91.93%	267	59.87%
新支准确率	—	40.98%	—	29.80%
新支召回率	—	29.76%	—	90.48%
新支 F 值	—	34.48%	—	44.84%

表 8-7 中展示的半语料实验和"有"的单独实验在特征选取方面是相同的。半语料实验中，模型把大部分含有"有"的样本判定为非新支样本，包括 410 例非新支样本和 59 例新支样本，共 469 例，占总的 530 例样本的 88.49%，导致非新支样本判定的正确率高达 91.93%，新支样本的召回率只有 29.76%。而"有"的单独实验中，模型把大部分新支样本都判定正确了，但也把相当一部分非新支样本判定为了新支样本。我们考察了含有"有"的样本的单独实验中各特征的权重值，见表 8-8。

表 8-8　含有动词"有"的样本的单独实验中字面特征的特征权重值 λ

权重排名	特征说明	特征权重值
1	本句是关系句	lambda(0, jf-gxj)=1.97322 lambda(1, jf-gxj)=0
2	句号类标点	lambda(0, FinishedSent)=0 lambda(1, FinishedSent)=1.90353
3	本句是"有"字句	lambda(0, jf-you)=0 lambda(1, jf-you)=1.34257
4	逗号、冒号类标点	lambda(0, UnfinishedSent)=0.83122 lambda(1, UnfinishedSent)=0
5	本句句首词是反应性副词"就"/"便"	lambda(0, jf-hlc)=0.608869 lambda(1, jf-hlc)=0
6	上句宾语与本句句首词的接续值更高	lambda(0, lj|obj)=0.426155 lambda(1, lj|obj)=0
7	上句主语与本句句首词的接续值更高	lambda(0, lj|sbj)=0 lambda(1, lj|sbj)=0.174407
8	上句宾语的概率低于平均值	lambda(0, xxlp-l)=0 lambda(1, xxlp-l)=0.135622
9	上句宾语的词数高于平均值	lambda(0, xxlc-h)=0 lambda(1, xxlc-h)=0.112852
10	上句宾语的概率高于平均值	lambda(0, xxlp-h)=0.0881446 lambda(1, xxlp-h)=0.00145408
11	上句宾语的词数低于平均值	lambda(0, xxlc-l)=0.0403623 lambda(1, xxlc-l)=0.0222464
12	上句宾语的字数低于平均值	lambda(0, xxlz-l)=0 lambda(1, xxlz-l)=0.0344557
13	上句宾语的字数高于平均值	lambda(0, xxlz-h)=0 lambda(1, xxlz-h)=0.0283897

　　对比表 8-5 和表 8-8，两个实验选取的特征虽然相同（"上句核心谓语动词后是趋向动词"及"上句核心谓语动词后是'在'/'于'"这两个特征在"有"的单独实验中没有出现），但是特征权重值排名不一样。看具体的数据可知，有些特征的倾向性也不一样。如排在第 5 位的本句句首词是反应性副词"就"或"便"这一特征，在半语料实验中一般倾向于形成非新支句，而在本实验中却倾向于形成新支句。究其原因，我们发现，在实际的例子中，本句句首词是反应性副词"就"或"便"时，含有"有"的样本中新支和非新支各有 1 例，但是因为加大了新支样本的权重，训练时实际上把该样本复制了 5 遍，所以训练出的模型就认为本句句首词是反应性副词"就"或"便"时，样本倾向于为新支样本。

因此，训练的数据和方法是导致非新支样本判别正确率降低、新支样本召回率提升的重要原因。在训练时，我们要求提高新支样本的权重，使新支样本和非新支样本的数量比例达到 1∶1 左右，测试中新支样本和非新支样本比例保持不变。在半语料实验中，原始库中新支样本和非新支样本的数量比例约为 1∶2.4，训练中新支样本量只扩大了 2 倍，扩大后比例为 3∶2.4，即 1∶0.8。而"有"的单独实验中，原始库中新支样本和非新支样本的数量比例约为 1∶5.3，训练中新支样本量扩大了 5 倍，扩大后比例为 6∶5.3，即 1∶0.9。可见，半语料实验中，新支样本和非新支样本在训练集和测试集中的分布相对比较接近；"有"的单独实验中，样本在训练集和测试集中的分布相差较大，新支样本的权重变得更高，因此，模型会把更多的非新支样本判别为新支样本，导致新支判别的准确率降低，而召回率提高。实际上，从模型自动判别的结果看，"有"的单独实验中，判别为新支的有 255 例（包括新支正确的 76 例和非新支错误的 179 例），判别为非新支的有 275 例（包括新支错误的 8 例和非新支正确的 267 例），二者的比例约为 1∶1.1，与训练集中新支样本和非新支样本的比例相当。

（2）基于字面特征 + 语义泛化

考察含有"有"的样本后我们发现，"有"的宾语通常有两类，一类指具体事物，一类指抽象事物。具体事物做新支话头较为容易，而抽象事物通常比较困难。如：

例（2）

1930 年时仅于芜湖有 纺织厂，

    | 规模均很小。

例（2）中，"纺织厂"是一个具体的事物，被"有"引出后，从认知上，有介绍其更多情况的需要，如规模、产量、产品等属性。

例（3）

罗素在国际上享有 声望。

曾任国际天文学联合会恒星光谱组和恒星结构组主席。

例（3）中，"声望"是一个抽象的概念，内涵比较单一且明确，被"有"引出后，不需要进一步对其属性进行说明。

此外，上句和本句是否构成平行结构也对新支句的判别有重要影响。如：

例（4）

斑鳐肩区两侧各有一显著椭圆形斑块；

胸鳍里角上方有一不显著的圆形暗色斑块，

例（4）中，“斑块”虽然是具体名词，但本句“胸鳍里角上方有……斑块”和上句“肩区两侧各有……斑块”形成“部件 +‘有’+ 子部件”的平行结构，本句为非新支句。

具体事物或抽象事物的认定需要进行语义泛化，平行结构的认定也需要先进行语义泛化，这两个特征都属于语义特征。含语义特征在内的各特征的信息增益情况见表 8–9。

表 8–9　含有动词“有”的样本的单独实验中增加语义特征后各特征的信息增益

增益排名	特征说明	特征名	信息增益（$\times10^{-4}$）
1	标点符号	finish_fea	1955
2	平行结构	px	995
3	上句宾语的语义泛化	obj_fea	763
4	本句是关系句	jf-gxj	486
5	本句是“有”字句	jf-you	418
6	上句主 / 宾语与本句句首词的接续值	lj_fea	265
7	上句宾语的词数	xxlc_fea	46
8	本句句首词是反应性副词“就”/“便”	jf-hlc	26
9	上句宾语的出现概率	xxlp_fea	26
10	上句宾语的字数	xxlz_fea	12
11	上句核心谓语动词后是趋向动词	jf-qx	0
11	上句核心谓语动词后是“在”/“于”	jf-zai/yu	0
11	上句核心谓语动词	yyv_fea	0

表 8–9 中，上句核心谓语动词后是趋向动词、上句核心谓语动词后是“在”或“于”的情况在含有“有”的样本中没有出现，故这两项特征的信息增益为 0。所有样本的上句核心谓语动词都是“有”，故上句核心谓语动词这一特征的信息增益也为 0。

在含有“有”的语料中，所有形成平行结构的样本都为非新支样本，上句宾语为抽象名词的样本大多数也是非新支样本。把这两种特征引入模型后，实验结果见表 8–10。

表 8-10 含有动词"有"的样本的单独实验中增加语义特征后的新支判别结果

项目	添加语义特征		不添加语义特征	
	数量	比值	数量	比值
新支错误	8	9.52%	8	9.52%
新支正确	76	90.48%	76	90.48%
非新支错误	104	23.32%	179	40.13%
非新支正确	342	76.68%	267	59.87%
新支准确率	—	42.22%	—	29.80%
新支召回率	—	90.48%	—	90.48%
新支 F 值	—	57.58%	—	44.84%

表 8-10 显示,添加语义特征后,新支召回率不变,而准确率提高了超10%。由于平行结构和抽象名词的信息增益都比较高,语义特征对于新支样本的判别有着比较明显的作用。仔细考察新支判别错误的例子后,我们发现,虽然都是 8 个错误,但有 4 个样本是在不添加语义特征时判别正确而添加语义特征后判别错误,还有 4 个样本是在不添加语义特征时判别错误而添加语义特征后判别正确。各举两例:

例(5) 不添加语义特征时判别正确,添加语义特征后判别错误

(a)早年他指出川中有形成大盐矿的 可能 ,

以后得到证实。

(b)解决台湾问题可以有两种 方式 ,

一种是非和平的方式,

例(6) 不添加语义特征时判别错误,添加语义特征后判别正确

(a)查伊璜一日在一座破庙之中见到有口极大的 古钟 ,

少说也有四百来斤,

(b)邓小平有许多重要 著作 ,

已出版的有《邓小平文选》……

例(5)的 2 个例子中,宾语在语义上都是抽象概念;例(6)的 2 个例子中,宾语在语义上都是具体事物。具体或抽象这一特征的信息增益大,且权重高(见表 8-11)。可见,语义特征对新支判别有重要影响。但是为什么例(5)会错判呢?仔细分析其中的(a)句,新支话头是"川中有形成大盐矿的可能",这并不是"有"的宾语,而是"指出"的宾语。这个例子中,上句的宾语从句是"有"字句,只看这个宾语从句,该例应归入非新支样

本。也就是说，这个例子是样本归类错了，机器判别并没错。（b）句中，上句宾语核心成分"方式"是抽象名词，但其前有数量短语"两种"，数量名短语做句末宾语时，通常有在后文进一步对其进行解释的需求。也就是说，特征应细化到宾语核心成分前有没有数量短语做修饰成分。可见，特征选取还有很大的研究空间。但是，特征越多、越细，样本数据就越稀疏，训练模型时就越可能发生过度拟合，这是另一个困难。

表 8-11 含有动词"有"的样本的单独实验中增加语义特征后各特征权重值 λ

权重排名	特征说明	特征权重值
1	平行结构	lambda(0, px)=0 lambda(1, px)=2.45251
2	句号类标点	lambda(0, FinishedSent)=0 lambda(1, FinishedSent)=1.78022
3	本句是关系句	lambda(0, jf-gxj)=1.71218 lambda(1, jf-gxj)=0
4	上句宾语是抽象名词	lambda(0, obj_abs)=0 lambda(1, obj_abs)=1.69554
5	本句是"有"字句	lambda(0, jf-you)=0 lambda(1, jf-you)=0.905809
6	逗号、冒号类标点	lambda(0, UnfinishedSent)=0.787432 lambda(1, UnfinishedSent)=0
7	上句宾语与本句句首词的接续值更高	lambda(0, lj|obj)=0.435392 lambda(1, lj|obj)=0
8	上句宾语是具体名词	lambda(0, obj_con)=0.356563 lambda(1, obj_con)=0
9	本句句首词是反应性副词"就"/"便"	lambda(0, jf-hlc)=0.304171 lambda(1, jf-hlc)=0.00705521
10	上句宾语的字数高于平均值	lambda(0, xxlz-h)=0 lambda(1, xxlz-h)=0.174414
11	上句主语与本句句首词的接续值更高	lambda(0, lj|sbj)=0 lambda(1, lj|sbj)=0.161084
12	上句宾语的词数高于平均值	lambda(0, xxlc-h)=0 lambda(1, xxlc-h)=0.131274
13	上句宾语的概率低于平均值	lambda(0, xxlp-l)=0 lambda(1, xxlp-l)=0.0770685
14	上句宾语的字数低于平均值	lambda(0, xxlz-l)=0.0694707 lambda(1, xxlz-l)=0

权重排名	特征说明	特征权重值
15	上句宾语的词数低于平均值	lambda(0, xxlc-l)=0.0652345 lambda(1, xxlc-l)=0.0117093
16	上句宾语的概率高于平均值	lambda(0, xxlp-h)=0.0617165 lambda(1, xxlp-h)=0.0144122

8.5.3 实验三：含有"看听"类动词的样本的单独实验

"看听"类动词语义上是通过感官的认知引入一个对象，这个对象通常是较为具体的对象，如一个人、一个物体、一条消息等，故有深入介绍其特性或内容的需要。本实验所用"看听"类动词包括：看、看见、看到、看得（"他看得几页"）、细看、偷看、瞧、瞧见、瞧着、见、听、听见、听到、听清、听说、碰到、碰见。

在语料中，含"看听"类动词的新支样本有 62 例，非新支样本有 101例。训练时，把新支样本的数量调整为原来的 2 倍，即 124 例，非新支样本的数量保持不变。测试时，仍使用留一交叉验证。

（1）基于字面特征

对"看听"类样本，我们先按照接续特征、句法特征、信息量特征进行最大熵模型的训练，不包括语义泛化的特征，结果见表 8-12：

表 8-12 "看听"类样本单独实验中基于字面特征的新支判别结果

项目	数量	比值
新支错误	12	19.35%
新支正确	50	80.65%
非新支错误	33	32.67%
非新支正确	68	67.33%
新支准确率	—	60.24%
新支召回率	—	80.65%
新支 F 值	—	68.97%

对"看听"类样本而言，仅基于字面特征的实验已经达到 60.24% 的新支准确率和 80.65% 的新支召回率。可见，本实验选择的特征比较适合"看听"类动词引起新支话头的判别。表 8-13 列出了除动词特征外，其他字面特征的权重值。

表 8-13　"看听"类样本单独实验中字面特征的特征权重值 λ

权重排名	特征说明	特征权重值
3	本句句首词是反应性副词"就"/"便"	lambda(0, jf-hlc)=0 lambda(1, jf-hlc)=2.0945
5	本句是"有"字句	lambda(0, jf-you)=1.78423 lambda(1, jf-you)=0
8	本句是关系句	lambda(0, jf-gxj)=1.15326 lambda(1, jf-gxj)=0
11	上句宾语的字数低于平均值	lambda(0, xxlz-l)=0 lambda(1, xxlz-l)=0.895405
13	上句宾语的字数高于平均值	lambda(0, xxlz-h)=0.7625 lambda(1, xxlz-h)=0
17	上句宾语的词数高于平均值	lambda(0, xxlc-h)=0.0110128 lambda(1, xxlc-h)=0.285773
18	句号类标点	lambda(0, FinishedSent)=0.251966 lambda(1, FinishedSent)=0
20	上句宾语的词数低于平均值	lambda(0, xxlc-l)=0.112189 lambda(1, xxlc-l)=0
21	上句宾语的概率高于平均值	lambda(0, xxlp-h)=0.0700854 lambda(1, xxlp-h)=0
22	上句宾语的概率低于平均值	lambda(0, xxlp-l)=0 lambda(1, xxlp-l)=0.0575893
23	上句宾语与本句句首词的接续值更高	lambda(0, lj|obj)=0.0447682 lambda(1, lj|obj)=0.0184
25	逗号、冒号类标点	lambda(0, UnfinishedSent)=0 lambda(1, UnfinishedSent)=0.0227257
27	上句主语与本句句首词的接续值更高	lambda(0, lj|sbj)=0.00941702 lambda(1, lj|sbj)=0

　　从表 8-13 列出的字面特征可以看出，对于"看听"类样本，前几个实验中区别作用显著的标点符号类特征并没有排在前列，而之前实验中作用不大的信息量特征的权重有所增加。排在前列的主要还是动词特征。

　　（2）基于字面特征＋语义泛化

　　上述特征显然不足以描述新支话头形成的原因，进一步，我们针对上句和本句主语、宾语的核心成分，以及本句谓语的核心成分、本句句首成分进行语义泛化，泛化内容见表 8-14。

表 8-14 "看听"类样本语义泛化表

泛化内容		泛化类型
上 / 本句	主 / 宾语核心成分的语义特征	hum（人）、hum-part（人的部件）、hum-pos（身体部位）、hum-attr（人的属性）、reacp（人的反应性部位，如"心里"）、ani（动物）、abs（抽象事物）、thing（事物）、thing-pos（事物部位）、thing-part（事物部件）、thing-attr（事物属性）、book（书信）、book-part（书信部件）、book-attr（书信属性）、inf（信息）、prop（指示代词）
上句	是否含有宾语从句	subc
本句	谓语核心成分的语义特征	v（一般行为）、reacv（反应性行为）、reaca（反应性形容词）、a（一般形容词）、statv（状态动词）、be（"是"）、hav（"有"）、say（"说"）、see（"看"）、hear（"听"）、n（一般名词）、thing-attr（事物属性）、rel（关系动词）
	句首是否为篇章连接词语	conj
	句首是否为反应性副词	reacd

人工进行语义泛化的标注后，新支判别结果见表 8-15。

表 8-15 "看听"类样本单独实验中增加语义特征后的新支判别结果

项目	数量	比值
新支错误	8	12.90%
新支正确	54	87.10%
非新支错误	17	16.83%
非新支正确	84	83.17%
新支准确率	—	76.06%
新支召回率	—	87.10%
新支 F 值	—	81.20%

增加语义特征后，新支判别效果有了明显的提升，新支召回率达到87.10%，新支准确率也达到76.06%。包括语义特征在内的各个特征的信息增益见表 8-16。

表 8-16 "看听"类样本单独实验中增加语义特征后各特征的信息增益

增益排名	特征说明	特征名	信息增益（$\times 10^{-4}$）
1	本句谓语核心成分的语义泛化	bkv_fea	4122
2	上句核心谓语动词	yyv_fea	2349
3	本句句首词是反应性副词	bkd_fea	1729
4	上句宾语的语义泛化	obj_fea	1698
5	本句主语的语义泛化	bkn_fea	1633

（续表）

增益排名	特征说明	特征名	信息增益（×10⁻⁴）
6	上句宾语的字数	xxlz_fea	1154
7	本句是关系句	jf-gxj	556
8	本句句首词是反应性副词"就"/"便"	jf-hlc	532
9	本句是"有"字句	jf-you	371
10	上句宾语的词数	xxlc_fea	357
11	上句主/宾语与本句句首词的接续值	lj_fea	126
12	上句主语的语义泛化	sub_fea	58
13.	上句宾语的出现概率	xxlp_fea	57
14.	上句含有宾语从句	fr_fea	52
15.	标点符号	finish_fea	11
16.	上句核心谓语动词后是"在"/"于"	jf-zai/yu	0

表 8-16 显示，本句谓语核心成分和上句核心谓语动词相关的特征信息增益最大，标点符号的最小（信息增益为 0 的除外）。接下来，我们考察了各特征的权重值。引入语义特征后，特征较多，以下仅列出非动词特征中权重值排在前 10 位的特征：

表 8-17 "看听"类样本单独实验中增加语义特征后各特征权重值 λ

权重排名	特征说明	特征权重值
1	本句主语核心成分是指示代词	lambda(0, bk_prop)=0 lambda(1, bk_prop)=2.51201
2	本句谓语核心成分是"听"	lambda(0, bk_hear)=0 lambda(1, bk_hear)=2.3121
3	本句主语核心成分是身体部位	lambda(0, bk_hum-pos)=0 lambda(1, bk_hum-pos)=2.10557
4	本句主语核心成分是人的属性	lambda(0, bk_hum-attr)=0 lambda(1, bk_hum-attr)=1.9633
5	本句主语核心成分是人的反应性部位	lambda(0, bk_reacp)=0 lambda(1, bk_reacp)=1.88814
6	本句谓语核心成分是"看"	lambda(0, bk_see)=0 lambda(1, bk_see)=1.84459
7	本句谓语核心成分是反应性行为	lambda(0, bk_reacv)=0 lambda(1, bk_reacv)=1.74155
9	本句主语核心成分是事物部件	lambda(0, bk_thing-part)=1.47351 lambda(1, bk_thing-part)=0
10	本句句首词是反应性副词"就"/"便"	lambda(0, jf-hlc)=0 lambda(1, jf-hlc)=1.44416
12	本句宾语核心成分是抽象事物	lambda(0, obj_abs)=0 lambda(1, obj_abs)=1.33036

表 8-17 显示，权重值靠前的特征都是语义特征，作用大于动词特征，而且与本句相关的语义特征的作用更为明显。可见本实验使用的语义特征是对该类语料比较恰当的描述。

有意思的是，比较"基于字面特征"和"基于字面特征＋语义泛化"两组实验中新支判别错误的数据时我们发现，原来"基于字面特征"中 12 个判别错误的新支样本经过语义泛化，在"基于字面特征＋语义泛化"中有 9 个判别正确了，但有 5 个原来判别正确的新支样本，语义泛化后反而判别错了。这 5 个例子如下：

例（7）

（a）有一天魏队长看着 邢老汉 扬着鞭子，

       | 一副怡然自得的样子，

（b）天赐细看 自己 ，

      | 确是身量高了。

（c）他碰见 李妈 ，

      | 正要说话，

（d）直到傍晚鸿渐碰见 她 ，

       | 说正要来问赵叔叔的事。

（e）我细看 他相貌 ，

      | 也还是乱蓬蓬的须发；

例（7）的（a）～（d）中，上句的主语和宾语都是人；（e）中，上句的主语是人，宾语是人的属性。在语义上，上句的主语和宾语基本没有区别，模型不能判别孰优孰劣。

再看非新支判别错误的例子，有些是不应该判别错的，如：

例（8）

他看得几页，

    眼前金光一闪，

模型把例（8）判别成了新支样本，而例中上句主语是人，宾语是书信类，本句句首"眼前"是身体部位，而书信是无法和身体部位相连接的。但因为把语义泛化作为特征时，并没有考虑上句主语、宾语在语义上和本句句首成分的接续关系，所以这种不合理的接续未被发现。而由于训练语料太少，学习这种接续关系时，将面临严重的数据稀疏问题。因此，下面我们使用基于规则的方法，把这种无法相接的关系作为规则引入判别体系中。

（3）基于规则

计算机只能根据概率给出答案，但本身无法给出否定的回答，因此，人为给出判定规则可以帮助计算机提高性能。

具体方法是：把上句主语、宾语的语义类型和本句句首成分、主语、谓语核心成分的语义类型一一进行比对，根据人的认知将不可能匹配的语义二元组建立为否定规则；实验时若遇到满足否定规则的情况，则需要根据满足否定规则的为上句主语还是宾语进行判定，如果满足否定规则的为上句主语，则将样本判定为新支样本，如果满足否定规则的为上句宾语，则将样本判定为非新支样本，对于不满足否定规则的情况不做判别。语义接续否定规则举例见表 8-18：

表 8-18　语义接续否定规则（举例）

上句主 / 宾语语义类型 | 本句语义类型	上句符号表示 | 本句符号表示
抽象事物 | 书信	abs|book
抽象事物 | 书信属性	abs|book attr
动物 | 人	ani|hum
动物 | 人的属性	ani|hum-attr
动物 | 人的部件	ani|hum-part
动物 | 事物部位	ani|thing-pos
书信 | "听"	book|hear
书信 | 反应性形容词	book|reaca
书信 | 反应性副词	book|reacd
人 | 书信属性	hum|book-attr
人 | 书信部件	hum|book-part
人 | 事物属性	hum|thing-attr
人 | 事物部件	hum|thing-part
人 | 事物位置	hum|thing-pos
信息 | 事物	inf|thing
信息 | 事物属性	inf|thing-attr
信息 | 事物部件	inf|thing-part
信息 | 事物部位	inf|thing-pos

（续表）

上句主 / 宾语语义类型	本句语义类型	上句符号表示	本句符号表示
事物部位 | "看"	thing-pos|see
事物部位 | 事物	thing-pos|thing
事物 | "看"	thing|see

如例（8），上句宾语"几页"泛化成"书信"，本句主语（即句首词）"眼前"泛化为"身体部位"，"书信"和"身体部位"满足否定规则，表明该样本不可能为新支样本，于是只能判别为非新支样本。我们尝试仅使用规则进行"看听"类样本的新支判别，结果见表8-19。

表8-19 "看听"类样本单独实验中基于规则的新支判别结果

项目	数量	比值
新支错误	0	0.00%
新支正确	15	24.19%
新支未判别	47	75.81%
非新支错误	0	0.00%
非新支正确	42	41.58%
非新支未判别	59	58.42%
总未判别	106	65.03%
新支准确率	—	100.00%
新支召回率	—	24.19%
新支 F 值	—	38.96%

据表8-19可知，凡是进行规则判别的样本，判别结果都正确，但是大部分样本未能做判别，因此新支召回率非常低。

（4）基于字面特征 + 语义泛化 + 规则

我们改进实验方案，先通过规则，对能够判别的样本先进行判别，把不能够判别的交给最大熵模型处理。实验结果见表8-20［包括同没有添加规则的结果（表8-15）的比较］：

表8-20 "看听"类样本单独实验中"字面特征 + 语义泛化 + 规则"的新支判别结果

项目	字面特征 + 语义泛化		字面特征 + 语义泛化 + 规则	
	数量	比值	数量	比值
新支错误	8	12.90%	8	12.90%
新支正确	54	87.10%	54	87.10%
非新支错误	17	16.83%	15	14.85%

（续表）

项目	字面特征 + 语义泛化		字面特征 + 语义泛化 + 规则	
	数量	比值	数量	比值
非新支正确	84	83.17%	86	85.15%
新支准确率	—	76.06%	—	78.26%
新支召回率	—	87.10%	—	87.10%
新支 F 值	—	81.20%	—	82.44%

可以看出，添加语义规则对新支判别没有影响，非新支判别的错误数从 17 例下降到 15 例，有 2 例原来判别错误的非新支样本，现在判别正确了，如下：

例（9）

（a）他只看得 几页 ，

　　　不由得吓了一跳，

（b）我们看过 这面"治岗红旗" ，

　　　心里都非常感奋，

例（9）中，（a）中上句的宾语"几页"是书信类，本句句首成分"不由得"是反应性副词，二者不能相接。（b）中上句的宾语"这面'治岗红旗'"是具体事物，本句句首成分"心里"是人的反应性部位，二者不能相接。这两个例子判别正确是规则作用的体现。

8.5.4　实验四：含有"看听有"的样本的新支判别

在以上实验的基础上，我们尝试把含有"看听"类动词和动词"有"的样本（以下统称"看听有"类样本）综合起来，考察它们的表现情况。由于含有动词"有"的样本和含有"看听"类动词的样本所用的语义泛化方法不一样，本实验仅使用基于字面特征的方法进行训练和测试，不加入语义泛化的特征。

"看听有"类样本中，新支样本共有 146 例，非新支样本共有 547 例。训练时，把新支样本的数量调整为原来的 4 倍，即 584 例，非新支样本的数量保持不变。测试结果见表 8-21。

表 8-21　"看听有"类样本基于字面特征的新支判别结果

项目	数量	比值
新支错误	40	27.40%
新支正确	106	72.60%

（续表）

项目	数量	比值
非新支错误	205	37.48%
非新支正确	342	62.52%
新支准确率	—	34.08%
新支召回率	—	72.60%
新支 F 值	—	46.39%

排除动词后，各特征的信息增益以及各特征权重值见表 8-22、表 8-23：

表 8-22 "看听有"类样本字面特征的信息增益

增益排名	特征说明	特征名	信息增益（$\times 10^{-4}$）
1	标点符号	finish_fea	1520
2	上句核心谓语动词	yyv_fea	1149
3	本句是关系句	jf-gxj	627
4	上句主/宾语与本句句首词的接续值	lj_fea	284
5	本句是"有"字句	jf-you	163
6	上句宾语的出现概率	xxlp_fea	25.4
7	本句句首词是反应性副词"就"/"便"	jf-hlc	25.0
8	上句宾语的字数	xxlz_fea	24.8
9	上句宾语的词数	xxlc_fea	4
10	上句核心谓语动词后是趋向动词	jf-qx	0
10.	上句核心谓语动词后是"在"/"于"	jf-zai/yu	0

表 8-23 "看听有"类样本各特征权重值 λ

权重排名	特征说明	特征权重值
5	句号类标点	lambda(0, FinishedSent)=0 lambda(1, FinishedSent)=1.69842
6	本句是关系句	lambda(0, jf-gxj)=1.6506 lambda(1, jf-gxj)=0
7	本句句首词是反应性副词"就"/"便"	lambda(0, jf-hlc)=0 lambda(1, jf-hlc)=1.36123
12	本句是"有"字句	lambda(0, jf-you)=0 lambda(1, jf-you)=0.691629
13	逗号、冒号类标点	lambda(0, UnfinishedSent)=0.623185 lambda(1, UnfinishedSent)=0
16	上句宾语与本句句首词的接续值更高	lambda(0, lj|obj)=0.336696 lambda(1, lj|obj)=0.00145099
21	上句主语与本句句首词的接续值更高	lambda(0, lj|sbj)=0 lambda(1, lj|sbj)=0.15833

（续表）

权重排名	特征说明	特征权重值
23	上句宾语的概率低于平均值	lambda(0, xxlp-l)=0 lambda(1, xxlp-l)=0.149669
24	上句宾语的概率高于平均值	lambda(0, xxlp-h)=0.0934133 lambda(1, xxlp-h)=0.0022699
25	上句宾语的词数低于平均值	lambda(0, xxlc-l)=0 lambda(1, xxlc-l)=0.0656138
26	上句宾语的字数高于平均值	lambda(0, xxlz-h)=0 lambda(1, xxlz-h)=0.0464269
27	上句宾语的词数高于平均值	lambda(0, xxlc-h)=0.0379598 lambda(1, xxlc-h)=0
28	上句宾语的字数低于平均值	lambda(0, xxlz-l)=0 lambda(1, xxlz-l)=0.0341773

从实验结果看（表 8-21），新支判别准确率在"有"和"看听"类样本单独实验的准确率之间，但是新支召回率却比"有"和"看听"类样本单独实验的都要低。可见，两类动词由于表现不一样，需要的特征和权重也不一样。从该实验可以看出，两类动词存在相互制约的情况。

8.6　结果分析

在新支句的自动判别实验中，我们尝试将统计方法、认知规则及人的语义知识结合起来。总的来说，新支句的判别是比较复杂的，通过实验可知：

第一，动词特征起重要作用。一方面，动词特征在训练后，权重值皆比较高；另一方面，同样的特征，针对不同动词进行专门训练，所得到的特征的权重值也不一样。动词特征的重要作用从另一个方面说明对不同动词，应该使用不同的特征进行判别。反推人的认知，我们提出一种可能性，即人在判别后一句话是否为新支句时，也是根据动词的语义、语用等因素，调取不同的模板进行判别，而不是用同一套特征来判别。

第二，语义泛化对新支判别的影响很大。泛化能使模型效果有较大提升，而且语义泛化特征的权重值都排在靠前的位置，说明语义泛化特征的作用具有一定的一致性。有人的知识的介入及人工标注，再辅以统计学习方法，才能获得较为良好的效果。

第三，规则能够帮助提高判别的准确率。如果仅靠规则，由于变化因素多，相互关系复杂，写规则时难以面面俱到，无法准确无误地对所有情况进行描述。但是统计方法的一大缺点是无法对否定进行断言，只能按照一个小概率的范围来估计。如果能总结出样本不可能为新支样本的规则，则能够帮助计算机提高效率和准确率，减少对不可能的情况的错误判断。

诚然，本实验还有许多能够改进的地方：

第一，相比语义泛化，直接计算词形的接续值不太准确。改进方法是扩大训练样本规模，并且使用更多的语义泛化特征。

第二，有几个特征的获取依赖于句法分析，如果能提高句法分析的准确性，则可以减少人工标注，获得更多的训练数据。其一是主语和宾语核心成分的提取，其二是平行结构的识别。二者都在新支句的判别中起到重要作用。

第三，有些特征的计算方法不科学，起的作用甚微，比如与宾语信息量相关的特征，应该将其去除并重新设计，训练效果应该能有所提升。

第四，统计方法上，不是只能选择最大熵模型，可以结合多种方法进行尝试，本研究由于时间关系，没有开展更多的实验。

从本章的实验及其分析，我们认为可以得出以下几点结论：

（1）统计和规则不能偏废。大数据的兴起和深度学习的出现引起了对统计方法的新一轮期待，越来越多的声音认为，将来统计方法能取代规则或者自动发现规则。规则的作用在于断言，把不可能的情况排除在外。我们的实验证明，规则能够提高系统的性能，系统在设计时应留有接口，用于引入规则。

（2）注意精细知识的使用。本章实验的一条重要结论是，不同动词适用不同的特征。这就要求我们对特征的描述非常准确和精细，对每类动词，应根据其语义、语用、认知等构造一套语义特征模板。这需要人的参与。

（3）统计模型和人的作用并重。统计方法中的特征选取，包括字面特征和精细的语义泛化，以及规则的确定，都离不开人的参与。计算机在计算时依赖于许许多多的模板，这些精细的模板必须由人提供一定的知识支持，再辅以统计模型，才能取得较好的效果。因此，自然语言处理中，不仅不能忽视人的作用，还需要有大量的人的智力投入，相关研究人员应当深入语言事实、语言现象，发掘和思考认知原理。

8.7　本章小结

本章的任务是将新支句的判别工作落实到机器的自动计算上，主要工作内容是实验语料的获取、统计模型的确定、特征的选取及实验的组织。实验组织中涉及不同对象语料、不同类特征的多种组合以及规则的加入。实验结果是：仅使用字面特征的半语料多动词的最大熵模型实验中，新支句判别的 F 值为 54.16%；"看听"类样本的单独实验中，加入比较丰富的语义特征并使用否定型的规则后，新支句判别的 F 值为 82.44%。实验说明，新支句的判别工作难度较大，严重依赖于人的语言知识。

本章的实验只是初步的探索，而且由于时间关系，实验过程中使用的特征和模型参数还是比较粗糙的。本实验的目的并不在于马上把新支句的自动判别实用化，实验结果并非十分理想。但实验证明，统计模型和认知知识相结合的方法是可行的，其结果的正误基本是可解释的。

第 9 章
结　语

9.1　研究工作总结

话头话身结构是本质性的汉语篇章结构单位，是汉语篇章组织的内在的普遍模式。话头话身结构的研究对于揭示汉语的本质特点具有重要意义，本书在话头话身结构理论的基础上，开展了关于以下内容的研究：

（1）话头话身结构的认知模型；

（2）话头话身结构的计算模型；

（3）话头话身结构的认知规律；

（4）话头话身关系分析的复杂性；

（5）新支话头的分析；

（6）新支句的自动判别。

分别阐述如下：

一、话头话身结构的认知模型

话头话身结构的换行缩进图式是汉语篇章结构的静态形式模型，以此为基础，我们设计了话头话身结构的动态认知模型，以模拟人理解汉语篇章中每一个标点句的话头话身关系的过程。

认知模型根据如下的认知原则设计：（1）以标点句为输入，以 NT 小句为输出，输出与输入的词语顺序一致；（2）输入基本不回溯；（3）标点句的处理基本实时同步；（4）仅使用有限且小量的存储空间。

认知模型的存储区包括 NT 小句堆栈区、标点句输入区、话头后置和话身汇流的搁置区、话头栈（包括节栈区和导语堆栈区）。分支模式使用 NT 小句堆栈区进行堆栈操作；后置模式和汇流模式使用搁置区搁置缺少话头或话身的标点句，待所需信息出现后再予以补充并输出；新支模式和超级小句复合体导引模式使用话头栈存放暂时不用的话头，待需要折返时再加以调用。

二、话头话身结构的计算模型

在认知模型的基础上，我们按照认知模型的原理设计了话头话身结构的计算模型，称为"话头话身结构认知机"。为处理不同模式中生成 NT 小句的不同操作方式，我们设计了一系列标记来区分模式嵌套和套叠的各种情况，然后通过认知机对这些标记的扫描来确定操作行为，实现递推式的控制。认知机分为分析系统和生成系统两部分。分析系统负责对汉语篇章中每个标点句进行话头话身结构分析，生成系统负责为已分析的标点句生成对应的 NT 小句，两个系统流水式并行运行。生成系统已经实现，并在话头话身结构标注语料库上成功运行。

三、话头话身结构的认知规律

若人理解篇章话头的过程符合认知模型的模拟，则可推知汉语篇章中的话头话身结构必然具有以下特征，包括：分支模式的话头话身结构规模（标点句数）无理论上界，NT 小句的单向短伸性，分支模式中嵌套的话头话身结构叵以自由折返，话头话身结构的不可穿越性，后置模式、汇流模式、新支模式的结构简单性，等等。通过对 37 万余字带有话头话身结构标注的文本语料的统计，我们发现，统计数据符合认知模型的预期，这为认知模型的合理性提供了支持。

四、话头话身关系分析的复杂性

话头话身关系的认知任务包括标点句话头是否自足、标点句话身是否完整、标点句是否带有上文话头、标点句是否带有上文话身、标点句是否属于超级小句复合体等 5 种状态判定。影响人对标点句话头话身关系的认知的因素众多，这些因素涉及语法、语义、语境、百科知识、常识等多个方面。

跨越标点句的话头话身关系的分析任务十分复杂、困难，这项研究不可能在博士论文写作阶段全面完成，因此这一部分的工作主要是对话头话身关系分析的复杂性进行考察并对话头话身关系进行分类，为今后深入开展工作做准备。

五、新支话头的分析

跨越标点句的话头话身关系的分析中，新支话头是极有特色的一类。大部分的话头话身结构是相互嵌套的，而新支话头引起的话头话身结构是套叠的。嵌套话头的嵌套层数受认知能力的限制不能太多，但可以自如地返回；新支话头可以无限套叠，但难以折返。因此，新支话头的研究对语言学篇章结构的分析和人脑认知的研究都有极大意义。我们集中研究这一对象，挖掘引发新支话头的各种特征，为实现具有可操作性的判别这一目标努力。

我们将以前一个标点句的句末宾语为话头的新支句从语料库中提取出来，考察其形成的特征。发现特征包括前一个标点句中引出新支话头的动词的类型、前一个标点句的主语和宾语跟后句的接续概率、宾语的信息量大小、句法、词汇语义、句式语义、语境因素、常识、百科知识等。

六、新支句的自动判别

影响新支句的形成的因素太多，单凭人的观察不能完全弄清楚各特征的影响方式及其权重值。在这个过程中，我们需要计算机手段的辅助。实验过程是：首先，使用不需要人工标注的特征作为最大熵模型的训练特征，将其测试结果作为基准；然后，对部分词语进行一定程度的语义泛化，这些语义泛化内容是由人工标注的，对象是上句主语和宾语的核心成分、本句主语和谓语的核心成分等，再将这些特征作为最大熵模型的训练特征，得出各特征的权重值；最后再辅以规则，提升新支样本判别的召回率和准确率。结果显示，对于特定类别动词，新支句判别的 F 值可达到 80% 以上。对实验结果的分析说明，动词特征和语义泛化特征对新支句的判别影响最大。规则和统计不能偏废，精细化的知识对模型的性能有重要影响。

9.2　本研究的不足

小句复合体理论是反映汉语篇章组织结构的理论，话头话身结构的研究是一项基础性研究，需要投入大量的时间和精力。由于时间和精力有限，本研究还存在以下不足：

第一，工作初期对实现认知机分析系统的难度估计不足。在认知机设计之初，立足于生成系统，我们假定分析和生成能够只看前后两个标点句就完成。随着对 NT 小句自动分析的研究的深入，我们发现这一假设有时不能被满足，对已经输出的内容，可能还有重新调整的需要。因此，应该增加一个缓冲窗口，这个窗口中存放已输出的内容，并允许对其中的内容进行修改。而窗口的大小有一定限制，超出了窗口范围就不能再做修改。这相当于人在理解篇章时，读到后文才突然发现前面理解错了，于是又回溯去理解前面的内容，但回溯的距离是有限的，太远的内容就记不住了。

第二，特征选择的准确度和精细度不够。在新支句的自动判别中，我们所选择的特征大部分是较容易提取与使用的字面特征，语义特征的标注比较少，常识和百科知识等特征都没有加进去。从结果来看，即使我们对研究的范围做了很大的限制，整体的准确率还是不太高，有些特征区分能力不强，说明这些特征还不能准确反映新支句的特点。

第三，模型的选择和调优不够。本研究只选择了最大熵模型进行实验，没有使用其他机器学习模型进行对比实验。就最大熵模型而言，对特征的取舍和迭代的次数等参数，我们也没有根据每个实验进行具体调整。因为本研究更着重从抽象的认知研究到具体计算这样一种研究方法的探索，同时时间和精力有限，所以我们没有进行模型优化。

9.3　下一步工作的展望

话头话身结构是汉语篇章分析和生成的基础性结构，相关研究在语言学、认知科学、自然语言处理领域具有重要意义。但是，话头话身关系分析这一工作所能依靠的语法特征很少，主要涉及语义和语用范畴，研究难度很大。本研究只是一个开端，今后的研究从广度和深度上看都要进一步扩大。

第一，从研究广度上看。本书的研究，特别是话头话身关系分析的研究，只是定在一个很小的范围内进行，具体如下（">"表示研究范围的逐步缩小）：

话头话身关系分析 > 只考虑话头的分析 > 只考虑话头在上文的话头分析 > 只考虑新支话头 > 只考虑动词宾语做新支话头 > 只区分本句的话头是上句的主语还是宾语。

今后要进一步扩大研究范围，才能使分析系统和生成系统等逐步接近实用。

第二，从研究深度上看。首先，特征的选择上，常识特征和百科知识特征都没有纳入计算，今后需要进一步将其形式化，使其成为模型的特征，用于计算。其次，每一个特征都需要进一步研究，考察其背后的认知动因，以期为语言的认知研究提供支持。

同时，汉语篇章的研究也不应限于话头话身结构的研究。本研究限于汉语篇章中话头话身结构的话头话身关系，未涉及篇章处理的其他重要方面，特别是逻辑关系和指代关系，更未涉及汉外语言的对比。其实，这三种篇章关系是紧密相关的，汉语和其他语言的篇章结构组织又都服从于人类共同的认知规律。今后需要拓展研究目标。

参考文献

中文文献

［1］　曹逢甫. 主题在汉语中的功能研究：迈向语段分析的第一步[M]. 谢天蔚译. 北京：
　　　　语文出版社, 1995.

［2］　曹逢甫. 汉语的句子与子句结构[M]. 王静译. 北京：北京语言大学出版社, 2004.

［3］　陈平. 汉语零形回指的话语分析[J]. 中国语文, 1987(05): 363-378.

［4］　陈平, 徐赳赳. 汉语中结构话题的语用解释和关系化[J]. 国外语言学, 1996(04):
　　　　27-36.

［5］　戴浩一. 时间顺序和汉语的语序[J]. 黄河译. 国外语言学, 1988(01): 10-20.

［6］　丁彬, 孔芳, 李生等. 汉语显式篇章关系分析[J]. 中文信息学报, 2014, 28(06):
　　　　101-106.

［7］　范晓. 汉语的句子类型[M], 太原：书海出版社, 1998.

［8］　方梅. 篇章语法与汉语篇章语法研究[J]. 中国社会科学, 2005(06): 165-172.

［9］　［英］韩礼德. 功能语法导论（第二版）[M]. 彭宣维等译. 北京：外语教学与研究
　　　　出版社, 2010.

［10］　胡明扬, 劲松. 流水句初探[J]. 语言教学与研究, 1989(04): 42-54.

［11］　黄伯荣, 廖序东. 现代汉语（增订四版）上册[M]. 北京：高等教育出版社, 2007a.

［12］　黄伯荣, 廖序东. 现代汉语（增订四版）下册[M]. 北京：高等教育出版社, 2007b.

［13］　黄建传. 汉语标点句统计分析[D]. 北京语言大学硕士学位论文, 2008.

［14］　季翠. 新支话题句分类研究：《围城》中的新支话题句分类[D]. 北京语言大学硕
　　　　士学位论文, 2013.

［15］　季翠, 卢达威, 宋柔. 动词引出新支话题的语用功能研究[J]. 中文信息学报, 2014,
　　　　28(03): 22-27.

［16］　蒋玉茹. 基于广义话题理论的话题句识别研究[D]. 北京工业大学博士学位论文,
　　　　2013.

［17］　蒋玉茹, 宋柔. 基于广义话题理论的话题句识别[J]. 中文信息学报, 2012, 26(05):

114-119+128.

［18］ 蒋玉茹, 宋柔. 话题句识别中候选话题句评估函数的优化[J]. 北京工业大学学报, 2014a, 40(01): 43-48.

［19］ 蒋玉茹, 宋柔. 基于细粒度特征的话题句识别方法[J]. 计算机应用, 2014b, 34(05): 1345-1349.

［20］ 李临定. 汉语语法理论要略: 走进字形词语法[M]. 北京: 商务印书馆, 2013.

［21］ 李榕. 影响代词回指的因素分析[J]. 当代语言学, 2012, 14(02): 168-177+220.

［22］ 卢达威. 新支话题的句法成分和语义角色研究[J]. 中文信息学报, 2021, 35(10): 21-31.

［23］ 卢达威. 汉语话头话身关系分析影响因素研究[J]. 学术研究, 2023(12): 63-70.

［24］ 卢达威, 宋柔. 基于最大熵模型的汉语标点句缺失话题自动识别初探[J]. 计算机工程与科学, 2015(12): 2282-2293.

［25］ 卢达威, 宋柔, 尚英. 从广义话题结构考察汉语篇章话题的认知复杂度[J]. 中文信息学报, 2014, 28(05): 112-124.

［26］ 卢达威, 宋柔, 尚英. 汉语篇章广义话题结构的认知计算模型研究[J]. 计算机工程与科学, 2018, 40(7): 1264-1274.

［27］ 陆丙甫. 语句理解的同步组块过程及其数量描述[J]. 中国语文, 1986a(02): 106-112.

［28］ 陆丙甫. 组块理论的完善化及其在自然语言理解中的应用[J]. 思维科学, 1986b(02): 77-85.

［29］ 陆丙甫. 汉语的认知心理研究: 结构 范畴 方法[M]. 北京: 商务印书馆, 2010.

［30］ 陆丙甫, 蔡振光. "组块"与语言结构难度[J]. 世界汉语教学, 2009, 23(01): 3-16.

［31］ 陆俭明. 现代汉语语法研究教程[M]. 北京: 北京大学出版社, 2003.

［32］ 吕叔湘. 汉语语法分析问题[M]. 北京: 商务印书馆, 1979.

［33］ 吕叔湘. 现代汉语八百词（增订本）[M]. 北京: 商务印书馆, 1999.

［34］ Michael Sipser. 计算理论导引（第二版）[M]. 唐常杰等译. 北京: 机械工业出版社, 2006.

［35］ 彭聃龄. 汉语认知研究[M]. 济南: 山东教育出版社, 1997.

［36］ 屈承熹. 汉语篇章语法[M]. 潘文国等译. 北京: 北京语言大学出版社, 2006.

［37］ 尚英. 汉语篇章广义话题结构理论的实证性研究[D]. 北京语言大学博士学位论文, 2014.

［38］ 尚英, 宋柔. 基于广义话题结构语料库的语体对比研究: 以报告体与小说体为例[J]. 计算机工程与应用, 2014, 50(11): 21-27+38.

［39］ 尚英, 宋柔, 卢达威. 广义话题结构理论视角下自足句成句性研究[J]. 中文信息学

报, 2014, 28(06): 107-113+136.

［40］ 邵敬敏. 现代汉语通论（第二版）[M]. 上海: 上海教育出版社, 2007.

［41］ 沈家煊. "有界"与"无界"[J]. 中国语文, 1995(05): 367-380.

［42］ 沈家煊. "零句"和"流水句": 为赵元任先生诞辰120周年而作[J]. 中国语文, 2012(05): 403-415.

［43］ 沈开木. 单句复句区分存在的问题[J]. 四川师范学院学报(哲学社会科学版), 1989(02): 66-75.

［44］ 沈开木. 现代汉语话语语言学[M]. 北京: 商务印书馆, 1996.

［45］ 束定芳. 隐喻学研究[M]. 上海: 上海外语教育出版社, 2000.

［46］ 宋柔. 汉语叙述文中的小句前部省略现象初析[J]. 中文信息学报, 1992(03): 62-68.

［47］ 宋柔. 现代汉语跨标点句句法关系的性质研究[J]. 世界汉语教学, 2008(02): 26-44.

［48］ 宋柔. 汉语篇章广义话题结构的流水模型[J]. 中国语文, 2013(06): 483-494.

［49］ 宋柔. 汉语小句复合体和话头结构[C]//揭春雨, 刘美君. 实证和语料库语言学前沿. 北京: 中国社会科学出版社, 2018: 198-226.

［50］ 宋柔. 小句复合体的语法结构[M]. 北京: 商务印书馆, 2022.

［51］ 宋柔, 葛诗利. 面向篇章机器翻译的英汉翻译单位和翻译模型研究[J]. 中文信息学报, 2015, 29(05): 125-135.

［52］ 宋柔, 葛诗利, 尚英等. 面向文本信息处理的汉语句子和小句[J]. 中文信息学报, 2017, 31(02): 18-24|35.

［53］ 宋柔, 潘维桂, 尹振海. 关于主语省略的一项实验[C]. 第三届中文信息处理国际会议, 北京, 1992.

［54］ 孙静, 李艳翠, 周国栋等. 汉语隐式篇章关系识别[J]. 北京大学学报（自然科学版）, 2014, 50(01): 111-117.

［55］ 涂眉, 周玉, 宗成庆. 基于最大熵的汉语篇章结构自动分析方法[J]. 北京大学学报（自然科学版）, 2014, 50(01): 125-132.

［56］ 王力. 王力文集·第一卷·中国语法理论[M]. 济南: 山东教育出版社, 1984.

［57］ 王甦, 汪安圣. 认知心理学[M]. 北京: 北京大学出版社, 1992.

［58］ 吴为章, 田小琳. 汉语句群[M]. 北京: 商务印书馆, 2000.

［59］ 邢福义. 小句中枢说[J]. 中国语文, 1995(06): 420-428.

［60］ 邢福义. 汉语语法学[M]. 长春: 东北师范大学出版社, 1996.

［61］ 邢福义. 汉语复句研究[M]. 北京: 商务印书馆, 2001.

［62］ 徐凡, 朱巧明, 周国栋. 篇章分析技术综述[J]. 中文信息学报, 2013, 27(03): 20-32+55.

[63] 徐赳赳. 现代汉语篇章语言学[M]. 北京: 商务印书馆, 2010.

[64] 徐烈炯, 刘丹青. 话题的结构与功能[M]. 上海: 上海教育出版社, 1998.

[65] 徐烈炯, 刘丹青. 话题与焦点新论[M]. 上海: 上海教育出版社, 2003.

[66] 许余龙. 篇章回指的功能语用探索: 一项基于汉语民间故事和报刊语料的研究[M]. 上海: 上海外语教育出版社, 2004.

[67] 叶蜚声, 徐通锵. 语言学纲要 (修订版) [M]. 北京: 北京大学出版社, 2010.

[68] 袁毓林. 语义角色的精细等级及其在信息处理中的应用[J]. 中文信息学报, 2007(04): 10-20.

[69] 袁毓林. 基于认知的汉语计算语言学研究[M]. 北京: 北京大学出版社, 2008.

[70] 袁毓林. 基于生成词库论和论元结构理论的语义知识体系研究[J]. 中文信息学报, 2013, 27(06): 23-30.

[71] 张斌. 现代汉语[M]. 北京: 语文出版社, 2000.

[72] 张斌. 现代汉语描写语法[M] 北京: 商务印书馆, 2010.

[73] 张铖. 自然语言处理的计算模型[J]. 中文信息学报, 2007(03): 3-7.

[74] 张敏. 认知语言学与汉语名词短语[M]. 北京: 中国社会科学出版社, 1998.

[75] 张牧宇, 秦兵, 刘挺. 中文篇章级句间语义关系体系及标注[J]. 中文信息学报, 2014, 28(02): 28-36.

[76] 张瑞朋. 现代汉语书面语中跨标点句句法关系约束条件的研究[M]. 北京: 中国社会科学出版社, 2013.

[77] 张瑞朋, 宋柔. 否定词跨标点句管辖的判断[J]. 中文信息学报, 2007(05): 131-135.

[78] 赵元任. 汉语口语语法[M]. 吕叔湘译. 北京: 商务印书馆, 1979.

[79] 朱德熙. 语法讲义[M]. 北京: 商务印书馆, 1982.

[80] 朱德熙. 语法答问[M]. 北京: 商务印书馆, 1985.

[81] 宗成庆. 统计自然语言处理 (第2版) [M]. 北京: 清华大学出版社, 2013.

英文文献

[82] Baddeley, A. The episodic buffer: A new component of working memory?. *Trends in Cognitive Sciences*, 2000, 4(11): 417-423.

[83] Berger, A., Della Pietra, S. A., & Della Pietra, V. J. A maximum entropy approach to natural language processing. *Computational Linguistics*, 1996, 22(1): 39-71.

［84］ Bransford, J. D., Barclay, J. R., & Franks, J. J. Sentence memory: A constructive versus interpretive approach. *Cognitive Psychology*, 1972, 3(2): 193-209.

［85］ Burstein, J., Marcu, D., Andreyev, S., & Chodorow, M. Towards automatic classification of discourse elements in essays. In *Proceedings of the 39th Annual Meeting of the Association for Computational Linguistics*, 2001: 98-105. Toulouse, France.

［86］ Cairns, H. S., & Cairns, C. E. *Psycholinguistics: A Cognitive View of Language*. New York: Holt, Rinehart and Winston, 1976.

［87］ Carlson, L., Marcu, D., & Okurowski, M. E. Building a discourse-tagged corpus in the framework of Rhetorical Structure Theory. In J. van Kuppevelt & R. Smith (Eds.), *Current and New Directions in Discourse and Dialogue*, 2003: 85-112. Berlin: Springer.

［88］ Chambers, C. G., & Smyth, R. Structural parallelism and discourse coherence: A test of centering theory. *Journal of Memory and Language*, 1998, 39(4): 593-608.

［89］ Cowan, N. The magical number 4 in short-term memory: A reconsideration of mental storage capacity. *Behavioral and Brain Sciences*, 2001, 24(1): 87-114.

［90］ Feldman, J. Minimization of Boolean complexity in human concept learning. *Nature*, 2000, 407(6804): 630-633 .

［91］ Fillmore, C. J. Grammatical construction theory and the familiar dichotomies. *North-Holland Linguistic Series: Linguistic Variations*, 1989, 54: 17-38.

［92］ Forster, K. I. Levels of processing and the structure of language processor. In W. E. Cooper & E. C. T. Walker (Eds.), *Sentence Processing*, 1979: 27-85. Hillsdale, NJ: Erlbaum.

［93］ Frazier, L., Taft, L., Roeper, T., Clifton, C., & Ehrlich, K. Parallel structure: A source of facilitation in sentence comprehension. *Memory & Cognition*, 1984, 12(5): 421-430.

［94］ Grosz, B. J., Joshi, A. K., & Weinstein, S. Centering: A framework for modeling the local coherence of discourse. *Computational Linguistics*, 1995, 21(2): 203-225.

［95］ Hovy, E. H. Automated discourse generation using discourse structure relations. *Artificial Intelligence*, 1993, 63(1-2): 341-385.

［96］ Jiang, Y., & Song, R. Topic structure identification of PClause sequence based on generalized topic theory. *Communications in Computer and Information Science*, 2012: 85-96.

［97］ Just, M. A., & Carpenter, P. A. A capacity theory of comprehension: Individual differences in working memory. *Psychological Review*, 1992, 99(1): 122-149.

［98］ Kintsch, W. The role of knowledge in discourse comprehension: A constructionintegration model. *Psychological Review*, 1988, 95(2): 163-182.

［99］ Lakoff, G. *Women, Fire and Dangerous Things: What Categories Reveal about the Mind*. Chicago, IL: The University of Chicago Press, 1987.

［100］ Langacker, R. W. *Foundation of Cognitive Grammar, Vol. 1: Theoretical Prerequisites*. Stanford, CA: Stanford University Press, 1987.

［101］ Li, C. N., & Thompson, S. A. Subject and topic: a new typology of language. In C. N. Li (Ed.), *Subject and Topic*, 1976: 457-489. New York: Academic Press.

［102］ Li, C. N., & Thompson, S. A. *Mandarin Chinese: A Functional Reference Grammar*. Berkeley, CA: The University of California Press, 1981.

［103］ Lindsay, P. H., & Norman, D. A. *Human Information Processing: An Introduction to Psychology*. New York: Academic Press, 1977.

［104］ MacDonald, M. C., Just, M. A., & Carpenter, P. A. Working memory constraints on the processing of syntactic ambiguity. *Cognitive Psychology*, 1992, 24(1): 56-98.

［105］ Mann, W. C., & Thompson, S. A. Rhetorical Structure Theory: Toward a functional theory of text organization. *Text*, 1988, 8(3): 243-281.

［106］ Marcu, D. *The Theory and Practice of Discourse Parsing and Summarization*. Cambridge, Massachusetts: MIT Press, 2000.

［107］ Marcu, D., Carlson, L., & Watanabe, M. The automatic translation of discourse structures. In *Proceedings of the First Annual Meeting of the North American Chapter of the Association for Computational Linguistics*, 2000: 9-17. Seattle, WA.

［108］ Marslen-Wilson, W., & Tyler, L. K. The temporal structure of spoken language understanding. *Cognition*, 1980, 8(1): 1-71.

［109］ McKoon, G., & Ratcliff, R. Inference during reading. *Psychological Review*, 1992, 99(3): 440-466.

［110］ Miller, G. A. The magical number seven, plus or minus two: Some limits on our capacity for processing information. *Psychological Review*, 1956, 63(2): 81-97.

［111］ Miltsakaki, E., Prasad R., Joshi, A., & Webber, B. The Penn Discourse Treebank. In *Proceedings of the Fourth International Conference on Language Resources and Evaluation (LREC'04)*, 2004: 2237-2240. European Language Resources Association (ELRA), Lisbon, Portugal.

［112］ Prasad, R., Dinesh, N., Lee, A., Miltsakaki, E., Robaldo, L., Joshi, A. K., & Webber, B. L. The Penn Discourse Treebank 2.0. In *Proceedings of the 6th International Conference on Language Resources and Evaluation (LREC'08)*, 2008: 2961-2968. European

Language Resources Association (ELRA), Marrakech, Morocco.

［113］ Song, R., Jiang, Y., & Wang, J. On generalized-topic-based Chinese discourse structure. In *Proceedings of CIPS-SIGHAN Joint Conference on Chinese Language Processing*, 2010: 23-33. Beijing.

［114］ Talmy, L. *Toward a Cognitive Semantics, Vol. 1: Concept Structuring Systems*. Cambridge, Massachusetts: MIT Press, 2000.

［115］ Traxler, M. J., Williams, R. S., Blozis, S. A., & Morris, R. K. Working memory, animacy, and verb class in the processing of relative clauses. *Journal of Memory and Language*, 2005, 53(2): 204-224.

［116］ Webber, B. L., & Joshi, A. K. Anchoring a lexicalized tree-adjoining grammar for discourse. In M. Stede, L. Wanner, & E. Hovy (Eds.), *Proceedings of the Workshop Discourse Relations and Discourse Markers*, 1998: 86-92. Association for Computational Linguistics.

附录 A　NT 小句的形式化定义

1. 符号约定

NT 小句的形式化定义建立在文本直角坐标系上，由一系列的约定和公式组成。按照话头话身结构成分共享模式对 NT 小句进行定义，我们做以下符号约定：

以话头话身结构左上角为原点建立直角坐标系，标点句的字数为横坐标（X轴），方向向右，话头话身结构标点句数为纵坐标（Y轴），方向向下，坐标轴上的点记为 $D(x, y)$。$D(x, y) \in \{K\}UChUMa$，其中 K 表示空格，Ch 表示汉字集合，Ma 表示话头话身结构标记集合。话头话身结构直角坐标系示例如图 A-1。

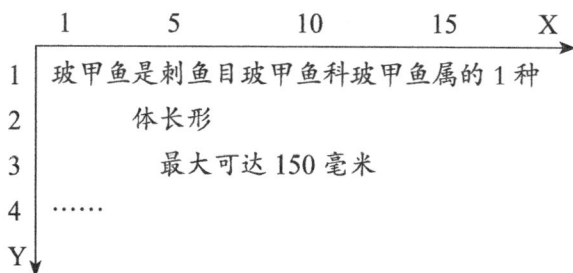

図 A-1　话头话身结构直角坐标系

约定 1：话头话身结构矩阵规模为 N×M。其中，N 表示该话头话身结构的标点句数，M 表示该话头话身结构中标点句（含缩进部分）的最大横坐标。

约定 2：话头话身结构矩阵不带标点，标点句的标点符号另存为数组，即 $P_1, P_2, ..., P_N$。

约定 3：第 y 行标点句的句末位置为 $m(y)$，$y \in [1, N]$。

约定 4：第 y 行标点句的起始位置为 $s(y)$，$y \in [1, N]$。

约定 5：换行缩进图式矩阵为 $\{D(x, y)\}$，$x \in [1, M]$，$y \in [1, N]$。

约定 6：NT 小句矩阵为 $\{Pr(x, y)\}$，$x \in [1, M]$，$y \in [1, N]$。

2. 分支模式

我们将分支模式的话头话身结构矩阵按照其内容分为话头部分和汉字部分。话头部分指每行标点句前面的空格部分，汉字部分指每行标点句非空格到句末的部分。在分支模式的 NT 小句矩阵 $\{Pr(x, y)\}$ 中，任意一个点都符合以下公式之一：

公式 1（各模式中的汉字部分）：$\boxed{\forall x \forall y (D(x, y) \in Ch \rightarrow Pr(x, y) = D(x, y))}$

公式 2（分支模式中的话头部分）：

$$\forall x \forall y (D(x, y) = K \wedge x < s(y) \wedge D(s(y), y) \in Ch \rightarrow Pr(x, y) = D(x, \text{argmax}(z \in [1, y-]) D(x, z) \in Ch))$$

其中，$y \leqslant m(y)$ 且 $x \leqslant N$，下同。

为了避免圆括号使用上的混淆，在表示区间时，闭区间用方括号"["和"]"表示，开区间用减号和方括号的组合"[-"和"-]"表示。这两个公式共同构成了标点句换行缩进图式矩阵生成 NT 小句矩阵的形式化表示。公式 1 表示，话头话身结构的换行缩进图式矩阵中，所有标点句的汉字部分都是 NT 小句矩阵的相应部分。公式 2 表示，分支模式的换行缩进图式矩阵中，如果某个位置是标点句句首空格，则 NT 小句矩阵中，该位置对应的取值是空格上方最邻近的汉字。

例（1）

分支模式	NT 小句
0 1 2 3 4 5 6 7 8 9……　　18 → 1 玻甲鱼是刺鱼目玻甲鱼科玻甲鱼属的 1 种 2　　体长形 3↓　　　　最大可达 150 毫米	0 1 2 3 4 5 6 7 8 9……　　18 → 1 玻甲鱼是刺鱼目玻甲鱼科玻甲鱼属的 1 种 2 玻甲鱼体长形 3 玻甲鱼体最大可达 150 毫米

图A-1的NT小句生成如例（1）所示。$D(1, 2) \sim D(3, 2)$ 以及 $D(1, 3) \sim D(4, 3)$ 是话头部分，其他是汉字部分。生成 NT 小句时，汉字部分直接输出，话头部分对应于上文在 X 轴相应位置上的非空格字符。

3. 后置模式

以分支模式中已经建立的直角坐标系及其相关定义为基础，后置模式的 NT 小句矩阵 $\{Pr(x, y)\}$ 中的汉字部分与公式 1 相同，话头部分符合以下公式：

公式 3（后置模式中的话头部分）：

$$\forall x \forall y ((D(s(y), y) = \downarrow \wedge x \leqslant s(y)) \rightarrow Pr(x, y) = D(x, \text{argmin}(z \in [-y, N]) D(x, z) \in Ch))$$

例（2）

后置模式	NT 小句
0 1 2 3 4 5 6 7 8	0 1 2 3 4 5 6 7 8
1 ↓到了镇上	1 四个人到了镇上
2 ↓投了村店	2 四个人投了村店
3 ↓开发了车夫	3 四个人开发了车夫
4 四个人脱下鞋子来	4 四个人脱下鞋子来

例（2）中，前3个标点句的话头部分分别是 $D(1, 1) \sim D(3, 1)$、$D(1, 2) \sim D(3, 2)$ 和 $D(1, 3) \sim D(3, 3)$，话头部分分别对应于下文在 X 轴相应位置上的非空格字符，即 $D(1, 4) \sim D(3, 4)$。

4. 汇流模式

汇流模式 NT 小句的形式化定义以分支模式中已经建立的直角坐标系及其相关定义为基础。分支模式扩展为汇流模式后，需要补充与汇流模式相关的约定和公式。

约定 7：汇流语段栈（层次为 r，r=0 为无汇流）：$<(x^L_1, y^L_1), (x^R_1, y^R_1)> \cdots$ $<(x^L_i, y^L_i), (x^R_i, y^R_i)> \cdots <(x^L_r, y^L_r), (x^R_r, y^R_r)>$，其中 $x^L_i < x^L_{i+1}$，$y^L_i \leqslant y^R_i$，$y^R_i \geqslant y^R_{i+1}$ $(i \in [1, r-1])$。

汇流语段是允许多层次嵌套的，因此我们用栈来保存每一层次的左边界和右边界。(x^L_r, y^L_r) 是第 r 层汇流左边界标记 "『" 的坐标点，(x^R_r, y^R_r) 是第 r 层汇流右标记 "』" 的坐标点。约定 7 确保了第 i 层的汇流语段包含在第 i+1 层内。

约定 8：第 k 层聚合部分起始位置为 $<x^j_k, y^j_k>$ $[x^j_k < m(y^j_k)]$，记长度为 l_k，$m(y^j_k)$ 是聚合部分所在句句末位置。

其中，$x^j_k = x^R_k + 1$。

$$y^j_k = \begin{cases} y^R_k + 1, & x^R_k = m(y^R_k) \\ y^R_k, & 否则 \end{cases}$$

$l_k = m(y^j_k) - x^j_k$。

汇流模式的 NT 小句矩阵 $\{Pr(x, y)\}$ 中的汉字部分与公式 1 相同，话头部分如公式 2 所示，聚合部分符合以下公式：

公式 4（汇流模式中的聚合部分）：

$$\forall y \forall k ((r>0 \wedge k \leqslant r \wedge y \in [y^L_k, y^L_{k+1}-] \cup [-y^R_{k+1}, y^j_k-]) \rightarrow \forall p \forall q ((q \in [1, k] \wedge p \in [1, l_q]) \rightarrow Pr(m(y)+p, y) = D(x^j_q+p, y^j_q)))$$

例（3）

汇流模式	NT 小句
0 1 2 3 4 5 6 7 8 9 10 11 12 1 他『把饼干匣子 —————→ 2 　　　肉松罐头』全划破了	0 1 2 3 4 5 6 7 8 9 10 11 12 1 他把饼干匣子全划破了 —————→ 2 她把肉松罐头全划破了

　　例（3）中，话头部分的补全和分支模式类似，汇流语段栈只有一个层次，内容为<(2, 1), (8, 2)>，第 1 层次聚合部分的起始位置是(9, 2)，长度为 4。对语段中除最后一个标点句外的所有标点句，都需要补全话身。本例需要补全话身的标点句只有第 1 句。补全后，删除左右汇流标记即可得到 NT 小句。

5. 单层汇流

　　单层汇流以无标记形式表示。以分支模式已经建立的直角坐标系及其相关定义为基础，单层汇流模式的 NT 小句矩阵 {Pr(x, y)} 中的汉字部分与公式 1 相同，话头部分如公式 2 所示，聚合部分符合以下公式：

　　公式 5（单层汇流的聚合部分）：

$$\forall y \forall p(m(y)=s(y+1) \wedge p \in [1, m(y+1)-s(y+1)] \rightarrow Pr(m(y)+p, y)=D(s(y+1)+p, y+1))$$

例（4）

单层汇流	NT 小句
0 1 2 3 4 5 6 7 8 9 10 11 12 1 这部明史卷帙浩繁 —————→ 2 　　　雕工印工 3 　　　　　费用甚巨	0 1 2 3 4 5 6 7 8 9 10 11 12 1 这部明史卷帙浩繁 —————→ 2 这部明史雕工印工费用甚巨 3 这部明史雕工印工费用甚巨

　　例（4）中，第 2 个标点句是单层汇流。聚合部分从第 3 个标点句句首 D(9, 3) 开始到句末 D(12, 3)，补充到第 2 个标点句从 D(9, 2) 起的地方。第 3 个标点句的话头部分按照分支模式补充。

6. 新支模式

　　新支模式 NT 小句的形式化定义以分支模式中已经建立的直角坐标系及其相关定义为基础。新支模式在输出时需要去除栈节标记"|"前的部分，故在原有 NT 小句矩阵 Pr 的基础上，增加了 NT 小句变换矩阵 Tr。约定如下：

　　约定 9：NT 小句对应第 y 行句末为 t(y)，y∈[1, N]。

　　约定 10：NT 小句变换矩阵为 {Tr(x, y)}，x∈[1, M]，y∈[1, N]。

NT 小句变换矩阵中的点符合以下公式：

公式 6（不带有栈节标记的 NT 小句）：

$$\forall x \forall y (\forall z (z \in [1, M] \rightarrow Pr(z, y) \neq |) \rightarrow Tr(x, y) = Pr(x, y))$$

公式 7（新支模式的 NT 小句）：

$$\forall y (\exists z (z \in [1, M] \wedge Pr(z, y) = |) \rightarrow \forall w \forall p ((w = argmax(u \in [1, t(y)]) Pr(u, y) = |)$$
$$\wedge p \in [1, t(y) - w] \rightarrow Tr(p, y) = Pr(p+w, y)))$$

公式 6 表示对于不带有栈节标记的 NT 小句，其在 NT 小句变换矩阵 Tr 中的表示与在 NT 小句矩阵 Pr 中相同。公式 7 表示，对于带有栈节标记的 NT 小句，需要删除栈节标记及其前的部分，NT 小句从栈节标记后开始。

例（5）

新支模式
0 1 2 3 4 5 6 7 8 9 10 11 12 13……
1 顾炎武在城中买了一份邸报
2   丨   上面详列明史一案中获罪诸人的姓名
3   却见上谕中有一句说
4 ……

NT 小句矩阵 Pr
0 1 2 3 4 5 6 7 8 9 10 11 12 13……
1 顾炎武在城中买了一份邸报
2 顾炎武在城中买 丨 一份邸报上面详列明史一案中获罪诸人的姓名
3 顾炎武却见上谕中有一句说
4 ……

NT 小句变换矩阵 Tr
0 1 2 3 4 5 6 7 8 9 10 11 12 13……
1 顾炎武在城中买了一份邸报
2 一份邸报上面详列明史一案中获罪诸人的姓名
3 顾炎武却见上谕中有一句说
4 ……

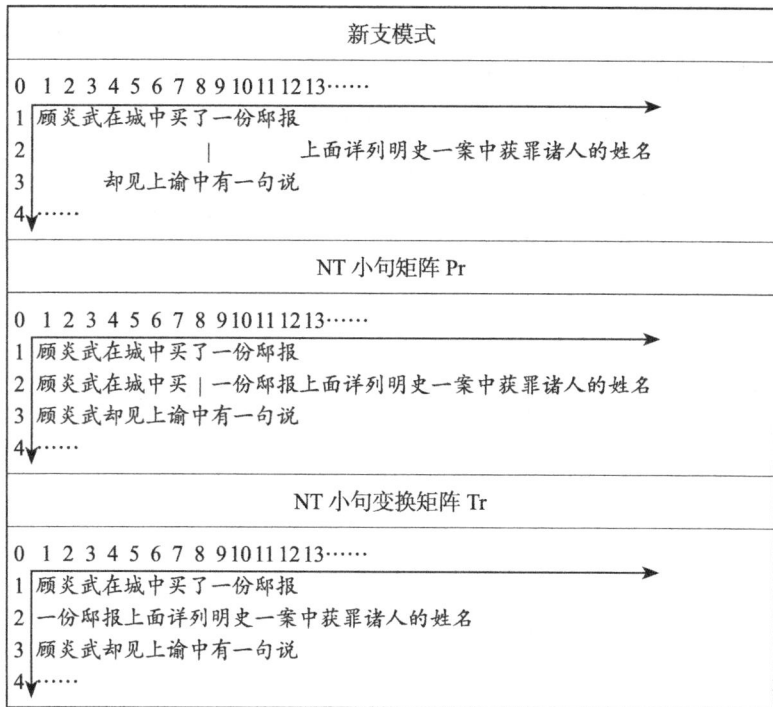

在处理例（5）中的标点句序列时，先根据公式 1 和公式 2 生成 NT 小句矩阵 Pr，再根据公式 6 和公式 7 生成 NT 小句变换矩阵 Tr，从而生成新支模式下的 NT 小句。

7. 超级小句复合体

超级小句复合体由导语和引语构成。引语包括直接引语或者心理活动的内容，导语是将引语引导出来的话语。引语本身自成一系列话头话身结构〔如例（6）和例（7）〕。生成 NT 小句时，超级小句复合体引语部分独立生成 NT 小句，不需要导语作为话头。超级小句复合体 NT 小句的形式化定义如下：

以分支模式中已经建立的直角坐标系及其相关定义为基础，以 NT 小句变换矩阵表示超级小句复合体导引模式的 NT 小句。超级小句复合体导引模式和新支模式中生成 NT 小句的方式相似，因此，我们对新支模式的公式加以扩充，成为公式 6–1 和公式 7–1。

公式 6–1（不带有栈节标记和引语左标记的 NT 小句）：

$$\forall x \forall y (\forall z(z \in [1, M] \to \{Pr(z, y)\} \cap \{ \mid \llbracket \text{``'} \} = \varnothing) \to Tr(x, y) = Pr(x, y))$$

公式 7–1（引语内和新支模式的 NT 小句）：

$$\forall y(\exists z(z \in [1, M] \land \{Pr(z, y)\} \cap \{ \mid \llbracket \text{``'} \} \neq \varnothing) \to \forall(w, p)(w = \text{argmax}(u \in [1, t(y)])$$
$$\{Pr(u, y)\} \cap \{ \mid \llbracket \text{``'} \} \neq \varnothing \land p \in [0, t(y)-w] \to ((Pr(w, y) = \mid \land Tr(p, y) = Pr(p+w+1, y)) \lor (\{Pr(z, y)\} \cap \{ \mid \llbracket \text{``'} \} \neq \varnothing \land Tr(p, y) = Pr(p+w, y)))))$$

例（6）

超级小句复合体
0 1 2 3 4 5 6 7 8 9 10 11 12 13 14 15 16 →
1 辛楣也笑道
2 　　"孙小姐这房间住得么
3 　　　李梅亭更住不得——"
4 　正说着
5 听得李顾那面嚷起来

NT 小句矩阵 Pr
0 1 2 3 4 5 6 7 8 9 10 11 12 13 14 15 16 →
1 辛楣也笑道
2 辛楣也笑道"孙小姐这房间住得么
3 辛楣也笑道"李梅亭更住不得——"
4 辛楣正说着
5 辛楣听得李顾那面嚷起来

NT 小句变换矩阵 Tr
0 1 2 3 4 5 6 7 8 9 10 11 12 13 14 15 16 →
1 辛楣也笑道
2 "孙小姐这房间住得么
3 "李梅亭更住不得——"
4 辛楣正说着
5 辛楣听得李顾那面嚷起来

例（7）

超级小句复合体
0 1 2 3 4 5 6 7 8 9 10 11 12 13 14 15 16 17 18 19 20 21 22 23 24 25 →
1 吕留良登时省悟
2 　　　　【黄顾二人冒寒枉顾
3 　　　　　　一来固是寻觅查伊璜
4 　　　　　　二来是劝自己出避
5 　　　　　　　　生怕自己一时按捺不住
6 　　　　　　　　　　枉自送了性命
7 　　　　　　良友苦心】
8 　　吴深感激

NT 小句矩阵 Pr
0 1 2 3 4 5 6 7 8 9 10 11 12 13 14 15 16 17 18 19 20 21 22 23 24 25 →
1 吕留良登时省悟
2 吕留良登时省悟【黄顾二人冒寒枉顾
3 吕留良登时省悟【黄顾二人一来固是寻觅查伊璜
4 吕留良登时省悟【黄顾二人二来是劝自己出避
5 吕留良登时省悟【黄顾二人二来是生怕自己一时按捺不住
6 吕留良登时省悟【黄顾二人二来是生怕自己枉自送了性命
7 吕留良登时省悟【黄顾二人良友苦心】
8 吕留良吴深感激

NT 小句变换矩阵 Tr
0 1 2 3 4 5 6 7 8 9 10 11 12 13 14 15 16 17 18 19 20 21 22 23 24 25 →
1 吕留良登时省悟
2 【黄顾二人冒寒枉顾
3 【黄顾二人一来固是寻觅查伊璜
4 【黄顾二人二来是劝自己出避
5 【黄顾二人二来是生怕自己一时按捺不住
6 【黄顾二人二来是生怕自己枉自送了性命
7 【黄顾二人良友苦心】
8 吕留良吴深感激

　　在处理例（6）和例（7）中的标点句序列时，先根据公式 1 和公式 2 生成 NT 小句矩阵 Pr，再根据公式 6-1 和公式 7-1 生成 NT 小句变换矩阵 Tr，从而生成超级小句复合体导引模式下的 NT 小句。

附录 B　认知机运行过程举例

本书第 3 章中设计了话头话身结构认知机的生成系统，并在第 3.6 节中以单层汇流和后置模式嵌套的实例，展示了认知机的运行过程 [见第 3 章例（6）]。但第 3 章例（6）只有 3 行，不能体现话头话身结构嵌套的各个细节。为了更详细地展示话头话身结构认知机的运行过程，本附录以《中国大百科全书·中国历史》中"百团大战"这一词条的节选为例，进一步阐述认知机的运行机制。语料如下：

例（1）《中国大百科全书·中国历史》"百团大战"词条节选（有删减）

```
c1:  1940年上半年→,
c2:  □□□□□□□□□□日本帝国主义在法西斯德国欧洲攻势的刺激下→,
c3:  □□□□□□□□□□□□□□□□□□□□□□□□□积极准备南进。
c4:  □□□□□□□□□□□□□因而＼一方面加紧诱迫国民党投降,
c5:  □□□□□□□□□□□□□一方面在华北加紧推行以『铁路为柱,
c6:  □□□□□□□□□□□□□□□□□□公路为链,
c7:  □□□□□□□□□□□□□□□□□□碉堡为锁,』
c8:  □□□□□□□□□□□□□□□□□□□□□□□□分割封
     锁各抗日根据地的"囚笼"政策。
c9:  □□□□□□□□□□□□↓为了粉碎日军对华北八路军的全面进攻及其"囚笼"政策,
c10: □□□□□□□□□□□□□破坏日军进攻西安、昆明、重庆的计划,
c11: □□□□□□□□□□□□以影响全国战局,
c12: □□□□□□□□□□□□克服国民党内的投降危机,
c13: □□□□□□□□□□□□争取时局好转,
c14: □□□□□□八路军总部决定向华北敌占交通线和据点发动一次大规模进攻战役。
c15: □□□□□□□□□□□□□□□□□|□□□□□参
     战兵力二十余万,
c16: □□□□□□□□□□□□□□□□□|□□□□□另
     外→,
c17: □还有许多地方游击队和民兵参战。
```

这个例子较为复杂，外层有单层汇流，其间嵌套了分支模式、后置模式、汇流模式和新支模式等各种成分共享模式，其中汇流模式还嵌套在后置模式中。由于分析系统还没完成，该例子仍以人工标注替代机器自动分析。

其中，单层汇流用"→"标记，该标记是系统对文本进行预处理后自动添加的，与第1章中的标注方法不冲突。为了使话头话身关系一目了然，例中用小方格"□"代表空格，并添加了纵横相接的流水线，但这些不是话头话身结构的标注内容。同时，每行的行号"c1"到"c17"等也不是标注内容，只是为了称说方便。

例（2）展示了例（1）的运行过程，每个方框代表了认知机的一次函数执行，或为operate函数，或为complete函数（函数的含义见第3章第3.5节）。其中，complete函数包括三个步骤：第一步是根据当前Φ中NT小句的标记，将半成品NT小句放到Σ中，例（2）中记为complete_1；第二步是在必要时为原Σ中的半成品NT小句补全话头或话身，记为complete_2；第三步是补全Σ中的半成品NT小句后，将NT小句输出，记为complete_3。每个步骤执行时，函数类型在方框上方显示。

函数执行过程中，认知机中若干部件会被更新，被更新的部件用正方形外框"□"突出表示，内容不变的部件不带正方形外框。认知机部件中，Φ表示NT小句堆栈区，Φ由话头栈索引Ω（话头栈指节栈区和导语堆栈区[①]）和其余部分Φ₁组成。本例中，Ω的内容展示在方括号"[ ]"内，Φ₁的内容在方括号"[ ]"外。Ψ₁表示经过话头话身结构标注的标点句，我们跳过了机器自动分析这一步骤。α的内容是例（1）中的未处理部分，由于篇幅所限，每次只显示前3行。Σ是后置模式和汇流模式的搁置区，β是认知机的输出。标点符号后的"‖f_Φ"和花括号"{}"表示该标点句对应的f_Φ队列的内容（f_Φ的值的具体含义见第3章第3.5.3节），每个标点句"//"后的部分是对运行状态的注解。

认知机运行过程如下：

例（2）　认知机运行过程

（1）初始状态

$\boxed{\Phi}$: (c1)[]１９４０年上半年→，‖f_Φ: {ws, nil, nil} //此句为单层汇流

$\boxed{\Psi}$: (c2)□□□□□□□□日本帝国主义在法西斯德国欧洲攻势的刺激下
→，

[①]　话头栈索引Ω只是内容索引，实际内容分别存储在节栈区Π和超级小句复合体导语堆栈区Θ。本例为了直观展示，将节栈区Π和导语堆栈区Θ中的内容都显示在Ω中。

α: (c3) □□□□□□□□□□□□□□□□□□□□□□□□□□□□□□□
积极准备南进。

(c4) □□□□□□□□□□□□□□因而⌣一方面加紧诱迫国民党投降，

(c5) □□□□□□□□□□□□□□一方面在华北加紧推行以
『铁路为柱，

……

Π：∅

Θ：∅

Σ：∅

β：∅

我们假设初始状态时，c1"1940年上半年"已完成operate函数的操作，分析结果放在 Φ 中。f_Φ 队列的内容是 {ws, nil, nil}，这是单层汇流的标记；与此同时，c2"日本帝国主义在法西斯德国欧洲攻势的刺激下"已从 α 读入 Ψ_1。初始状态更新的部件是 Φ、Ψ_1 和 α。

（2）complete_1

Φ：(c1)［］1 9 4 0 年上半年 →，‖f_Φ：{ws, nil, nil}

Ψ_1：(c2) □□□□□□□□日本帝国主义在法西斯德国欧洲攻势的刺激下
→，

α：(c3) □□□□□□□□□□□□□□□□□□□□□□□□□□□□□
积极准备南进。

(c4) □□□□□□□□□□□□□□因而⌣一方面加紧诱迫国民党投降，

(c5) □□□□□□□□□□□□□ □□□一方面在华北加紧推行以
『铁路为柱，

……

Π：∅

Θ：∅

Σ：(c1)1940年上半年→，‖f_Φ：{ws, nil, nil}// 因为状态标记为单层汇流，所
以 complete 函数会将 Φ_1 搁置到 Σ

β：∅

由于 Φ 中的 NT 小句被标记为单层汇流（{ws, nil, nil}），complete 函数会将 Φ 中的半成品 NT 小句搁置到 Σ。此步更新的部件是 Σ。

⬇

（3）operate

$\boxed{\Phi}$: (c2)[]１９４０年上半年日本帝国主义在法西斯德国欧洲攻势的刺激下→，

　　　　　　　　　　‖f_{Φ}: {cs, nil, "日本……刺激下"} {ws, nil, nil}

$\boxed{\Psi_1}$: (c3) □□□□□□□□□□□□□□□□□□□□□□□□

　　积极准备南进。

$\boxed{\alpha}$: (c4) □□□□□□□□□□□□因而╲一方面加紧诱迫国民党投降，

　　(c5) □□□□□□□□□□□□一方面在华北加紧推行以

　　『铁路为柱，

　　(c6) □□□□□□□□□□□□□□□□□□□□□□□

　　□公路为链，

　　……

Π: ∅

Θ: ∅

Σ: (c1)1940年上半年→，‖f_{Φ}: {ws, nil, nil}//complete 函数根据 f_{Φ} 中的 ws 标记，

　　将 Φ_1 搁置到 Σ

β: ∅

因为 Φ 中的上句是单层汇流，所以 Ψ_1 整句为上句的话身部分，f_{Φ} 记为 {cs, nil, "日本……刺激下"}，"日本……刺激下" 是话身，将用于补全 Σ 中缺话身成分的半成品 NT 小句。而当前 Ψ_1 本身也是单层汇流，所以还需要在 f_{Φ} 队列中添加单层汇流标记 {ws, nil, nil}。同时，c3 "积极准备南进" 从 α 读入 Ψ_1 中。此步更新的部件是 Φ、Ψ_1 和 α（更新的部件已用方框标示，后文不再专门指出每步更新的部件）。

⬇

（4）complete_1

Φ: (c2)[]１９４０年上半年日本帝国主义在法西斯德国欧洲攻势的刺激下→，

　　　　　　　　　　‖f_{Φ}: {cs, nil, "日本……刺激下"} {ws, nil, nil}

Ψ_1: (c3) □□□□□□□□□□□□□□□□□□□□□□□□□□□□□□
积极准备南进。

α: (c4) □□□□□□□□□□□□□□□□ 因而〳一方面加紧诱迫国民党投降，

(c5) □□□□□□□□□□□□□□□一方面在华北加紧推行以
『铁路为柱，

(c6) □□□□□□□□□□□□□□□□□□□□□□□□□□
□公路为链，

......

Π：$\varnothing$

Θ：$\varnothing$

Σ：(c1)1940 年上半年→，‖f_Φ: {ws, nil, nil}

(c2)1940 年上半年日本帝国主义在法西斯德国欧洲攻势的刺激下→，

‖f_Φ: {cs, nil, "日本……刺激下"} {ws, nil, nil}

β：$\varnothing$

由于 Σ 中还有未输出的内容，根据保持输入输出顺序不变的原则，c2
也需要先搁置起来，待 Σ 队列中保存的半成品 NT 小句都补充完整后，再逐
一输出。

（5）complete_2

Φ：(c2)[]１９４０年上半年日本帝国主义在法西斯德国欧洲攻势的刺激下→，

‖f_Φ: {cs, nil, "日本……刺激下"} {ws, nil, nil}

Ψ_1: (c3) □□□□□□□□□□□□□□□□□□□□□□□□□
积极准备南进。

α: (c4) □□□□□□□□□□□□□□□因而〳一方面加紧诱迫国民党投降，

(c5) □□□□□□□□□□□□□□□一方面在华北加紧推行以
『铁路为柱，

(c6) □□□□□□□□□□□□□□□□□□□□□□□□□
□公路为链，

......

Θ: ∅

Σ: (c1)1940 年上半年日本帝国主义在法西斯德国欧洲攻势的刺激下→,

||f_Φ: {ws, nil, nil}

(c2)1940 年上半年日本帝国主义在法西斯德国欧洲攻势的刺激下→,

||f_Φ: {ws, nil, nil} //complete 函数根据 f_Φ 队列中的 ws, 将 Φ_1 搁置到 Σ

β: ∅

---

c2 的 f_Φ 带有 {cs, nil, "日本……刺激下"} 标记, complete 函数据此为上文中带有 ws 标记的句子补全话身, 即 c1。因为 c2 也是单层汇流, 带有 {ws, nil, nil} 标记, 所以 c1 补全话身的同时, 也需要补充单层汇流标记。

⬇

（6）operate

Φ: (c3)[]1 9 4 0 年上半年日本帝国主义在法西斯德国欧洲攻势的刺激下积极准备南进。 ||f_Φ: {cs, nil, "积极准备南进"}

Ψ: (c4) □□□□□□□□□□□因而⌒一方面加紧诱迫国民党投降,

α: (c5) □□□□□□□□□□□一方面在华北加紧推行以『铁路为柱,

(c6) □□□□□□□□□□□□□□□□□□公路为链,

(c7) □□□□□□□□□□□□□□□□□□碉堡为锁,』

……

Π: ∅

Θ: ∅

Σ: (c1)1940 年上半年日本帝国主义在法西斯德国欧洲攻势的刺激下→,

||f_Φ: {ws, nil, nil}

(c2)1940 年上半年日本帝国主义在法西斯德国欧洲攻势的刺激下→,

||f_Φ: {ws, nil, nil}

β: ∅

---

c2 和 c3 执行 operate 函数操作, 形成新的 c3 并保存在 Φ 中。c2 是单层汇流,

故 c3 是 c2 的话身，f_Φ 记录为 cs，并把本标点句作为话身记录在 f_Φ 中。

（7）complete_1

Φ: (c3)[]１９４０年上半年日本帝国主义在法西斯德国欧洲攻势的刺激下积极准备南进。

$\|f_\Phi$: {cs, nil, "积极准备南进"}

Ψ_1: (c4) □□□□□□□□□□□□□因而∖一方面加紧诱迫国民党投降，

α: (c5) □□□□□□□□□□□□一方面在华北加紧推行以『铁路为柱，

(c6) □□□□□□□□□□□□□□□□□□公路为链，

(c7) □□□□□□□□□□□□□□□□□碉堡为锁，』

......

Π: ∅

Θ: ∅

Σ: (c1)1940年上半年日本帝国主义在法西斯德国欧洲攻势的刺激下→，

$\|f_\Phi$: {ws, nil, nil}

(c2)1940年上半年日本帝国主义在法西斯德国欧洲攻势的刺激下→，

$\|f_\Phi$: {ws, nil, nil}

(c3)1940年上半年日本帝国主义在法西斯德国欧洲攻势的刺激下积极准备南进。

$\|f_\Phi$: {cs, nil, "积极准备南进"}

β: ∅

与步骤（4）相似，Σ 不为空，故 c3 需要暂时搁置起来。

（8）complete_2

Φ: (c3)[]１９４０年上半年日本帝国主义在法西斯德国欧洲攻势的刺激下积极准备南进。 $\|f_\Phi$: {cs, nil, "积极准备南进"}

Ψ_1：(c4) □□□□□□□□□□□□□因而⌒一方面加紧诱迫国民党投降，

α：(c5) □□□□□□□□□□□□□一方面在华北加紧推行以

『铁路为柱，

(c6) □□□□□□□□□□□□□□□□□□□□

□公路为链，

(c7) □□□□□□□□□□□□□□□□□□□□

□碉堡为锁，』

......

Π：∅

Θ：∅

Σ：(c1)1940 年上半年日本帝国主义在法西斯德国欧洲攻势的刺激下积极准

备南进。   ‖f_Φ：{end, nil, nil}

(c2)1940 年上半年日本帝国主义在法西斯德国欧洲攻势的刺激下积极准

备南进。   ‖f_Φ：{end, nil, nil}

(c3)1940 年上半年日本帝国主义在法西斯德国欧洲攻势的刺激下积极准

备南进。   ‖f_Φ：{end, nil, nil}

β：∅

c1 和 c2 都是单层汇流，缺少话身。c3 的 f_Φ 记录是 cs，是单层汇流的补充，故将 f_Φ 中的内容补充到 c1 和 c2。补充后，c1 ～ c3 的话头和话身均完整，把它们的 f_Φ 改为 {end, nil, nil}。

（9）complete_3

Φ：(c3)[]１９４０年上半年日本帝国主义在法西斯德国欧洲攻势的刺激下

积极准备南进。   ‖f_Φ：{cs, nil, "积极准备南进"}

Ψ_1：(c4) □□□□□□□□□□□□□因而⌒一方面加紧诱迫国民党投降，

α：(c5) □□□□□□□□□□□□□一方面在华北加紧推行以

『铁路为柱，

(c6) □□□□□□□□□□□□□□□□□□□□

□公路为链，

(c7) □□□□□□□□□□□□□□□□□□□□□□□□□□□□

□碉堡为锁，』

......

Π：∅

Θ：∅

Σ：∅

β：(c1)1940年上半年日本帝国主义在法西斯德国欧洲攻势的刺激下积极准
备南进。

(c2)1940年上半年日本帝国主义在法西斯德国欧洲攻势的刺激下积极准
备南进。

(c3)1940年上半年日本帝国主义在法西斯德国欧洲攻势的刺激下积极准
备南进。

Σ 中的 NT 小句的 f_Φ 状态均为 {end, nil, nil}，因此自上而下逐一输出，
同时清空 Σ。

（10）operate

Φ：(c4)[]1 9 4 0 年上半年日本帝国主义（因而）一方面加紧诱迫国民党投降，

$\|f_\Phi$：{cnd, nil, nil}

Ψ₁：(c5) □□□□□□□□□□□□□□□□一方面在华北加紧推行以『铁
路为柱，

α：(c6) □□□□□□□□□□□□□□□□□□□□□□□□公
路为链，

(c7) □□□□□□□□□□□□□□□□□□□□□□□□□碉
堡为锁，』

(c8) □□□□□□□□□□□□□□□□□□□□□□□□□□□□
□□□□□分割封锁各抗日根据地的"囚笼"政策。

......

Π：∅

Θ：∅

Σ：∅

β：(c1)1940年上半年日本帝国主义在法西斯德国欧洲攻势的刺激下积极准
备南进。

> (c2)1940 年上半年日本帝国主义在法西斯德国欧洲攻势的刺激下积极准备南进。
>
> (c3)1940 年上半年日本帝国主义在法西斯德国欧洲攻势的刺激下积极准备南进。

c4 和原 Φ 形成一般的分支模式，f_Φ 记为 {end, nil, nil}，表示不需要特别记录，若 Σ 为空则可以直接输出。需要特别注意的是，c4 中的"因而"是一个篇章逻辑连接成分。一般来说，在分析话头话身结构时，应尽量把话头话身关系和逻辑关系的分析分开，将逻辑关系分析作为话头话身关系分析的后续步骤。因此，在 Φ 中生成 NT 小句时用括号将"因而"与其前后的其他成分隔开，输出到 β 时，"（因而）"将不输出，以保持 NT 小句的合规性。

⬇

（11）complete_3

> Φ：(c4)▯1 9 4 0 年上半年日本帝国主义（因而）一方面加紧诱迫国民党投降，
>
> $\qquad\qquad\qquad\qquad\qquad\qquad\qquad\qquad$ ‖f_Φ: {end, nil, nil}
>
> Ψ_1：(c5) ▯▯▯▯▯▯▯▯▯▯▯▯▯▯▯一方面在华北加紧推行以『铁路为柱，
>
> α：(c6) ▯▯▯▯▯▯▯▯▯▯▯▯▯▯▯▯▯▯▯▯公路为链，
>
> $\qquad$ (c7) ▯▯▯▯▯▯▯▯▯▯▯▯▯▯▯▯▯▯▯碉堡为锁，』
>
> $\qquad$ (c8) ▯▯▯▯▯▯▯▯▯▯▯▯▯▯▯▯▯▯▯▯▯分割封锁各抗日根据地的"囚笼"政策。
>
> $\qquad$ ……
>
> Π：∅
>
> Θ：∅
>
> Σ：∅
>
> β：(c1)1940 年上半年日本帝国主义在法西斯德国欧洲攻势的刺激下积极准备南进。
>
> $\qquad$ (c2)1940 年上半年日本帝国主义在法西斯德国欧洲攻势的刺激下积极准备南进。

> (c3)1940 年上半年日本帝国主义在法西斯德国欧洲攻势的刺激下积极准备南进。
>
> (c4)1940 年上半年日本帝国主义一方面加紧诱迫国民党投降，

c4 是一般的分支模式，不需要进入 Σ，且 Σ 此时为空，故 c4 直接输出。

⬇

（12）operate

> Φ：(c5)〖1 9 4 0 年上半年日本帝国主义（因而）一方面在华北加紧推行以『铁
> 路为柱，　　　　　　　　　　　　　　　　　　　　　 ‖f_Φ: {wt, 1, nil}
>
> Ψ_1：(c6) □□□□□□□□□□□□□□□□□□□□□□□□□公
> 路为链，
>
> α：(c7) □□□□□□□□□□□□□□□□□□□□□□□□□碉
> 堡为锁，』
>
> (c8) □□□□□□□□□□□□□□□□□□□□□□□□□□
> □□□□□分割封锁各抗日根据地的"囚笼"政策。
>
> (c9) □□□□□□□□□□↓为了粉碎日军对华北八路军的全面进攻及
> 其"囚笼"政策，
> ……
>
> Π：∅
>
> Θ：∅
>
> Σ：∅
>
> β：(c1)1940 年上半年日本帝国主义在法西斯德国欧洲攻势的刺激下积极准备南进。
>
> (c2)1940 年上半年日本帝国主义在法西斯德国欧洲攻势的刺激下积极准备南进。
>
> (c3)1940 年上半年日本帝国主义在法西斯德国欧洲攻势的刺激下积极准备南进。
>
> (c4)1940 年上半年日本帝国主义一方面加紧诱迫国民党投降，

c5 和原 Φ 形成分支模式，故需执行堆栈操作。同时，扫描合并后的 Φ，发现存在汇流语段左标记"『"，故 f_Φ 记为 {wt, 1, nil}，表示该标点句进入层次为 1 的汇流语段。

（13）complete_1

Φ: (c5)[]１９４０年上半年日本帝国主义（因而）一方面在华北加紧推行以『铁路为柱,　　　　　　　　　　　　　　　$\|f_\Phi$: {wt, 1, nil}

Ψ_1: (c6)□□□□□□□□□□□□□□□□□□□□□□□□□□□□□□ □□公路为链,

α: (c7)□□□□□□□□□□□□□□□□□□□□□□□□□□□□ □□碉堡为锁,』

(c8)□□□□□□□□□□分割封锁各抗日根据地的"囚笼"政策。

(c9)□□□□□□□□□□□□↓为了粉碎日军对华北八路军的全面进攻及其"囚笼"政策,

……

Π: $\varnothing$

Θ: $\varnothing$

Σ: (c5)1940年上半年日本帝国主义（因而）一方面在华北加紧推行以『铁路为柱,　　　　$\|f_\Phi$: {wt, 1, nil} // 本句是汇流语段的开始，需要暂时搁置

β: (c1)1940年上半年日本帝国主义在法西斯德国欧洲攻势的刺激下积极准备南进。

(c2)1940年上半年日本帝国主义在法西斯德国欧洲攻势的刺激下积极准备南进。

(c3)1940年上半年日本帝国主义在法西斯德国欧洲攻势的刺激下积极准备南进。

(c4)1940年上半年日本帝国主义一方面加紧诱迫国民党投降,

c5 处于汇流语段内，故需要被搁置在 Σ，等待后文补全话身。

（14）operate

$\boxed{\Phi}$: (c6)[]１９４０年上半年日本帝国主义（因而）一方面在华北加紧推行以『公路为链,　　　　　　　　　　　　　　$\|f_\Phi$: {wt, 1, nil}

$\boxed{\Psi_1}$: (c7)□□□□□□□□□□□□□□□□□□□□□□□□□□□□ □□碉堡为锁,』

α: (c8) □□□□□□□□□□□□□□□□□□□□□□□□□□□□□
□□□□□□□□□分割封锁各抗日根据地的"囚笼"政策。

(c9) □□□□□□□□□□□□□□□↓为了粉碎日军对华北八路军的全面进
攻及其"囚笼"政策,

(c10) □□□□□□□□□□□□□□□□□破坏日军进攻西安、昆明、重
庆的计划,

......

Π: ∅

Θ: ∅

Σ: (c5)1940 年上半年日本帝国主义(因而)一方面在华北加紧推行以『铁
路为柱, ‖ f_Φ: {wt, 1, nil}

β: (c1)1940 年上半年日本帝国主义在法西斯德国欧洲攻势的刺激下积极准
备南进。

(c2)1940 年上半年日本帝国主义在法西斯德国欧洲攻势的刺激下积极准
备南进。

(c3)1940 年上半年日本帝国主义在法西斯德国欧洲攻势的刺激下积极准
备南进。

(c4)1940 年上半年日本帝国主义一方面加紧诱迫国民党投降,

c6 缩进位置在汇流语段左标记"『"后,表示其处于汇流语段内,f_Φ 仍
记为 {wt, 1, nil},表示该句也属于层次为 1 的汇流语段。

（15）complete_1

Φ: (c6)[]1 9 4 0 年上半年日本帝国主义(因而)一方面在华北加紧推行
以『公路为链, ‖ f_Φ: {wt, 1, nil}

Ψ_1: (c7) □□□□□□□□□□□□□□□□□□□□□□□(c7)□□□
□□碉堡为锁,』

α: (c8) □□□□□□□□□□□□□□□□□□□□□□□□□□□□□
□□□□□□□□□分割封锁各抗日根据地的"囚笼"政策。

(c9) □□□□□□□□□□□□□□□↓为了粉碎日军对华北八路军的全面进
攻及其"囚笼"政策,

(c10) □□□□□□□□□□□□□□□破坏日军进攻西安、昆明、重庆的计划，

......

Π: $\varnothing$

Θ: $\varnothing$

Σ: (c5)1940年上半年日本帝国主义（因而）一方面在华北加紧推行以『铁路为柱，　　　　　　　　　　　　　　　$\|f_\Phi$: {wt, 1, nil}

(c6)1940年上半年日本帝国主义（因而）一方面在华北加紧推行以『公路为链，　　　　　$\|f_\Phi$: {wt, 1, nil} // 本句是汇流部分，需要暂时搁置

β: (c1)1940年上半年日本帝国主义在法西斯德国欧洲攻势的刺激下积极准备南进。

(c2)1940年上半年日本帝国主义在法西斯德国欧洲攻势的刺激下积极准备南进。

(c3)1940年上半年日本帝国主义在法西斯德国欧洲攻势的刺激下积极准备南进。

(c4)1940年上半年日本帝国主义一方面加紧诱迫国民党投降，

c6处于汇流语段内，故需要被搁置在 Σ，等待后文补全话身。

（16）operate

Φ: (c7)〔1 9 4 0 年上半年日本帝国主义（因而）一方面在华北加紧推行以『碉堡为锁，』　　　　　　　　$\|f_\Phi$: {ct, 1, nil} {ws, nil, nil}

Ψ_1: (c8) □□□□□□□□□□□□□□□□□□□□□□□□□分割封锁各抗日根据地的"囚笼"政策。

α: (c9) □□□□□□□□□□□↓为了粉碎日军对华北八路军的全面进攻及其"囚笼"政策，

(c10) □□□□□□□□□□□□□□□破坏日军进攻西安、昆明、重庆的计划，

(c11) □□□□□□□□□□□□□以影响全国战局，

......

Π: $\varnothing$

Θ: $\varnothing$

Σ：(c5)1940 年上半年日本帝国主义（因而）一方面在华北加紧推行以『铁
路为柱, ‖f_Φ：{wt, 1, nil}

(c6)1940 年上半年日本帝国主义（因而）一方面在华北加紧推行以『公
路为链, ‖f_Φ：{wt, 1, nil}

β：(c1)1940 年上半年日本帝国主义在法西斯德国欧洲攻势的刺激下积极准
备南进。

(c2)1940 年上半年日本帝国主义在法西斯德国欧洲攻势的刺激下积极准
备南进。

(c3)1940 年上半年日本帝国主义在法西斯德国欧洲攻势的刺激下积极准
备南进。

(c4)1940 年上半年日本帝国主义一方面加紧诱迫国民党投降,

c7 和原 Φ 经过堆栈操作后合并成新的 Φ。新的 Φ 中出现了汇流语段右
标记，属于汇流语段的结束，故 f_Φ 记为 {ct, 1, nil}，表示第 1 层汇流语段结束。
但是其后没有内容，属于单层汇流，需添加标记 {ws, nil, nil}，等待后文补
全话身。

（17）complete_1

Φ：(c7)[]1 9 4 0 年上半年日本帝国主义（因而）一方面在华北加紧推行
以『碉堡为锁，』 ‖f_Φ：{ct, 1, nil} {ws, nil, nil}

Ψ₁：(c8) □□□□□□□□□□□□□□□□□□□□□□□
□□□□□□□分割封锁各抗日根据地的"囚笼"政策。

α：(c9) □□□□□□□□□□□□□↓为了粉碎日军对华北八路军的全面进
攻及其"囚笼"政策,

(c10) □□□□□□□□□□□□□□□破坏日军进攻西安、昆明、重
庆的计划,

(c11) □□□□□□□□□□□□□□□以影响全国战局,

……

Π：∅

Θ：∅

Σ：(c5)1940 年上半年日本帝国主义（因而）一方面在华北加紧推行以『铁
路为柱, ‖f_Φ：{wt, 1, nil}

> (c6)1940 年上半年日本帝国主义（因而）一方面在华北加紧推行以『公路为链，　　　　　　　　　　　　　　‖f_Φ: {wt, 1, nil}
>
> (c7)1940 年上半年日本帝国主义（因而）一方面在华北加紧推行以『碉堡为锁，』　　　　　　　　　　　　‖f_Φ: {ct, 1, nil} {ws, nil, nil}
>
> β：(c1)1940 年上半年日本帝国主义在法西斯德国欧洲攻势的刺激下积极准备南进。
>
> (c2)1940 年上半年日本帝国主义在法西斯德国欧洲攻势的刺激下积极准备南进。
>
> (c3)1940 年上半年日本帝国主义在法西斯德国欧洲攻势的刺激下积极准备南进。
>
> (c4)1940 年上半年日本帝国主义一方面加紧诱迫国民党投降，

c7 带有汇流语段结束标记，又属于单层汇流，故需要被搁置在 Σ。

⬇

（18）complete_2

> Φ: (c7)〔1 9 4 0 年上半年日本帝国主义（因而）一方面在华北加紧推行以『碉堡为锁，』　　　　　　　　‖f_Φ: {ct, 1, nil} {ws, nil, nil}
>
> Ψ_1: (c8) □□□□□□□□□□□□□□□□□□□□□□□□□□分割封锁各抗日根据地的"囚笼"政策。
>
> α：(c9) □□□□□□□□□↓为了粉碎日军对华北八路军的全面进攻及其"囚笼"政策，
>
> (c10) □□□□□□□□□□□破坏日军进攻西安、昆明、重庆的计划，
>
> (c11) □□□□□□□□□□以影响全国战局，
>
> ……
>
> Π：∅
>
> Θ：∅
>
> Σ: (c5)1940 年上半年日本帝国主义（因而）一方面在华北加紧推行以『铁路为柱，　　　　　　　　　　　　‖f_Φ: {ws, nil, nil}
>
> (c6)1940 年上半年日本帝国主义（因而）一方面在华北加紧推行以『公路为链，　　　　　　　　　　　　　　‖f_Φ: {ws, nil, nil}

> (c7)1940 年上半年日本帝国主义（因而）一方面在华北加紧推行以『碉
> 堡为锁，』   ‖f_Φ: {ws, nil, nil}

β：(c1)1940 年上半年日本帝国主义在法西斯德国欧洲攻势的刺激下积极准
备南进。

(c2)1940 年上半年日本帝国主义在法西斯德国欧洲攻势的刺激下积极准
备南进。

(c3)1940 年上半年日本帝国主义在法西斯德国欧洲攻势的刺激下积极准
备南进。

(c4)1940 年上半年日本帝国主义一方面加紧诱迫国民党投降，

c7 是第 1 层汇流的结束，其标记 {ct, 1, nil} 与 c5、c6 的 {wt, 1, nil} 配对，表示汇流模式已结束，但是仍缺少话身部分。c7 是单层汇流，所以在删除 {ct, 1, nil} 与 {wt, 1, nil} 这一对标记的同时，还需要把 c7 的单层汇流的标记信息 {ws, nil, nil} 赋给 c5、c6。更新后，c5 ～ c7 的 f_Φ 标记均为 {ws, nil, nil}。

（19）operate

Φ：(c8)[]１９４０年上半年日本帝国主义（因而）一方面在华北加紧推行以
『碉堡为锁，』分割封锁各抗日根据地的"囚笼"政策。

‖f_Φ: {cs, nil, "分割……政策"}

Ψ：(c9) □□□□□□□□□□□□□↓为了粉碎日军对华北八路军的全面进
攻及其"囚笼"政策，

α：(c10) □□□□□□□□□□□□□□□□破坏日军进攻西安、昆明、重
庆的计划，

(c11) □□□□□□□□□□□□□□□□以影响全国战局，

(c12) □□□□□□□□□□□□□□□□克服国民党内的投降危机，

……

Π：∅

Θ：∅

Σ：(c5)1940 年上半年日本帝国主义（因而）一方面在华北加紧推行以『铁
路为柱，   ‖f_Φ: {ws, nil, nil}

(c6)1940 年上半年日本帝国主义（因而）一方面在华北加紧推行以『公
路为链，   ‖f_Φ: {ws, nil, nil}

> (c7)1940年上半年日本帝国主义（因而）一方面在华北加紧推行以『碉堡为锁，』
> ||f_Φ: {ws, nil, nil}
>
> β: (c1)1940年上半年日本帝国主义在法西斯德国欧洲攻势的刺激下积极准备南进。
>
> (c2)1940年上半年日本帝国主义在法西斯德国欧洲攻势的刺激下积极准备南进。
>
> (c3)1940年上半年日本帝国主义在法西斯德国欧洲攻势的刺激下积极准备南进。
>
> (c4)1940年上半年日本帝国主义一方面加紧诱迫国民党投降，

原Φ是单层汇流，c8这一标点句为话身，故与原Φ合并后，f_Φ记为{cs, nil, "分割……政策"}。

$$\Downarrow$$

（20）complete_1

> Φ: (c8)[]１９４０年上半年日本帝国主义（因而）一方面在华北加紧推行以『碉堡为锁，』分割封锁各抗日根据地的"囚笼"政策。
> ||f_Φ: {cs, nil, "分割……政策"}
>
> Ψ₁: (c9) □□□□□□□□□□□□□↓为了粉碎日军对华北八路军的全面进攻及其"囚笼"政策，
>
> α: (c10) □□□□□□□□□□□□□□破坏日军进攻西安、昆明、重庆的计划，
>
> (c11) □□□□□□□□□□□□□□以影响全国战局，
>
> (c12) □□□□□□□□□□□□□□克服国民党内的投降危机，
> ……
>
> Π: ∅
>
> Θ: ∅
>
> Σ: (c5)1940年上半年日本帝国主义（因而）一方面在华北加紧推行以『铁路为柱，
> ||f_Φ: {ws, nil, nil}
>
> (c6)1940年上半年日本帝国主义（因而）一方面在华北加紧推行以『公路为链，
> ||f_Φ: {ws, nil, nil}
>
> (c7)1940年上半年日本帝国主义（因而）一方面在华北加紧推行以『碉堡为锁，』
> f||_Φ: {ws, nil, nil}

(c8)1940 年上半年日本帝国主义（因而）一方面在华北加紧推行以『碉堡为锁,』分割封锁各抗日根据地的"囚笼"政策。

$$\|f_\Phi: \{cs, nil, "分割……政策"\}$$

β：(c1)1940 年上半年日本帝国主义在法西斯德国欧洲攻势的刺激下积极准备南进。

(c2)1940 年上半年日本帝国主义在法西斯德国欧洲攻势的刺激下积极准备南进。

(c3)1940 年上半年日本帝国主义在法西斯德国欧洲攻势的刺激下积极准备南进。

(c4)1940 年上半年日本帝国主义一方面加紧诱迫国民党投降,

c8 带有上文话身，不能直接输出，要先搁置在 Σ，用于补全上文半成品 NT 小句的话身信息。

（21）complete_2

Φ: (c8)[]１９４０年上半年日本帝国主义（因而）一方面在华北加紧推行以『碉堡为锁,』分割封锁各抗日根据地的"囚笼"政策。

$$\|f_\Phi: \{cs, nil, "分割……政策"\}$$

Ψ₁: (c9) □□□□□□□□□□□↓为了粉碎日军对华北八路军的全面进攻及其"囚笼"政策,

α：(c10)□□□□□□□□□□□□□□破坏日军进攻西安、昆明、重庆的计划,

(c11) □□□□□□□□□□□□□□以影响全国战局,

(c12) □□□□□□□□□□□□□□克服国民党内的投降危机,

……

Π：∅

Θ：∅

Σ：(c5)1940 年上半年日本帝国主义（因而）一方面在华北加紧推行以『铁路为柱分割封锁各抗日根据地的"囚笼"政策。 $\|f_\Phi: \{end, nil, nil\}$

(c6)1940 年上半年日本帝国主义（因而）一方面在华北加紧推行以『公路为链分割封锁各抗日根据地的"囚笼"政策。

$$\|f_\Phi: \{end, nil, nil\}$$

(c7)1940 年上半年日本帝国主义（因而）一方面在华北加紧推行以『碉堡为锁,』分割封锁各抗日根据地的"囚笼"政策。

$\|f_{\Phi}$: {end, nil, nil}

(c8)1940 年上半年日本帝国主义（因而）一方面在华北加紧推行以『碉堡为锁,』分割封锁各抗日根据地的"囚笼"政策。

$\|f_{\Phi}$: {end, nil, nil}

β：(c1)1940 年上半年日本帝国主义在法西斯德国欧洲攻势的刺激下积极准备南进。

(c2)1940 年上半年日本帝国主义在法西斯德国欧洲攻势的刺激下积极准备南进。

(c3)1940 年上半年日本帝国主义在法西斯德国欧洲攻势的刺激下积极准备南进。

(c4)1940 年上半年日本帝国主义一方面加紧诱迫国民党投降,

c8 的 f_{Φ} 标记{cs, nil, "分割……政策"}与Σ中的{ws, nil, nil}配对, 此时, c5 ～ c7 均以 c8 的 f_{Φ} 标记中的字符串为话身。同时, 把 c5 ～ c8 的 f_{Φ} 标记改为 {end, nil, nil}, 表示话头话身已经完整。

（22）complete_3

Φ：(c8)[ ]１９４０ 年上半年日本帝国主义（因而）一方面在华北加紧推行以『碉堡为锁,』分割封锁各抗日根据地的"囚笼"政策。

$\|f_{\Phi}$: {cs, nil, "分割……政策"}

Ψ₁：(c9)□□□□□□□□□□□□↓为了粉碎日军对华北八路军的全面进攻及其"囚笼"政策,

α：(c10) □□□□□□□□□□□□破坏日军进攻西安、昆明、重庆的计划,

(c11) □□□□□□□□□□□□以影响全国战局,

(c12) □□□□□□□□□□□□克服国民党内的投降危机,

……

Π：∅

Θ：∅

Σ：∅

β:　(c1)1940年上半年日本帝国主义在法西斯德国欧洲攻势的刺激下积极准备南进。

　　(c2)1940年上半年日本帝国主义在法西斯德国欧洲攻势的刺激下积极准备南进。

　　(c3)1940年上半年日本帝国主义在法西斯德国欧洲攻势的刺激下积极准备南进。

　　(c4)1940年上半年日本帝国主义一方面加紧诱迫国民党投降，

　　(c5)1940年上半年日本帝国主义一方面在华北加紧推行以铁路为柱分割封锁各抗日根据地的"囚笼"政策。

　　(c6)1940年上半年日本帝国主义一方面在华北加紧推行以公路为链分割封锁各抗日根据地的"囚笼"政策。

　　(c7)1940年上半年日本帝国主义一方面在华北加紧推行以碉堡为锁分割封锁各抗日根据地的"囚笼"政策。

　　(c8)1940年上半年日本帝国主义一方面在华北加紧推行以碉堡为锁分割封锁各抗日根据地的"囚笼"政策。

此时，$c_5 \sim c_8$ 的标记均为 {end, nil, nil}，表示话头话身完整，可以输出。输出时，删除汇流模式相关标记以及篇章逻辑连接成分"因而"。

（23）operate

Φ:　(c9)□1940年上半年日本帝国↓（为了）粉碎日军对华北八路军的全面进　攻及其"囚笼"政策，　　　　　　　　　　　　　　$\|f_\phi$: {wh, 13, nil}

Ψ:　(c10) □□□□□□□□□□□□□□□破坏日军进攻西安、昆明、重　庆的计划，

α:　(c11) □□□□□□□□□□□□□□□以影响全国战局，

　　(c12) □□□□□□□□□□□□□□□克服国民党内的投降危机，

　　(c13) □□□□□□□□□□□□□□□争取时局好转，

　　……

Π: ∅

Θ: ∅

Σ: ∅

β: (c1) ～ (c8)

从此步骤开始，为减少篇幅，突出重点，已经输出的 (c1)～(c8) 的 NT 小句不再详细列出。

c9 是后置模式的起始，f_Φ 记为 {wh, 13, nil}，其中，13 是话头字数。这要求 operate 函数预先知道后置的话头是什么，这对于根据标注语料生成 NT 小句来说是可行的，但与分析和生成同步的假设矛盾。因此在认知机设计时，更合理的方案是，当前仅将标点句标记为话头后置并暂存在 Σ，后续标点句每次分析都需要对 Σ 进行扫描和重新分析。每一次都扫描 Σ 增加了不少系统分析的负荷，但更加符合认知规律。

⬇

（24）complete_1

Φ: (c9)[]１９４０年上半年日本帝国↓（为了）粉碎日军对华北八路军的全面进攻及其"囚笼"政策，   ‖f_Φ: {wh, 13, nil}

Ψ₁: (c10) □□□□□□□□□□□□□□□□□破坏日军进攻西安、昆明、重庆的计划，

α: (c11) □□□□□□□□□□□□□□□□□以影响全国战局，

 (c12) □□□□□□□□□□□□□□□□□克服国民党内的投降危机，

 (c13) □□□□□□□□□□□□□□□争取时局好转，

 ……

Π: ∅

Θ: ∅

Σ: (c9)1940年上半年日本帝国↓（为了）粉碎日军对华北八路军的全面进攻及其"囚笼"政策，   ‖f_Φ: {wh, 13, nil}

β: (c1)～(c8)

---

c9 缺话头，需要搁置在 Σ。

⬇

（25）operate

Φ: (c10)[]１９４０年上半年日本帝国↓（为了）破坏日军进攻西安、昆明、重庆的计划，   ‖f_Φ: {wh, 13, nil}

Ψ₁: (c11) □□□□□□□□□□□□□□□□□以影响全国战局，

α: (c12) □□□□□□□□□□□□□□□□□克服国民党内的投降危机，

 (c13) □□□□□□□□□□□□□□□争取时局好转，

(c14) □□□□□□□□八路军总部决定向华北敌占交通线和据点发动一次大规模进攻战役。

......

Π：$\varnothing$

Θ：$\varnothing$

Σ：(c9)1940年上半年日本帝国↓（为了）粉碎日军对华北八路军的全面进攻及其"囚笼"政策，　　　　　　　　　　　　　‖f_Φ：{wh, 13, nil}

β：(c1) ～ (c8)

c10除了属于分支模式外，也处于后置模式中，经过operate函数的处理后，其继承了c9的f_Φ标记{wh, 13, nil}。

⬇

（26）complete_1

Φ：(c10)□１９４０年上半年日本帝国↓（为了）破坏日军进攻西安、 昆明、重庆的计划，　　　　　　　　　　　　　‖f_Φ：{wh, 13, nil}

Ψ_1：(c11) □□□□□□□□□□□□□□□以影响全国战局，

α：(c12) □□□□□□□□□□□□□□克服国民党内的投降危机，

(c13) □□□□□□□□□□□□□□争取时局好转，

(c14) □□□□□□□□八路军总部决定向华北敌占交通线和据点发动一次大规模进攻战役。

......

Π：$\varnothing$

Θ：$\varnothing$

$\boxed{\Sigma}$：(c9)1940年上半年日本帝国↓（为了）粉碎日军对华北八路军的全面进攻及其"囚笼"政策，　　　　　　　　　　　　‖f_Φ：{wh, 13, nil}

(c10)1940年上半年日本帝国↓（为了）破坏日军进攻西安、昆明、重庆的计划，　　　　　　　　　　　　　‖f_Φ：{wh, 13, nil}

β：(c1) ～ (c8)

c10带有后置模式标记，需要搁置在Σ。

⬇

223

（27）operate

> Φ: (c11)□1 9 4 0 年上半年日本帝国↓（为了）（以）影响全国战局，
> $\|f_\Phi$: {wh, 13, nil}
>
> Ψ: (c12)□□□□□□□□□□□□□□□□□克服国民党内的投降危机，
>
> α: (c13)□□□□□□□□□□□□□□□□争取时局好转，
>
> (c14)□□□□□□□□□八路军总部决定向华北敌占交通线和据点发动一次大规模进攻战役。
>
> (c15)□□□□□□□□□□□□□□□□□□□□□□□□□□ |□□□□□□□□参战兵力二十余万，
>
> ……
>
> Π: ∅
>
> Θ: ∅
>
> Σ: (c9) 1940 年上半年日本帝国↓（为了）粉碎日军对华北八路军的全面进攻及其"囚笼"政策，
> $\|f_\Phi$: {wh, 13, nil}
>
> (c10)1940 年上半年日本帝国↓（为了）破坏日军进攻西安、昆明、重庆的计划，
> $\|f_\Phi$: {wh, 13, nil}
>
> β: (c1) ～ (c8)

与 c9 中的"为了"相似，我们也将 c11 中的"以"看作表目的的逻辑连接成分[①]，因此在其前后加上括号标记，在输出时括号及"以"将被删除。其逻辑关系是，c11 是 c9 和 c10 的目的，所以缩进到"为了"之后；对于整个篇章而言，c11 是目的的目的。

（28）complete_1

> Φ: (c11)□1 9 4 0 年上半年日本帝国↓（为了）（以）影响全国战局，
> $\|f_\Phi$: {wh, 13, nil}
>
> Ψ_1: (c12)□□□□□□□□□□□□□□□□克服国民党内的投降危机，
>
> α: (c13)□□□□□□□□□□□□□□□□争取时局好转，
>
> (c14)□□□□□□□□八路军总部决定向华北敌占交通线和据点发动一次大规模进攻战役。

---

① c11 的成分共享问题，我们曾在第 5.2.6 节讨论过，可参看相关章节。

(c15)□□□□□□□□□□□□□□□□□□□□□□□□□□□□□□□ |
□□□□□□□□□参战兵力二十余万,

......

Π: ∅

Θ: ∅

Σ: (c9) 1940 年上半年日本帝国↓（为了）粉碎日军对华北八路军的全面进攻及其"囚笼"政策,　　　　　　　　　　‖f_Φ: {wh, 13, nil}

(c10)1940 年上半年日本帝国↓（为了）破坏日军进攻西安、昆明、重庆的计划,　　　　　　　　　　‖f_Φ: {wh, 13, nil}

(c11)1940 年上半年日本帝国↓（为了）（以）影响全国战局,　　　　　　　　　　‖f_Φ: {wh, 13, nil}

β: (c1) ～ (c8)

c11 仍带有后置模式标记 {wh, 13, nil}，需要将其搁置在 Σ。

（29）operate

Φ: (c12)□1 9 4 0 年上半年日本帝国↓（为了）（以）克服国民党内的投降危机,　　　　　　　　　　‖f_Φ: {wh, 13, nil}

Ψ₁: (c13) □□□□□□□□□□□□□□争取时局好转,

α: (c14) □□□□□□□□八路军总部决定向华北敌占交通线和据点发动一次大规模进攻战役。

(c15)□□□□□□□□□□□□□□□□□□□□□□□□□□□□□□□ |
□□□□□□□□□参战兵力二十余万,

(c16)□□□□□□□□□□□□□□□□□□□□□□□□□□□□□□□ |
□□□□□□□□□另外→,

......

Π: ∅

Θ: ∅

Σ: (c9)1940 年上半年日本帝国↓（为了）粉碎日军对华北八路军的全面进攻及其"囚笼"政策,　　　　　　　　　　‖f_Φ: {wh, 13, nil}

(c10)1940 年上半年日本帝国↓（为了）破坏日军进攻西安、昆明、重庆的计划,　　　　　　　　　　‖f_Φ: {wh, 13, nil} (c11)1940 年上半年日本帝国↓（为了）（以）影响全国战局，

$\qquad\qquad\qquad\qquad$ ‖f_Φ: {wh, 13, nil}

β：(c1) ～ (c8)

c12 属于分支模式，同时仍处于后置模式内。

（30）complete_1

Φ：(c12)[]１９４０年上半年日本帝国↓（为了）（以）克服国民党内的投降危机，

$\qquad\qquad\qquad\qquad$ ‖f_Φ: {wh, 13, nil}

Ψ_1：(c13) □□□□□□□□□□□□□□□争取时局好转，

α：(c14) □□□□□□□□八路军总部决定向华北敌占交通线和据点发动一次大规模进攻战役。

(c15) □□□□□□□□□□□□□□□□□□□□□□□□□ |
□□□□□□□□参战兵力二十余万，

(c16) □□□□□□□□□□□□□□□□□□□□□□□□□ |
□□□□□□□另外→，

……

Π：∅

Θ：∅

Σ：(c9) 1940 年上半年日本帝国↓（为了）粉碎日军对华北八路军的全面进攻及其"囚笼"政策，$\qquad\qquad$ ‖f_Φ: {wh, 13, nil}

(c10)1940 年上半年日本帝国↓（为了）破坏日军进攻西安、昆明、重庆的计划，$\qquad\qquad\qquad$ ‖f_Φ: {wh, 13, nil}

(c11)1940 年上半年日本帝国↓（为了）（以）影响全国战局，

$\qquad\qquad\qquad\qquad$ ‖f_Φ: {wh, 13, nil}

(c12)1940 年上半年日本帝国↓（为了）（以）克服国民党内的投降危机，

$\qquad\qquad\qquad\qquad$ ‖f_Φ: {wh, 13, nil}

β：(c1) ～ (c8)

c12 仍带有后置模式标记，需要搁置在 Σ。

（31）operate

Φ: (c13)[ ] 1 9 4 0 年上半年日本帝国↓（为了）（以）争取时局好转，

$$\|f_\Phi: \{wh, 13, nil\}$$

Ψ: (c14) □□□□□□□□八路军总部决定向华北敌占交通线和据点发动一次大规模进攻战役。

α: (c15)□□□□□□□□□□□□□□□□□□□□□□□|
□□□□□□□□□□ 参战兵力二十余万，

(c16)□□□□□□□□□□□□□□□□□□□□□□□|
□□□□□□□□ 另外→，

(c17) □□□□□□□□□□□□□□□□□□□□□□□□□□□□□□□□ 还有许多地方游击队和民兵参战。

Π: ∅

Θ: ∅

Σ: (c9) 1940 年上半年日本帝国↓（为了）粉碎日军对华北八路军的全面进攻及其"囚笼"政策， $\|f_\Phi: \{wh, 13, nil\}$

(c10)1940 年上半年日本帝国↓（为了）破坏日军进攻西安、昆明、重庆的计划， $\|f_\Phi: \{wh, 13, nil\}$

(c11)1940 年上半年日本帝国↓（为了）（以）影响全国战局，

$$\|f_\Phi: \{wh, 13, nil\}$$

(c12)1940 年上半年日本帝国↓（为了）（以）克服国民党内的投降危机，

$$\|f_\Phi: \{wh, 13, nil\}$$

β: (c1) ～ (c8)

---

c13 属于分支模式，同时仍处于后置模式内。

⬇

（32）complete_1

Φ: (c13)[ ] 1 9 4 0 年上半年日本帝国↓（为了）（以）争取时局好转，

$$\|f_\Phi: \{wh, 13, nil\}$$

Ψ₁: (c14) □□□□□□□□八路军总部决定向华北敌占交通线和据点发动一次大规模进攻战役。

α: (c15)□□□□□□□□□□□□□□□□□□□□□□□|
□□□□□□□□□□ 参战兵力二十余万，

(c16) □□□□□□□□□□□□□□□□□□□□□□□□□□□□□□□□□□□ | □□□□□□□□□另外→，

(c17) □□□□□□□□□□□□□□□□□□□□□□□□□□□□□□□□□□□□ □□□□□□□□□还有许多地方游击队和民兵参战。

Π：$\varnothing$

Θ：$\varnothing$

Σ：(c9) 1940 年上半年日本帝国↓（为了）粉碎日军对华北八路军的全面进 攻及其"囚笼"政策， $\|f_\Phi$：{wh, 13, nil}

(c10)1940 年上半年日本帝国↓（为了）破坏日军进攻西安、昆明、重庆 的计划， $\|f_\Phi$：{wh, 13, nil}

(c11)1940 年上半年日本帝国↓（为了）（以）影响全国战局，

$\|f_\Phi$：{wh, 13, nil}

(c12)1940 年上半年日本帝国↓（为了）（以）克服国民党内的投降危机，

$\|f_\Phi$：{wh, 13, nil}

(c13)1940 年上半年日本帝国↓（为了）（以）争取时局好转，

$\|f_\Phi$：{wh, 13, nil}

β：(c1) ～ (c8)

c13 仍带有后置模式标记，需要搁置在 Σ。

（33）operate

$\boxed{\Phi}$：(c14)[]１９４０年上半年八路军总部决定向华北敌占交通线和据点发动 一次大规模进攻战役。 $\|f_\Phi$：{ch, nil, "1940 年上半年八路军总部"}

$\boxed{\Psi}_1$：(c15) □□□□□□□□□□□□□□□□□□□□□□□□□□□□□□□□□ | □□□□□□□□□参战兵力二十余万，

$\boxed{\alpha}$：(c16) □□□□□□□□□□□□□□□□□□□□□□□□□□□□□□□□□□□ | □□□□□□□□□另外→，

(c17) □□□□□□□□□□□□□□□□□□□□□□□□□□□□□□□□□□□□ □□□□□□□□□还有许多地方游击队和民兵参战。

Π：$\varnothing$

Θ：$\varnothing$

Σ: (c9) 1940 年上半年日本帝国↓（为了）粉碎日军对华北八路军的全面进
攻及其"囚笼"政策， ‖f_Φ: {wh, 13, nil}

(c10)1940 年上半年日本帝国↓（为了）破坏日军进攻西安、昆明、重庆
的计划， ‖f_Φ: {wh, 13, nil}

(c11)1940 年上半年日本帝国↓（为了）（以）影响全国战局，

‖f_Φ: {wh, 13, nil}

(c12)1940 年上半年日本帝国↓（为了）（以）克服国民党内的投降危机，

‖f_Φ: {wh, 13, nil}

(c13)1940 年上半年日本帝国↓（为了）（以）争取时局好转，

‖f_Φ: {wh, 13, nil}

β: (c1) ～ (c8)

c14 带有上文的后置话头，是后置模式的结束，话头部分是"1940 年上
半年八路军总部"，f_Φ 记为 {ch, nil, "1940 年上半年八路军总部"}。

$$\Downarrow$$

（34）complete_1

Φ: (c14)[]１９４０年上半年八路军总部决定向华北敌占交通线和据点发动
一次大规模进攻战役。 ‖f_Φ: {ch, nil, "1940 年上半年八路军总部"}

Ψ_1: (c15) □□□□□□□□□□□□□□□□□□｜｜｜｜□□□□□□｜
□□□□□□□□参战兵力二十余万，

α: (c16) □□□□□□□□□□□□□□□□□□□□□□□｜
□□□□□□□□另外→，

(c17) □□□□□□□□□□□□□□□□□□□□□□□□□
□□□□□□□□□□还有许多地方游击队和民兵参战。

Π: ∅

Θ: ∅

Σ̲: (c9) 1940 年上半年日本帝国↓（为了）粉碎日军对华北八路军的全面进
攻及其"囚笼"政策， ‖f_Φ: {wh, 13, nil}

(c10)1940 年上半年日本帝国↓（为了）破坏日军进攻西安、昆明、重庆
的计划， ‖f_Φ: {wh, 13, nil}

(c11)1940 年上半年日本帝国↓（为了）（以）影响全国战局，

‖f_Φ: {wh, 13, nil}

> (c12)1940 年上半年日本帝国↓（为了）（以）克服国民党内的投降危机，
> $\|f_\Phi$: {wh, 13, nil}
>
> (c13)1940 年上半年日本帝国↓（为了）（以）争取时局好转，
> $\|f_\Phi$: {wh, 13, nil}
>
> (c14)1940 年上半年八路军总部决定向华北敌占交通线和据点发动一次大规模进攻战役。 $\|f_\Phi$: {ch, nil, "1940 年上半年八路军总部"}
>
> β：(c1) ～ (c8)

c14 带有上文的话头，需要搁置在 Σ，补全 Σ 中半成品 NT 小句的话头。

（35）complete_2

> Φ：(c14)[ ]１９４０ 年上半年八路军总部决定向华北敌占交通线和据点发动一次大规模进攻战役。 $\|f_\Phi$: {ch, nil, "1940 年上半年八路军总部"}
>
> Ψ_1：(c15) □□□□□□□□□□□□□□□□□ | □□□□□□□□□参战兵力二十余万，
>
> α：(c16) □□□□□□□□□□□□□□□□□ | □□□□□□□另外→，
>
> (c17) □□□□□□□□□□□□□□□□□□□□□□□□□□□还有许多地方游击队和民兵参战。
>
> Π：∅
>
> Θ：∅
>
> Σ：(c9) 1940 年上半年八路军总部（为了）粉碎日军对华北八路军的全面进攻及其"囚笼"政策， $\|f_\Phi$: {end, nil, nil}
>
> (c10)1940 年上半年八路军总部（为了）破坏日军进攻西安、昆明、重庆的计划， $\|f_\Phi$: {end, nil, nil}
>
> (c11)1940 年上半年八路军总部（为了）（以）影响全国战局， $\|f_\Phi$: {end, nil, nil}
>
> (c12)1940 年上半年八路军总部（为了）（以）克服国民党内的投降危机， $\|f_\Phi$: {end, nil, nil}
>
> (c13)1940 年上半年八路军总部（为了）（以）争取时局好转，

$$\|f_\Phi:\ \{end,\ nil,\ nil\}$$

(c14)1940 年上半年八路军总部决定向华北敌占交通线和据点发动一次
大规模进攻战役。　　　　　　　　　　　　$\|f_\Phi:\ \{end,\ nil,\ nil\}$

β：(c1) ～ (c8)

complete 函数根据 c14 的 f_Φ 标记，补全 c9 ～ c13 的后置话头，匹配标记 {wh, 13, nil}，匹配后删除相应标记。此时，c9 ～ c14 的话头话身均已补全，故均标记为 {end, nil, nil}。

⬇

（36）complete_3

Φ：(c14)□1 9 4 0 年上半年八路军总部决定向华北敌占交通线和据点发动
　　一次大规模进攻战役。　　$\|f_\Phi:\ \{ch,\ nil,\ "1940\ 年上半年八路军总部"\}$

Ψ_1：(c15) □□□□□□□□□□□□□□□□□□□□□□□□ |
　　　□□□□□□□参战兵力二十余万，

α：(c16) □□□□□□□□□□□□□□□□□□□□□□□□ |
　　　□□□□□□□□□另外→，

　　(c17) □□□□□□□□□□□□□□□□□□□□□□□□
　　　□□□□□□□□□□□还有许多地方游击队和民兵参战。

Π：∅

Θ：∅

Σ：∅

β：(c1) ～ (c8)

(c9)1940 年上半年八路军总部粉碎日军对华北八路军的全面进攻及其
"囚笼"政策，

(c10)1940 年上半年八路军总部破坏日军进攻西安、昆明、重庆的
计划，

(c11)1940 年上半年八路军总部影响全国战局，

(c12)1940 年上半年八路军总部克服国民党内的投降危机，

(c13)1940 年上半年八路军总部争取时局好转，

(c14)1940 年上半年八路军总部决定向华北敌占交通线和据点发动一次
大规模进攻战役。

Σ 中，c9 ～ c14 的标记均为 {end, nil, nil}，可以输出。输出时，删除相

关标记。

⬇

（37）operate

> Φ：(c15)［1 9 4 0 年上半年八路军总部决定向华北敌占交通线和据点发动］一次大规模进攻战役参战兵力二十余万，
> Ψ₁：(c16) □□□□□□□□□□□□□□□□□□□□□□□□□ ǀ □□□□□□□□另外→，
> α：(c17) □□□□□□□□□□□□□□□□□□□□□□□ □□□□□□□□□□□ 还有许多地方游击队和民兵参战。
> Π：［1940 年上半年八路军总部决定向华北敌占交通线和据点发动］
> Θ：∅
> Σ：∅
> β：(c1) ～ (c14)

c15 是新支句，operate 函数执行节栈操作，节栈内容是"1940 年上半年八路军总部决定向华北敌占交通线和据点发动"，保存在 Π 中，并以 Ω 索引，即 Φ 前部方括号中的内容。

⬇

（38）complete_3

> Φ：(c15)［1 9 4 0 年上半年八路军总部决定向华北敌占交通线和据点发动］一次大规模进攻战役参战兵力二十余万，
> Ψ₁：(c16) □□□□□□□□□□□□□□□□□□□□□□□□□ ǀ □□□□□□□□另外→，
> α：(c17) □□□□□□□□□□□□□□□□□□□□□□□ □□□□□□□□□□□ 还有许多地方游击队和民兵参战。
> Π：［1940 年上半年八路军总部决定向华北敌占交通线和据点发动］
> Θ：∅
> Σ：∅
> β：(c1) ～ (c14)
> (c15)（这）一次大规模进攻战役参战兵力二十余万，

Σ 中没有搁置的半成品 NT 小句，且本句不需要搁置，所以直接输出。输出时，只输出非节栈的内容。由于输出的标点句的主语是不定指的，不符合汉语语感，不合规，输出时认知机需进行机械转换，加上指示词"这"。

（39）operate

$\boxed{\Phi}$：(c16)$\lceil$１９４０年上半年八路军总部决定向华北敌占交通线和据点发动$\rceil$一次大规模进攻战役（另外）→，　　　　　　　$\|f_\Phi$: {ws, nil, nil}

$\boxed{\Psi_1}$：(c17) □□□□□□□□□□□□□□□□□□□□□□
□□□□□□□□□□□□还有许多地方游击队和民兵参战。

$\boxed{\alpha}$：$\varnothing$

Π：$\lceil$1940年上半年八路军总部决定向华北敌占交通线和据点发动$\rceil$

Θ：$\varnothing$

Σ：$\varnothing$

β：(c1) ～ (c14)

　　(c15)（这）一次大规模进攻战役参战兵力二十余万，

c16属于单层汇流，标记为{ws, nil, nil}。"另外"是篇章功能成分。

（40）complete_1

Φ：(c16)$\lceil$１９４０年上半年八路军总部决定向华北敌占交通线和据点发动$\rceil$一次大规模进攻战役（另外）→，　　　　　　　$\|f_\Phi$: {ws, nil, nil}

Ψ_1：(c17) □□□□□□□□□□□□□□□□□□□□□□
□□□□□□□□□□□□还有许多地方游击队和民兵参战。

α：$\varnothing$

Π：$\lceil$1940年上半年八路军总部决定向华北敌占交通线和据点发动$\rceil$

Θ：$\varnothing$

$\boxed{\Sigma}$：(c16) 一次大规模进攻战役（另外）→，　　　　$\| f_\Phi$: {ws, nil, nil}

β：(c1) ～ (c14)

　　(c15)（这）一次大规模进攻战役参战兵力二十余万，

c16属于单层汇流，需要搁置在Σ，但只搁置Ω外（即"[]"外）的部分。

（41）operate

> Φ: (c17)［1940 年上半年八路军总部决定向华北敌占交通线和据点发动］一次大规模进攻战役（另外）还有许多地方游击队和民兵参战。
>
> $\qquad\qquad\qquad$ ‖f$_\Phi$: {cs, nil, "还有许多地方游击队和民兵参战。"}
>
> Ψ: ∅
>
> α: ∅
>
> Π:［1940 年上半年八路军总部决定向华北敌占交通线和据点发动］
>
> Θ: ∅
>
> Σ: (c16) 一次大规模进攻战役（另外）→, $\qquad$ ‖f$_\Phi$: {ws, nil, nil}
>
> β: (c1) ～ (c14)
>
> $\qquad$ (c15)（这）一次大规模进攻战役参战兵力二十余万,

c17 是单层汇流的话身, 记为 {cs, nil, "还有许多地方游击队和民兵参战。"}。

（42）complete_1

> Φ: (c17)［1940 年上半年八路军总部决定向华北敌占交通线和据点发动］一次大规模进攻战役（另外）还有许多地方游击队和民兵参战。
>
> $\qquad\qquad\qquad$ ‖f$_\Phi$: {cs, nil, "还有许多地方游击队和民兵参战。"}
>
> Ψ$_1$: ∅
>
> α: ∅
>
> Π:［1940 年上半年八路军总部决定向华北敌占交通线和据点发动］
>
> Θ: ∅
>
> Σ: (c16) 一次大规模进攻战役（另外）→, $\qquad$ ‖f$_\Phi$: {ws, nil, nil}
>
> $\qquad$ (c17) 一次大规模进攻战役（另外）还有许多地方游击队和民兵参战。
>
> $\qquad\qquad$ ‖f$_\Phi$: {cs, nil, "还有许多地方游击队和民兵参战。"}
>
> β: (c1) ～ (c14)
>
> $\qquad$ (c15)（这）一次大规模进攻战役参战兵力二十余万,

c17 带有上文的话身, 需要搁置在 Σ。

（43）complete_2

Φ：(c17)［1940 年上半年八路军总部决定向华北敌占交通线和据点发动］
一次大规模进攻战役（另外）还有许多地方游击队和民兵参战。

$$\|f_\Phi: \{cs, nil, "还有许多地方游击队和民兵参战。"\}$$

Ψ$_1$：$\varnothing$

α：$\varnothing$

Π：［1940 年上半年八路军总部决定向华北敌占交通线和据点发动］

Θ：$\varnothing$

Σ：(c16) 一次大规模进攻战役（另外）还有许多地方游击队和民兵参战。

$$\|f_\Phi: \{end, nil, nil\}$$

(c17) 一次大规模进攻战役（另外）还有许多地方游击队和民兵参战。

$$\|f_\Phi: \{end, nil, nil\}$$

β：(c1) ～ (c14)

(c15)（这）一次大规模进攻战役参战兵力二十余万，

---

complete 函数通过 c17 的 f_Φ 标记补全 c16 的话身，并把 c16 和 c17 的 f_Φ 标记改为 {end, nil, nil}，表示 c16 和 c17 话头话身均已完整。

（44）complete_3

Φ：(c17)［1940 年上半年八路军总部决定向华北敌占交通线和据点发动］
一次大规模进攻战役（另外）还有许多地方游击队和民兵参战。

$$\|f_\Phi: \{cs, nil, "还有许多地方游击队和民兵参战。"\}$$

Ψ$_1$：$\varnothing$

α：$\varnothing$

Π：［1940 年上半年八路军总部决定向华北敌占交通线和据点发动］

Θ：$\varnothing$

Σ：$\varnothing$

β：(c1) ～ (c14)

(c15) 这一次大规模进攻战役参战兵力二十余万，

(c16) 这一次大规模进攻战役还有许多地方游击队和民兵参战。

(c17) 这一次大规模进攻战役还有许多地方游击队和民兵参战。

Σ 中所有 NT 小句的 f_ϕ 标记均为 {end, nil, nil}，表示小句话头话身已补充完整，输出 c16 和 c17，添加指示词"这"，并去掉篇章功能成分"另外"。

至此，认知机已经把例（1）的 NT 小句生成完毕。

(c1)1940 年上半年日本帝国主义在法西斯德国欧洲攻势的刺激下积极准备南进。

(c2)1940 年上半年日本帝国主义在法西斯德国欧洲攻势的刺激下积极准备南进。

(c3)1940 年上半年日本帝国主义在法西斯德国欧洲攻势的刺激下积极准备南进。

(c4)1940 年上半年日本帝国主义一方面加紧诱迫国民党投降，

(c5)1940 年上半年日本帝国主义一方面在华北加紧推行以铁路为柱分割封锁各抗日根据地的"囚笼"政策。

(c6)1940 年上半年日本帝国主义一方面在华北加紧推行以公路为链分割封锁各抗日根据地的"囚笼"政策。

(c7)1940 年上半年日本帝国主义一方面在华北加紧推行以碉堡为锁分割封锁各抗日根据地的"囚笼"政策。

(c8)1940 年上半年日本帝国主义一方面在华北加紧推行以碉堡为锁分割封锁各抗日根据地的"囚笼"政策。

(c9)1940 年上半年八路军总部粉碎日军对华北八路军的全面进攻及其"囚笼"政策，

(c10)1940 年上半年八路军总部破坏日军进攻西安、昆明、重庆的计划，

(c11)1940 年上半年八路军总部影响全国战局，

(c12)1940 年上半年八路军总部克服国民党内的投降危机，

(c13)1940 年上半年八路军总部争取时局好转，

(c14)1940 年上半年八路军总部决定向华北敌占交通线和据点发动一次大规模进攻战役。

(c15) 这一次大规模进攻战役参战兵力二十余万，

(c16) 这一次大规模进攻战役还有许多地方游击队和民兵参战。

(c17) 这一次大规模进攻战役还有许多地方游击队和民兵参战。
